国民主権と民族自決

第一次大戦中の言説の変化とフランス

唐渡晃弘著

木鐸社刊

はしがき

ナショナリズムやナショナリストということばは、私が学生のときにもよく議論に使われたが、それはえも言われぬおどろおどろしいニュアンスを湛えたことばであり、多くの場合は、他者を批判するのに有効な武器となるという作用を持っていた。しかし、そのことばが意味する内容が明らかにされることはなく、あるときはナチズムの同義語として、あるときは「侵略的」と形容される外交政策を指すことばとして、またあるときはマキャベリズムの代替語として、といった具合にさまざまな概念と結びついて使われていたように思う。

これらは押し並べて「負」のイメージを持って用いられていたけれども、植民地独立の話になると、とたんに同じことばが、何か輝かしい「正義」を意味するものとして使われる場面に何度も遭遇して、大いに面食らったことを覚えている。さらに、独立国家となるまでのナショナリズム（ナショナリスト）は「善」であるが、独立したとたんに「悪」となる、といったあまりに単純化された二分法の説明に直面するに至って、ナショナリズムの問題は、私にとって一種のエニグマとなった。

その後、「国民」の概念を勉強する機会があっても、この問題をとりまく霧は、一向に晴れることはなかったし、ナショナリズムに関する著作を読むことがあっても、謎が解明されることはなかった。そして、この問題を自身の研究テーマにすることもなく、ずっとエニグマが残ったままであった。ところが、思わぬところから、私はこの課題と直面することになった。

それは、一九九一年九月からフランスで在外研究をする機会をいただいたことである。この年には、湾岸戦争が起こったけれども、それは例外的な問題であるという雰囲気が強く、世界全体はソ連をはじめとする共産主義諸国の崩壊を受けて束の間の幸福感《ユーフォリア》に浸っていたときであった。『歴史の終わり』というフランシス・フクヤマの著書こそまだ出版されていなかったが、彼が八九年七月に米国平和研究所で行った同じタイトルの講演の要旨がすでに出版されており、反響を呼んでいたときであった。はたして彼の主張どおり、歴史は直線的に進歩するのだろうか、と疑問を抱きつつヨーロッパに向かったが、振り返ってみれば、私自身にとってはまさにこのときがエポックメーキングな転機であった。

まず、当時の西欧は、日米をとりまいていたような雰囲気にはなかった。九一年のパリは、東欧からの難民が押し寄せるという事態には見舞われていなかったが、それよりもずっと重大な問題として、ユーゴスラヴィア連邦の崩壊に伴う内戦が始まっていたからである。しかもそれは、瞬く間に旧ユーゴスラヴィア全土に広がった。たしかに、バルト三国が独立を勝ち取ったときのように、その過程においては、戦闘が勃発したときがあった。しかし旧ユーゴスラヴィアで勃発し継続していた戦闘は、より長期に、より陰惨に、より過激に展開され、出口の見えない状態になっていった。二〇世紀も終わりを迎えようとするときに、まさかヨーロッパにおいて、民族浄化がじっさいに行われることを予想していた人たちがどれだけいたであろうか。さらに、この紛争はそれが勃発した場所と、関係していた国、セルビア、という一致によって、私は一世紀前の亡霊が復活したのではないかという印象を抱いた。

さらに九三年年頭には、まったく平和的な手続きによってではあったが、チェコとスロヴァキアが分離し各々独立国家となった。四分の三世紀続いたチェコスロヴァキアは、はたして多民族国家だったのであろうか。また、個人的なレベルにおいて経験したことでは、トランシルヴァニアの領有問題について熱っぽく語り、トリアノン条約への恨みを述べるハンガリー出身の若者がいるかと思うと、プラハ出身のビジネスマンが、ハプスブルク帝国の時代であったならば、より大きな市場があったのに、と悔しがったりしている姿に触れる機会があった。これらの経験を通じて、共産主義というひとつのイデオロギーの重石が取れたことによって、少なくともヨーロッパにおいては、イデオロギーが半世紀の間閉じ込めてきた、ネーションをめぐるパンドラの匣が再び開いたのではないかと、一抹の不安感とともに考えるようになった。

他方では、すでに一〇年以上前に出版されたフランソワ・フュレの『フランス革命を考える』の衝撃による騒動が一段落し、彼も若干主張を変化させていたが、かつての「正統大革命史学」に挑戦するような著作が次々と刊行されていた。これらの著作は、私に、いわゆる「国民国家」について考え直すきっかけを与えてくれた。しかも八〇年代は、ホブズボームがその著書の序文に書いているように、ネーションやナショナリズムに関する研究が次々と刊行されたときでもあった。

こうしたことが重なり、いわゆる国民国家が、いっときに、かつ数多く形成され、国際社会により承認された第一次大戦の終結過程に興味を抱くようになり、日本を出発したときに考えていた研究テーマを修正することにした。しかし、戦争にせよ、講和会議にせよ、多くの国が関係しており、そのすべての国の一次史料を検討することなどとてもできないことは明らかであったし、私は新興諸国の言語はひとつとして理解できないという問題があった。それでもあえてこのテーマにとりかかろうと思ったのは、上記のような経緯があったからである。

そこで、多数の国民国家形成を認めて戦後秩序を構築した戦勝諸国の指導者たちは、国民や民族についてどのように理解していたのであろうか。さらに独立国家形成を勝ち取った指導者たちや敗戦諸国はそれにどのように対応したのか。このような側面に焦点を当てながら、フランスの立場を中心に、大戦の終結過程を研究することによって、“nation”をめぐる言説がいかに展開されたかを整理し、検討することが私の課題となり、したがってそれが本書のテーマである。あらかじめお断りしておきたいが特にこの時代においては、多くの場合、地名や人名について複数の呼び方がありえたが、戦勝諸国の政治家たちが用いていた呼称を使用している。このような態度は「オリエンタリズム」の最たるものであろうが、戦勝諸国が勝者・強者として創り上げようとしたことと、その影響を考察することこそ本書の焦点をなすからである。また、「ナショナリズム」ということばは、きわめて多義的に用いられているため、引用部分を除いて、できるだけこのことばを使わずに、検討を進めることを心がけたつもりである。

本書の刊行にあたって、京都大学法学部百周年記念基金の助成をいただいた。京都大学法学部の百有余年の蓄積に、いささかなりとも貢献ができたかどうか、まことに心もとない限りであるが、今後の精進を誓うとともに、感謝の意を記しておきたい。

著　者

目　次

国民主権と民族自決

第一次大戦中の言説の変化とフランス

第一章　国民国家概念の変遷

国民についての定義は、さまざまに試みられてきた。特に仏独間の相違に注目して、主観説と客観説、政治的意志と有機的性質、市民的な領域に基づく国民とエスニックな遺伝に基づく国民といった二項対立で理解され、国家国民と文化国民という対比があたかも標語のように提示されたこともあった。(1)しかし、これらがたとえ理念型であったとしても、よりニュアンスに富み、相互に影響を及ぼしてきた現実を、あまりに単純化した二項対立ではないかという批判が生じた。そこで、より現実に即した定義が試みられたけれども、あまりにも多様性に富む現実を十分にとらえることができず、その定義の困難さが相次いで指摘されるようになり、周知のようにシートン＝ワトソンやホブズボームらは定義を放棄している。ともすると、今日のフランス国民やドイツ国民を、あたかも実体として前提にしながら、過去の時代との異同を語りがちであるが、それこそが議論を錯綜させてきたからである。そこで、国民を実体としてとらえるのではなく、アンダーソンの著作のタイトルが示すように、それは「想像の共同体」にすぎず、言説の中にのみ存在するという考え方をとりたい。

ただし、国民が言説の中にのみ存在するとしても、現実のさまざまな政治過程がすべて、実体のない記号の集合体であるということを意味するのではない。国民について多種多様な言説があるのは、実体としての出来事の積み重ねの結果であり、そしてまた、その言説が、その時々の歴史の展開に影響を与えてきたのである。つまり、国民を実体であるかのように議論する、という罠に陥らないように留意しながら、じっさいに生起した具体的な歴史との関連を考えなければならない。

そこでまず、異なる言説が展開されることになった背景を歴史的文脈に即しながら整理し、さらに、その言説と関連して、国家が実体としての国民を創り出そうとする過程を検討してみよう。その考察の対象は、アンダーソンのヨーロッパ中心主義という批判があるの(2)を承知の上で、ヨーロッパに限定したい。それによって、少なくともヨーロッパにおいては、一九世紀末から二〇世紀初頭にかけて、国民国家こそが、不可欠で不可避の政治単位であると認められるようになり、それが強力な言説として、その後の歴史の展開に大きな影響を及ぼす前提となったことが理解できるからである。

（1） Dominique Schnapper, Séverine Rosée trans., *Community of Citizens : On the Modern Idea of Nationality*, Transaction Publishers, 1998, pp. 131-137.

（2） ベネディクト・アンダーソン、白石さや・白石隆訳『増補　想像の共同体』ＮＴＴ出版、一九九七年、一三頁。

第一節　国民主権の誕生

1．国民の起源の「探究」

国民の起源を、歴史的に遡って探究しようとする試みは、枚挙に暇がない。それは、“nation”ということばの起源が、ラテン語の“nasci”の過去完了形から派生し、「生まれた」という意味[①]をもっていたため、そこに現代の用法との関連を見出すからかもしれない。あるいは、もう少し古く、ギリシア語の“ethnos”との関連を考えるからかもしれない。しかし、「後者は、もともと都市国家（ポリス polis）の政治的・社会的モデルを採用していなかった人びとを指した[②]」のである。カントロヴィッチによると、古代ギリシアにおいては、

野蛮人のみが、近代の国民のように、その故地にしたがって命名されていた。そして、ギリシア人が「ポリタイ」つまり市民であることを誇りにしていたのに対して、野蛮人のみが、「パトリオータイ（同郷人）」とされた[③]。

ローマ帝国でも同じであった。コバンが指摘するように、「ラテン語の natio はローマ世界の外の蛮族にのみ適用された[④]」のであり、文明化されない人を意味し、ローマ市民“civitas”の対概念であった。古代ギリシアでもローマでも、政治を担っていた人びとは、自らのことを「市民」と呼び、“ethnos”や“natio”は、市民以外の集団を意味していたのである。

したがって、その意味から「生まれ」や「出身地」といった、後の時代の用法にもつながる側面があるにせよ、古代ギリシアやローマにおいては、決して国家の構成員を指すことばではなかったし、そもそも国家との関連すらなかった。たしかに、ヘロドトスは、血統・言語・神々と神聖な場所・いけにえを捧げる儀式や習慣などを同じくする人びととして、ギリシア人をとらえ、ペリクレスもそうした文化的な共同体に言及したかもしれない。しかし、彼らがヘラスと呼んだ概念は、対抗関係にあったそれぞれの都市国家に、対応していたのではないことに注意すべきである。[5] また周知のように、ローマ市民権は、帝国が征服した土地に住む人びとにも開放されていたので、彼らが「どこで、だれから、生まれた」か、という観点から切り離されて、ローマ市民になりえたことを考えると、"natio"は、出自を直接指し示すことすらなかったのである。

中世になると、大学や公会議において、"natio"というラテン語が用いられ、前者では出身を同じくする集団、後者では人種・言語・領土上の特性を持つ代表団という意味で使われていた。しかし、彼らが用いていた言語はラテン語であって、しかも全員が読み書きのできる社会の上層を構成する者にとどまっていた。しかもパリ大学では、フランス王国内の諸地方の出身者がフランス natio に属し、フランス natio には南欧や東欧出身者が含まれているなど、このことばと国家との結びつきはみられない。他方でこのラテン語は、フランスの三部会でも使われていたが、フランス王国内の各地方の代表団を意味していた。「例えば一四八四年の三部会には、ラングドック、ラングドイル、アキテーヌ、パリ、ノルマンディ、ピカルディという六つの"natio"が存在」していたのである。[6] ただし、一六〇三年にスコットランド王冠とイングランド王冠とを統一する問題が議論されたとき、スコットランド人とイングランド人は二つの異なる"nations"として言及されていたように、[7] 政治的意味がまったく含まれなかったわけではない。しかしその場合にも、この時代では、国家の統治権を正統化する構成員としての主権者を意味することはなかった。

それは、当時の「国家観は、国家の実際の物理的占有範囲こそは、政治共同体の限界を定め、それゆえに共同体を限定する本質的な要素であると考えるもの[8]」であったからである。こうした国家においては、その構成員への配慮は、たとえ概念的レベルにおいてすら、登場する余地はなかった。じっさい、アンシャン・レジーム期においては、フランス市民と外国人の区別は、イデオロギー上も事実上も重要性を持たなかった。数々の特権に見られるように、当時の権利・義務関係は身分により決定されていたからであり、外国人であることが不利に作用するのは、わずかに相続権がないことだけであった。しかも一八世紀にはその問題もほとんど消滅しており、市民権獲得の条件も緩和される傾向にあったのである[9]。したがってわれわれは、一九世紀半ば以降の国民創造神話、あるいは、ある特定の国民は古くから存在していたという神話の中で取り上げられる事例に、引きずられないようにしなければならない。

シートン＝ワトソンは、国民形成の諸段階を特定するのは困難であるとしながらも、それでも、次のように指摘する。「例えば、一二〇〇年においては、フランス国民もイギリス国民も存在していなかった。しかし一六〇〇年には、どちらの国民も重要な現実であった[10]」。国民が現実であった、ことを証明するのはおよそ不可能であろうが、シートン＝ワトソンが理由のひとつとしてあげているのは、英仏両国の戦いである。このいわゆる百年戦争は、ギゾーが「フランス国民の形成に寄与し、フランス国民を統一の方へ推進することに寄与するところが大きかった[11]」と述べ、ミシュレもまた精力的に取り組んだテーマでもあった。彼の浩瀚な『フランス史』から、単行本として独立させた『ジャンヌ・ダルク』の結語の部分では、次のように述べられている。

> 全中世を通じて、詩が伝説から伝説へと求め続けてきた理想、その理想はついに一つの人格となった。……誰のうちにか。奇蹟である。軽蔑されていたものの中に、もっとも慎ましいと思われたものの中に、ひとりの女の子の中に、田舎の素朴な娘、フランスの貧しい民衆の中に生まれた素朴な娘の中に、である。何故なら、そこに一つの国民がおり、一つのフランスがあったからである。[12]（傍点筆者）

「ローランの歌」に国民感情を読み取るところまで遡らないにせよ、百年戦争と国民の成立というテーマは、多くの耳目をひきつけたようである。しかし、一八七六年になっても、ジャンヌ・ダルクについてほとんど知らなかった、リモージュのエコール・ノルマルの教師が例として挙げられているように[13]、ギゾーやミシュレが主張するような、フランス国民の存在は、一九世紀教科書作家たちの創り出した像にすぎず[14]、言説の中にしか存在しない幻であったといわざるをえないであろう。

一八世紀になると、言説の中に「国民（的）」な言及を見つけることは、よりたやすくなる。パルマーは、革命前の高等法院が盛んに「国民」ということばを引用している例を引いているし[15]、フュレもまた、社会についての「国民的」理解は、アンシャン・レジーム末期では広範に見られ、多数の前革命的パンフレットで確認できるとしている[16]。たとえば一七五四年にダルジェンソン侯爵は、「今日ほど頻繁に、国民と国家ということばが発せられたことはなかった。これら二つのことばは、ルイ一四世治下では決して発せられなかったし、それが意味することはほとんど理解されなかった」と書いている。これは、すでに封建的特権が排他的ではなくなっていた貴族たちが、「国民」という新たな概念が提示する共同体において、自らの立場を再構築しようとしたからであり、参照基準として「偉大なる国民」は、「最もキリスト教的なる国王」の生まれ変わりであった、とグリーンフェルドは指摘している[17]。ここでも「国民」は概念として提示され、用いられているのであって、それはフュレの主張でも明らかである。「国民」が言説にいくら登場するからといって、実体が存在していたかのようにとらえるのは誤解である。

そこで、たとえばアンソニー・スミスは、近代の国民とは異なる概念と歴史的形成過程をもつ集団に注目することで、過去とのギャップを埋めようとする。彼は、国民と区別するために、そのコアとなる歴史的文化共同体「エトニー」を想定するのである[18]。しかし、いくら神話と記憶とを共有するにしても、それは、バリバールが指摘するように、今日の政治単位とは「別の政治単位の枠組みの中で起きた」のであり、「それらの事件を事後的に国民形態の前史の中に組み入れたのは、進化の必然的な歩みではなく、状況における関係の連鎖」であったことを忘れてはならない[19]。あえて、過去の事例から核《コア》となる集団の存在を見つけるということは、ある時点で国民を形成していると主張する集団の存在理由を、遡って正統化するという、その集団の言説を補強するだけになりかねない。そのうえ、スミス自身、直接関係するエトニーが前もって存在しなくても、国民形成は可能であることを認めている[20]。とするならば、「国民」を説明するために、エトニーという概念を立てなければならない必要性は消滅してしまう。

こうして、過去に遡って「国民」の起源を探してみても、徒労に終わることになる。その問題点は、同様のことばが使われているとしても、まず概念として、近代の国民とは異なる存在が想定され、両者のあいだに関連性が認められないことであり、より根本的な問題としては、実体として、国民（の前身となるコア集団）が存在したかのようにとらえていることである。さらに、概念としての起源を求めるとしても、それは近代国家の成立前であり、しかも政治的意味が込められていなかった点で、近代の国民とは異なる政治的文脈に位置づけられていたという問題がある。なぜならば、次に検討するように、近代の国民概念は、国家との関連の中で展開されるからである。

2．フランス革命と国民主権

フランス革命が大きな転換点となったのは、神授権というレトリックに基づく君主主権とそれを体現する国王に対抗するために、「国民」という概念を提示したからである。革命により、国民が実体として成立したのではない。ニコレが指摘するように、「九一年憲法が主権を授けたのは国民であった……しかし、その国民ということばは、定義されない。それは、おのずから与えられる[21]」概念であり、シエースが書くように、「国民はすべてに先立って存在し、あらゆるものの源泉」なのであった[22]。それをフュレは以下のように説明する。「国民とは、歴史的であるとともに神話的な人間集団であり、社会契約の受託者であり、はるかかなたのときの靄にうずもれた一般意志であり、起源への忠誠の約束である[23]」。つまり、国民はあくまでも抽象的な概念上の存在であって、具体的な個々人の寄せ集めではない。ここで重要なのは、一般意志を体現し、したがって主権者である抽象的な「国民」、という新たな言説が展開されたことであった。

第三身分の議員たちが、彼ら自身およびだれでも彼らにくわわろうとする者を「国民議会」とよぶことに決定したとき、彼らは君主制の伝統的基盤に挑戦し、権威の所在にかんする一般的問題をひらいた。議員たちは国民の名において主権を要求した。しかし、つづく数年においては、だれが〈国民〉のために語るかという問題はフランスではけっ《ママ》して決定的なかたちでは解決されなかったのである。……多くの憲法と国民議会のいずれも、〈国民〉のための固定した参照点となることはできなかった。政治的権威のこのたえざる交代の結果として、カリスマは最も具体的にことばに、すなわち、〈国民〉の名において語る能力のなかに位置するようになった。

このように語るリン・ハントもまた、過去の政治の限界を突破するための、革命期の新しい政治的レトリックの創造を重視する。彼女がフランス革命の政治文化と呼ぶものが目指したのは、民主共和主義であり、[24]それはまた、フュレの「国民的イデオロギーとしての民主主義政治[25]」であって、そのために想定されたのが国民概念であった。革命前から少なからず言及されてきた「国民」ということばが、主権と結びついて提示され、それによって「政治的価値体系の逆転を[26]」目指したのである。

したがって、実体としての国民を探そうとして現実の人びとに注目してみると、そこにはまさに多種多様な人びとが存在し、革命の理念すらまったく知らずに日々の生活を送っていた人すら発見して、困惑する羽目に陥る。ゲーテが新たな時代の始まりを見た、一七九二年九月二〇日のヴァルミーの戦いですら、パリの民衆は無関心であって、あまり反響を呼ばなかったと伝えられるし、ミシュレ自身、「若い時、一七九三年のころの印象を某老人に尋ねたら、返事がわりに、『あれは紙の質の悪い年だったわい』、と言われたと語っている[27]」。グレゴワールの報告によると、革命時の人口二六〇〇万中、フランス語を知らない者が約六〇〇万人、ほぼ同数の者がフランス語で会話ができない。正確にフランス語を話す者は三〇〇万人を超えず、正しく書ける者となると、おそらくそれをはるかに下回ると断言しうる、という[28]。それ故に、国内各地の人びとが理解できることばにフランス語から翻訳する必要性が議論されたのである。さらに一九世紀末になっても、フランス革命がいつのことなのか知らない農民がいたり、地方によっては、ナポレオンの名前さえ知らない者がいたりする[29]。そのために、「一七九二年から一七九四年という危機の年を経験した後でも、人びとの大多数は、自らをフランスと、そしてその国民と同一視していなかった[30]」と指摘されても驚くにはあたらない。

だからこそゼルディンは、概念上は前提とされていた「フランス人はすべて根本的には同一であるという考え方の基盤」について、より注意深く、次のように述べる。「全国民が同じ言語を話し、同じ教育を受け、統一体としての国家を形成する努力がなされた段階」において、「自由、平等、友愛という共通理念がスローガンとしてかかげられ、これが繰り返しとなえられたため、しばしば現実を反映するものであるかのように錯覚された（傍点筆者）」にすぎない[31]。それは、有名な「第三身分とは、すべてである」と宣言するシエースが、「第三身分はそれ故に国民に所属しているすべての者を包含している[32]」というレトリックを述べるときにも、あてはまる。なぜなら、一方で、国民議会に参加した議員には第三身分以外の代表も含まれていたし、他方で、明示的に貴族が国民から排除されていただけでなく、第三身分が、じっさいに「すべての者」を網羅していたわけでもなかった。つまり、主権を奪取するためにこそ、このような戦闘的言説が必要とされたのである。シャボが指摘するように、「彼（シエース）こそ、国民という概念の周りに集団の神話を発明した」のである[33]。

この国民という概念の抽象性と、王権への対抗性は、一七八九年の「人および市民の権利宣言」の文言にも、明確に表現されている。ここでは、およそ「人」として享受する諸権利と、「市民」の資格を持つ者が享受する諸権利とが、列挙されている。これらはすべて、具体的な権利である。それに対して、「国民」ということばを唯一使っている第三条は、次のように述べる。「すべての主権の淵源は、本質的に国民にある。いかなる団体も、いかなる個人も、国民から明示的に発しない権威を行使することはできない[34]」。すなわち、「一般意志は諸個人の意志の総和では」なく[35]、その一般意志の行使である主権と結びつくのは、具体的な「人」や「市民[36]」の集合体であってはならなかったのである。この点についてデュヴェルジェは、次のように巧みに表現する。

国民主権の原理は、きわめて明確な現実的目的のために形成された、かなり狡猾な理論に立脚している。主権とは、アンシャン・レジームによって想定されていたように君主に帰属するものでもなければ、ルソーによって主張されたように社会を構成する諸個人に帰属するものでもないと観念される。そうではなくて、「国民」に帰属するものであると観念されるのである。「国民」とは、それを構成する市民とは区別された存在であり、法人であるとみなされる。[37]

主権という要素と結びつくことで、語源的には、政治的な意味や、国家の存在とは関係のなかった“nation”は、国家と重ね合わせて理解されるようになった。[38] 国民国家という表現が象徴するように、国家の上に国民を「積み上げた」のである。[39] そして、「国民」を一般意志と一体のものとして抽象的な概念でとらえ、主権者であるという言説を可能にしたのは、王国の時代からすでに国家という枠組みが存在していたという歴史である。フランスは、アンシャン・レジーム期において、王権の下で中央集権化が進められ、占領・併合・統合を経て、政治上も行政上も一体となった領土の総体であった。[40] そのため、限界的な事例として国境線の伸縮は起こりうるにせよ、領域についての議論が不要になっただけでなく、たとえ概念上のものであったとしても、何らかの条件を満たす人びとの集合体として、具体的な「国民」像を提示する必要もなかった。フランスでは、概念上の抽象的な「国民」と、現実に市民権を持つ領域内の住民とを重ね合わせて理解しても、大きな問題は起こらないと考えられたので[41]あり、したがって、フランス語の“nation”は、常に「国民」であって、国家と切り離されたところに存在すると想定される民族（集団）とは区別される。[42] ヴィノックが述べているように、革命前からフランス国家が存在し、「フランス人は、ドイツ人やポーランド人とは異なり、国家の外で存在したことは一度もない[43]」という歴史的経緯は、フランスにおける「国民」についての言説のあり方を決定づけたのである。

こうした「国民」概念についての定義の曖昧さは、革命前の基準によるならば外国人となる者であっても、革命の理念への賛同者はその国民に取り込むことができるという主張を通じて、その普遍性の主張へとつながる。たとえば、革命前からフランス文明が誇らかに主張していたその普遍性は、革命によって新たな衣をまとい、「普遍主義の一切の主張はそのまま国民的観念に移された」とクルツィウスは述べる。[44] この概念上の普遍主義は、国家は外国人を市民に変えることができるというローマの伝統を引き継いで、フランスの市民権規定にも影響を及ぼしていた。[45] じっさい、一七九二年八月には、立法議会が、フリードリッヒ・シラー、ジョージ・ワシントン、トマス・ペイン、ジェレミー・ベンタム、コシューシュコら一七名を、普遍性の付与された諸価値への自由な同意により、「名誉市民」に任命した。[46] さらに、トマス・ペインやアナカルシス・クローツのように国民公会の議員に選出された者もあった。しかし、普遍性の原理により、革命の理念に同意することのみを条件として、市民権がすべての人に開かれていたわけではなかったし、やがてペインとクローツは「外国人」として逮捕され、クローツはプロイセンのスパイとして九四年に処刑される。こうしたことは、戦争の開始と、激しい議論を引き起こしたいわゆる「横滑り“dérapage”」だけで、十分に説明することはできないであろう。

それは、国民が抽象的な概念であったことに、より深い原因がある。主権者として民主主義の理念を議論しているかぎりは、大きな問題は生じなかったかもしれない。しかし、誰を市民とするのか、という具体的な論点を解決しようとすると、理念型は現実ではない以上、たちまち困難な状況に直面せざるをえないのである。そこでわれわれは、彼らがこの課題にどのように対応したのかを検討することによって、具体的な市民像を明らかにすることができよう。その場合、国民概念は、政治的に、より正確には、国家との関連でとらえられるようになっていたので、政治に参加する権利の有無が重要であった。その権利は市民にのみ認められていたので、当時は、誰が市民権をもつかが具体的な争点であった。この意味において女性は、もちろん外国人ではなく、フランス国民という抽象概念には含まれるにもかかわらず、具体的次元の問題としては、市民ではなかった[47]。そしてまた、国家の構成員が“nationaux”と呼ばれ、国家の成員資格が“nationalité”（国籍）ということばで呼ばれるようになるのは、一九世紀半ばになってからにすぎない[48]ので、ここでは国籍問題としてではなく、市民権の問題を取り上げる。

一七九一年憲法は、血統主義と出生地主義が混在していた革命前の原則を成文化しただけでなく、外国人にも五年間の国内居住のあとに市民権を付与し、宗教的理由から国外に移住した人の子孫にも、国内に居住することを条件として市民権を付与することを認めた。これらの帰化のケースについては、宣誓が求められ、それは意志を重視するフランスの国民観の反映であると理解されがちである。しかし、ブルーベーカーが指摘するように、フランス市民の大半を占める、フランス人の両親からフランスで生まれた人びとには、宣誓が求められなかったことを考えると、宣誓条項はそれほど重視されるべきではない[49]。あくまでも意志を重視するのであれば、すべての人に宣誓を求めるべきであろうが、そうならなかったし、逆に宣誓をしたからといって、誰にでも市民権が与えられたわけでもなかった。したがって、ここからフランス人たる要件はその意志にあると、単純に結論づけることはできない。その後これらの規定は、民法典では修正され、血統主義の傾向を強める。つまり、出生地にかかわらず、フランス人の父親から生まれた場合は、無条件に市民となるのに対して、フランス国内で生まれ住む外国人の子供と、かつてフランス市民であったが、市民権を失った父親から、国外で生まれた子供については、成人するときに市民権を要求することによって、それを「回復」しなければならない、とされた。換言すると、外国人が帰化する場合とは異なるが、出生時に自動的に市民権を得られるわけでもないと決めたのである。この問題については、いわゆるナポレオン法典という名称にもかかわらず、軍事的観点から、出生地主義によりフランス人を増やすことを重視したナポレオンの主張は、受け入れられなかった。要するに、フランスの場合も決して出生地主義を採用していたのではなく、あくまでも血統主義であって、その補充として、条件付きで出生地主義を加えていたにすぎない[50]。したがって、後に述べるドイツの法制度との違いを、絶対的なものとしてとらえるべきではない[51]。

また、「単純な二分法には警戒する必要がある」としながらも、「外国人の同化や、宗教上あるいは言語上の少数者の同化が容認された」ことをもって、「開かれたナショナリズム」であったとするヴィノックの主張[52]には、注意が必要であろう。それは、外国人などへの市民権付与は、あくまでも「容認された」にすぎず、どこまでも普遍性が貫かれたわけではなかったからである。そして、なによりも、同化するという以上、何か具体的な、満たされるべき基準を、前提にせざるをえなくなる可能性を忘れてはならない。なるほど革命時には、求められたのは宣誓だけであり、意志を基準とするという言説と、矛盾は生じなかったかもしれない。しかし、フランス国民ということば自体が、ある固定的な具体像を伴って、意味内容を表現するものとして硬直化し、国家の手によって特定の基準を満たす国民が創り出されることにはならないのだろうか。アンダーソンが主張するように、「日々顔付き合わせる原初的な村落より大きいすべての共同体は（そして本当はおそらく、そうした原初的村落ですら）想像されたものである[53]」ならば、必要が生じたとき、国家が具体的な意味を付与し、それを国家権力によって実現しようとする可能性は少なくない。ヴィノックが「大きな危機が訪れるたびに、定期的に登場する」と指摘する「閉ざされたナショナリズム」[54]の根源も、国民という概念に潜んでいるかもしれないのである。

この問題は、「再生」という「特別なエネルギー負荷をもって、大量の小冊子や中傷の文書やパンフレットに登場する」用語[55]と結びついていた。たとえば、デムーランは次のようなレトリックを展開する。「かくして、われわれは、国民議会によって再生されたのです。……われわれは、もはやピカール人やブルトン人ではなく、エックスやアラスの出身でもなく、われわれはすべてフランス人であり、兄弟であります」。しかし、この「再生」は、単に言説にとどまらなかった。国民の単一性を語ることから、「過去の人間」への反対命題として、「再生された人間」「新しい人間」という概念が生み出され、その再生という隠喩が、具体的な諸政策を正統化する言説として用いられることになる。たとえば、グレゴワールがユダヤ人問題を通じて、理念の実体化を正統化する場合を考えてみよう。彼は、ユダヤ人の同化に始まり、方言の抑制や教育の刷新の必要性という議論を展開するが、それは、国家によるユダヤ人や農民の「再生」という不寛容な政策を生み出すことになった。[56]さらに、「自由な市民の共和国がまだ実現しないのは、過去の歴史によって堕落させられた人間が悪人だからであり、恐怖政治によって革命は、……新しい人間を作り上げるはず[57]」であると説く。このような彼の主張は、陰謀や裏切り者を摘発し処罰する行為となったのである。

なるほどグレゴワール自身は、ヴァンダリスムという新語を生み出し、「破壊行為の告発とヴァンダリスムの責任者に対する非難とを」新たな言説の中で展開している。[58]「再生」によって「新しい人間」を創り出すためにグレゴワールたちが重視したのは、ヴァンダリスムではなく、公教育であった。バチコが指摘するように、主権者である国民に基づく国家の形成という革命のユートピアと、人間を変革する教育のユートピアという二つの社会的夢想が、融合していたのである[59]。したがって、グレゴワールにせよシエース[60]にせよ、恐怖政治を予見し想定していたわけではなく、それをむしろ批判したのである。それにもかかわらず、国民の単一性、均質さの言説は、その言説に固有の論理が展開され、「再生」によって実体としての国民を創り出そうとすることで、敵を、想像上の敵も含めて、排除するという、恐怖政治を生み出すパンドラの匣を開いたのであった[61]。

次に、もうひとつの具体的事例として、国境線の変更を検討してみよう。すでに指摘したように、フランスの「国民」概念は、既存の国家という枠組みの中で登場し、その内部における統治の正統性を争奪するための言説であった。そのかぎりにおいては、内政不干渉原則を承認しあったウエストファリア体制とも合致していた。しかし、革命の進展に伴って、フランス王国領ではなかった領域の帰属問題が浮上し、戦争における初期の勝利の結果として大幅に国境線が引きなおされる事態が生じるや否や、抽象的な原則は具体的な政治課題に転化したのである。理論上は、国民概念の普遍性を現実に反映させるのであれば、フランス国民に含まれる人びとは際限なく拡大することになるが、じっさいにはどのような決定が下されたのであろうか。

まずアルザスの問題がある。ここは、王国時代からフランス領の一部であったから[62]、革命によって併合されたわけではない。それでも、一七九〇年五月二二日に憲法制定国民議会は占領権を否定し、その見解に沿ってメルラン・ド・ドゥエは、ルイ一四世の占領ではなく、自らの意志によりアルザス人たちはフランス人たることを欲したという側面を強調した[63]。革命中、最初に領域変更が問題となったのは、教皇領であったアヴィニョンとコンタ・ヴネッサンである。これらの飛び地のフランスへの併合[64]について、一七八九年一一月一二日に議会でとりあげたのは隣接する諸県であったが、そのときは、教皇の権利に対する入念な告発に基づいており、住民の意志についてはまったく言及されていなかった。むしろこの併合を求める提案に対する抗議こそが、自決権を強調して、コンタの人びとの教皇への変わらぬ忠誠に触れていた。一七九〇年六月になって現地の「貴族」と「愛国者」との武力衝突の結果、「愛国者」が勝利を収め、彼らが議会を開き、教皇からの独立とフランスへの併合を議決したあと、パリの議会に併合の請願を行った。そこで憲法制定国民議会の委員会は、関係する住民の同意なしに主権の移譲は認められず、混乱の中、反対党の不在下での投票は、合法的とはみなされないと報告し、国民議会はそれを承認した。その後勃発した内戦状態のあいだに、各コミューンの議会の大半が再びフランスへの併合を議決し、問題は再びパリの国民議会に持ち込まれた。そこで激論が闘わされた末、内戦中に行われかつ革命派の脅迫の下でなされた議決では、住民の意志は十分明瞭でも正式でもなく、自由でもないとして、再び併合は否決された。しかし、現地の混乱を放置しておくことはできないため、調停に当たる三人を派遣することになった。その結果、フランスの国民衛兵により双方の部隊は解散され、秩序が保障された後に、選挙を行うことで和平が成立した。これが、フランスの軍事的プレゼンスの下で、選挙を行うという方式の端緒となる。その選挙の結果を受けて開かれた各コミューンの議会の議決に基づいて、一七九一年九月一四日憲法制定国民議会は、これらの地域の併合を可決した[65]。

その後一七九二年にサルディニア領サヴォワとニースが問題となった。この場合もまずフランス軍が入城したけれども、やはり改めて選挙を行った後に開かれた議会の議決により、併合を決定するという手順を国民公会も採用した。フランス軍の影響力の強さはアヴィニョンなどと同じであるが、手続きとしては、住民の投票による「意志」の表明を重視した[66]。しかし国民公会での議論をみると、サヴォワ人はガリア起源であるという歴史、アルプスが画する自然国境という地理、さらに経済的あるいは地政学的論拠から、これらの決定が支持されたことがわかる[67]。したがって、非常に都合のよい利己的な主張がなされたことや、フランス軍が少なからず影響を及ぼしたことが、領域変更の決定に結びついていたことは否めない。ただ、決定を正統化する言説としては、住民の決定はすなわち民主主義であるという原則が援用され、それに則った形式が採用されたのである。

実利的な考慮と言説との乖離は、ベルギー問題ではより明確になる。一七九二年一二月一五日のいわゆるカンボン・デクレによって、フランスが侵略した諸国においては、自由と平等への誓約をせず、それまで所有していた特権を書面にて放棄しない者は、投票することも公職に就くこともできないとされたのである。続いて、翌年一月三一日のデクレでは、共和国の敵とみなされたベルギー人は、一五日以内に処刑されることになった。こうした圧力と、フランス軍の強い影響下で、ベルギー各地は、フランスへの併合を議決していく。ライン左岸の各都市も、侵略され、カンボン・デクレが課す条件下で、次々とフランスへの併合を可決していった。九七年のミユールハウゼンとジュネーヴでの議決も、フランス軍の強力な影響と、経済的な考慮から行われたものであった[68]。

ただし、こうした方法による領域の拡張が無限に続いたわけではないことにも、注意が必要である。オランダ連合共和国はバタヴィア共和国になり、その憲法は第一条でフランスと同様に「単一にして不可分である」と定めることになる。それにもかかわらずフランスに併合されるのは、ナポレオンの帝政下でオランダ王国になった後、一八一〇年になってからのことにすぎず、フランスでの主権概念が大きく変容してからである。また、イタリア半島をすべてフランス領に併合するには至らなかったし、ライン河以東はライン連邦となり、ピレネ山脈以南も、オランダ王国のように皇帝ナポレオンの兄弟が王位に就いたが、スペイン王国として別の国のままであった。つまり、たとえフランス国民概念は、理念上は普遍的であり、ローマの伝統を引き継いでいると主張されたとしても、じっさいには、際限なく広がることはなかったのである。また他方で、意志を重視して国民を想定したはずの革命の昂揚期においてすら、自然国境説が声高に唱えられた。一七九三年一月、国民公会においてダントンは次のように演説した。「われわれに、共和国の領土を拡大しすぎないことが賢明であると思わせようとしても無駄である。共和国の境界は自然によって決定されている。われわれは地平の四隅、つまりライン河、大西洋、ピレネ、アルプスにおいて境界線に達するであろう」と[69]。このように、具体的な境界線を考慮する場合においては、必ずしも意志による普遍的概念が貫かれたわけではなかったのである。

そもそも、一般意志を体現するとされた抽象的存在の「国民」は、一回限りの投票で確証しうるものではないはずである。しかし、概念として提示された「国民」を、どのようにして具体的に決定できるか、という問題は想定されていなかった。そこで、国境の画定のように、境界を定義しなければならない必要に迫られた場合、現実にはある特定の人びとの投票に基づく議会が表明した決定に依拠することになった。たとえそれが、軍事的・経済的圧力の下で、しかたなく投じられた票であっても、民主主義のアナロジーとして、それぞれの領域を併合し、編入するための正統化根拠とされたのである。じっさいに、ほかにどのような手段が可能であったであろうかと考えても、あまり得るものはない。ここでは、事態の進展によって困難な具体的問題に直面したとき、国民主権の概念を援用して、各領域の住民の投票により領域変更の決定を正統化するという言説が用いられたことが重要なのである。そして、このときと同じ課題と解決方法、そしてその限界は、フランスとはまったく異なった政治的文脈で登場する民族集団、つまり統一や分離独立を求める民族集団が、それぞれの主張を実現しようとするときにも繰り返されることになる。コバンが指摘するように、「民主主義ナショナリズムという新しい原理は、理念領域で勝利を占め（ママ）、このことはその後の歴史にとって決定的な事実となった（傍点筆者）」のである[70]。

したがって、シートン＝ワトソンが、「教養としてのナショナリズムは、一八世紀の人民主権概念から引き出された」と述べる[71]のも、上述の経緯を指している。彼は、政治上の諸原則と現実の諸問題から誕生した「民族自決権という教義の歴史は、フランス革命とともに始まった」と指摘する。[72]たしかに、革命時の領域決定は主権原則を背景とし、その言説を用いていたことは間違いない。しかし、フランスでは、既存の国家を前提として、その枠内で想定された「国民」に、新たに付け加わる人びとを追加的に認めるという論法であったことに注意すべきである。「国家が国民をつくりあげることはありうるが、民族が国家をつくる事は自然の法則にもとる」と説くアクトン卿のことば[73]が、フランスにも当てはまっていた。一九世紀になって、新たに国家を形成しようとする運動が用いることになる「民族自決」とは、その点において大きく異なるのであり、そのために、このような運動は、次節以下で検討するように別の言説をあわせて用いなければならなくなるであろう。

このように、フランスで「国民」が政治の表舞台に登場したとき、それは実体ではなく、主権争奪のために提示された概念であり、新たな言説であった。それは、既存の国家を前提としていたがゆえに、具体的な定義をする必要に迫られることもなく、普遍的な性格を帯びたままでも、すぐさま矛盾に逢着することはなかった。しかし、市民権や国境画定のように、具体的な課題に直面するや、純粋な国民概念だけで対応できなかったのも事実である。たしかに、言語や文化、さらには人種といった基準を持ち出して、国民を定義することはなかった。しかし、市民権規定に明らかなように、「フランス人になる」ことは生まれつき決定されることではないにしても、大半の人にとって「フランス人である」ことは、生まれつき決定されていた。しかも、単にフランスの国民は意志により決定されると主張するだけでは、何の解決にもならず、現実の必要が、そうした主張を簡単に乗り越えてしまったケースがいくつもあったことはすでに指摘した。加えて、王政復古とともに主権は国王に戻り[74]、革命期の国民概念は一九世紀を通してずっと継続したわけでもなく、革命期の言説だけでフランスの国民概念を代表してしまうことにも問題があろう。

ただし、ヨーロッパ規模で革命の理念が伝播し、戦争が拡大した結果として、アンダーソンが指摘するように、「ひとつの『こと』となり、フランス革命というそれ自体の名称を得た。……経験は数百万の印刷された言葉によって、印刷ページの上でひとつの『概念』へと整形され、そしてやがてはひとつのモデルとなった……こうして、事実上、遅くとも一八一〇年代には、『この』独立国民国家の『モデル』が、海賊版製作のために利用できるようになっていた」[75]。そこでは、スナイダーが対抗革命ナショナリズムと呼ぶ[76]ように、ナショナリズムということばを使うかどうかはともかく、フランスで展開された概念や理想に対抗して、新たな言説が展開される。イタリア人やドイツ人がフランスから学んだ「自由とは、独裁政府からの個人の自由ではなく、外国政府からの民族の自由であった」とダヴ・ローネンが指摘する[77]ように、フランスにおいて主権概念として登場した国民とは、異なる概念として想定されることになる。

第一節　国民主権の誕生

（1）　Walker Connor, *Ethnonationalism : The Quest for Understanding*, Princeton University Press, 1994, p. 94.

（2）　マルコ・マルティニエッロ、宮島喬訳『エスニシティの社会学』白水社、二〇〇二年、二〇頁。

（3）　エルンスト・カントロヴィッチ、甚野尚志訳『祖国のために死ぬこと』みすず書房、一九九三年、四頁。

（4）　アルフレッド・コバン、栄田卓弘訳『民族国家と民族自決』早稲田大学出版部、一九七六年、一六頁。そして全住民を指すことばは、“populus” であった。Hugh Seton-Watson, *Nations and States : An Enquiry into the Origins of Nations and the Politics of Nationalism*, Methuen, 1977, p. 8.

（5）　Eric J. Hobsbawm, *Nations and Nationalism since 1870 : Programme, myth and reality*, Cambridge University Press, 2002, pp. 58-59; Anthony D. Smith, *National Identity*, University of Nevada Press, 1991, p. 8. 国民の起源、あるいはそのコアとなる集団の存在は、過去に遡及すると主張するスミスも、古代ギリシアについて、文化的かつエスニックな

共同体を認めながら、「国民」ではないとして両者を区別している。近代ギリシア語における用法の変化は、第三章第一節注(64)参照。

(6) 矢吹久「ネイション概念の形成と歴史的展開」『思想』七八八、一九九〇年、八九―九六頁。

(7) David Miller, *On Nationality*, Clarendon, 1995, p. 28.

(8) アルフレッド・コバン、前掲書、一一八頁。

(9) つまり、一貫した成文法は作られなかったけれども、一八世紀になると高等法院は、フランス国内の居住という条件のほかには、フランス国内で生まれるか、あるいはフランス人の両親から生まれるか、どちらかの条件さえ満たしていれば良い、というように変化していた。Rogers Brubaker, *Citizenship and Nationhood in France and Germany*, Harvard University Press, 1994, pp. 35-39.

(10) Hugh Seton-Watson, *op. cit.*, p. 45.

(11) フランソワ・ギゾー、安士正夫訳『ヨーロッパ文明史』みすず書房、一九八七年、二〇二頁。

(12) ジュール・ミシュレ、森井真・田代葆訳『ジャンヌ・ダルク』中公文庫、二〇〇〇年、一四〇―一四一頁。

(13) Eugen Weber, *Peasants into Frenchmen : The Modernization of Rural France, 1870-1914*, Stanford University Press, 1976, p. 111. 続けて、以下で取り上げる公教育の成果により、「一〇年後には、同様のことはもはや起こらなかったであろう」としている。

(14) Herman Lebovics, *True France : The Wars over Cultural Identity, 1900-1945*, Cornell University Press, 1992, p. 3. シートン＝ワトソンは、百年戦争は、フランス語を話す二人の君主の闘争として始まり、彼らはともに、フランス語を話す貴族たちにより支持されていた、と皮肉を込めて指摘する。Hugh Seton-Watson, *op. cit.*, p. 45.

(15) Robert R. Palmer, "The National Idea in France before the Revolution", *Journal of the History of Ideas*, vol. 1, no.1, 1940, pp. 103-105. パルマーはこれに先立って、フランスでは「国民」が、革命前にすでに成立していたことを繰り返し述べるが、もちろんそれを立証していないだけでなく、自らも「この国民の理念は、現実には決して実現されていなかったことはいうまでもない」としている。*Ibid.*, p. 97. ノラもまた、「じっさいには一八世紀をつうじて国民という思想が論じられ展開されるのは、こうした哲学者たちの議論よりは、むしろ高等法院の伝統や国家を改革しようとする人たちによってである」と指摘する。フランソワ・フュレ／モナ・オズーフ編、河野健二・阪上孝・富永茂樹監訳『フランス革命事典　5　思想I』所収、ピエール・ノラ、西川長夫訳「国民」みすず書房、二〇〇〇年、一八九頁。

(16) François Furet, *Penser la Révolution française*, Gallimard, 1978, pp. 60-61.

(17) Liah Greenfeld, *Nationalism : Five Roads to Modernity*, Harvard University Press, 1992, pp. 158-159, 154, 188.

(18) Anthony D. Smith, *op.cit.*, pp. 21, 40.

(19) エティエンヌ・バリバール／イマニュエル・ウォーラースティン、若森章孝（他）訳『人種　国民　階級』大村書店、一九九五年、一三二―一三三頁。

(20) Anthony D. Smith, *loc. cit.*. スミスは、一九八六年に初版が出た本で、大衆の問題を除くと、「近代の国民もナショナリズムも旧来のエスニックな概念と構造の、意味と広がりを拡大し深めただけであることは明らか」としているので、それと較べると主張を緩和させていることがわかる。Anthony D. Smith, *The Ethnic Origins of Nations*, Blackwell, 1994, p. 216. 近代以前に起源が遡りうるかどうかについて、スミスと激しく対立したゲルナーもまた、死後に出版された最後の著作において、「国民はへそを持つか」という章を設け、ナショナリズムは、近代特有の現象であるという主張を繰り返しながらも、「純粋に古代のへそを持つ諸国民がある」ことを認めている。Ernest Gellner, *Nationalism*, New York University Press, 1997, p. 96. そうなると、理論上の激しい批判の応酬にもかかわらず、じっさいには、両者の対立点はさほど大きくなくなる。スミスもゲルナーも、実体としての国民を捜し求めて、それぞれの説を立証しようとするので、両者とも現実との齟齬が生じ、修正を余儀なくされるのである。ただし脱産業社会を迎えた場合、ゲルナーの説ではナショナリズムは終焉を迎えるはずであるが、これは現状に反するとしてスミスは批判する。ゲルナーもこの著作の最後の部分で、それは希望的観測であるとして主張を弱めている。他方でホブズボームは、一九九二年の第二版においても、初版の最後をそのまま維持し、ネーションとナショナリズムは現象としては頂点をすぎ、ミネルヴァのふくろうがその周りを旋回しているのは、よい兆候であると結んでいる。Eric J. Hobsbawm, *op. cit.*, p. 192.

(21) Claude Nicolet, *L'ideé républicaine en France (1789-1924) Essai d'histoire critique*, Gallimard, 1982, p. 400.

(22) フランソワ・フュレ／モナ・オズーフ編、河野健二・阪上孝・富永茂樹監訳『フランス革命事典　4　制度』所収、キース・マイケル・ベイカー、石井三記訳「憲法」みすず書房、一九九九年、一六三頁。

(23) François Furet, *op. cit.*, p. 62.

(24) リン・ハント、松浦義弘訳『フランス革命の政治文化』平凡社、一九九二年、四九、七三、三二、二六九頁。三部会が資格認定問題で議事進行が完全に停止したとき、シエースの動議に基づいて出席点呼を始めた第三身分の議員たちが、「国民議会」という名称を採択することで自己定義をする過程については、以下を参照。サイモン・シャーマ、栩木泰訳『フランス革命の主役たち　中』中央公論社、一九九四年、一〇三―一〇九頁。

(25) François Furet, *op. cit.*, p. 50.

(26) ピエール・ノラ、前掲論文、一九一頁。

(27) ジュリアン・バンダ、宇京頼三訳『知識人の裏切り』未来社、一九九〇年、二六六頁。

(28) Henri Grégoire, "Rapport sur la nécessité et les moyens d'anéantir les patois et d'universaliser l'usage de la langue française", *Œuvres de l'abbé Grégoire, tome # II*, KTO Press, 1977, p. 231. 半世紀以上のちの一八六三年の統計においても明らかなように、一九世紀の最後の四半世紀に成人する子供の約半数を含めて、相当数のフランス人にとって、フランス語はなお外国語であった。Eugen Weber, *op. cit.*, p. 67.

(29) *Ibid.*, pp. 109-110.

(30) Albert Soboul, "La Révolution française : problème national et réalités sociales", *Actes du colloque Patriotisme et nationalisme*, cit. in Douglas Johnson, "The Making of French Nation" in Mikuláš Teich and Roy Porter ed., *The National Question in Europe in Historical Context*, Cambridge University Press, 1996, p. 51.

(31) セオドア・ゼルディン、垂水洋子訳『フランス人　2』みすず書房、一九八九年、二五五頁。

(32) エマニュエル・シエイエース、五十嵐豊作訳『第三身分とは何か』実業之日本社、一九四八年、一〇頁。なお、引用部分の漢字、仮名遣いを改めた。

(33) Jean-Luc Chabot, *Le Nationalisme*, Presses Universitaires de France, 4e éd., 1997, p. 18.

(34) 樋口陽一、吉田善明編『解説　世界憲法集　改訂版』一九九一年、三省堂、二三九頁。

(35) フランソワ・フュレ／モナ・オズーフ編、前掲書所収、パトリス・ゲニフェー、阪上孝訳「投票制度」、二七六頁。

(36) ただし、選挙権に注目した場合、「投票制度は市民権を表象するものの一つであり、……じっさい、投票するのはもはや社会的に識別しうる現実の人間ではなく、その自律性と等価性が法的に定義された抽象的な市民なのである」と指摘される。このように理解するのであれば、「市民」ですらも、つねに具体的な特定の集団ではなくなる。パトリス・ゲニフェー、前掲論文、二七五頁。なお、後出注(47)を参照のこと。

(37) モーリス・デュヴェルジェ、時本義昭訳『フランス憲法史』みすず書房、一九九五年、五五頁。

(38) Walker Connor, *op. cit.*, pp. 92, 95.

(39) Brigitte Krulic, *La Nation : Une idée moderne*, Ellipses, 1999, pp. 67, 74. その結果、主権を「体現」する国民は、自動的にフランス国家とその領域の統一と、同一視される。Stuart Woolf, "Introduction" in Stuart Woolf ed., *Nationalism in Europe, 1815 to the Present*, Routledge, 1996, p. 10.

(40) Eugen Weber, *op. cit.*, pp. 113, 485. Michel Winock, *Parlez-moi de la France*, Seuil, 1995, p. 29.

(41) 「コンドルセやシエースのような若干の人びとの孤立した発言にもかかわらず」女性の選挙権は排除された。パトリス・ゲニフェー、前掲論文、二七八頁。したがって、女性はこの等式に当てはまらず、「市民」という中性的なことばによって、人口の半数が締め出されていた事実が覆い隠されている。ノワリエルは、社会立法の結果として、一九世紀末にますます明らかとなる、国民と市民との食い違いについて言及する。そこで、女性と子供の立場と並んで、フランスの植民地となったアルジェリア人に言及し、彼らもまたフランス国民と考えられたが、市民とは考えられなかったと指摘している。Gérard Noiriel, Geoffroy de Laforcade trans., *The French Melting Pot : Immigration, Citizenship, and National Identity*, University of Minnesota Press, 1996, pp. xix, 281.

(42) 国家の枠組みとは切り離された民族集団については、"nationalites" と呼ばれるようになる。第三章第一節3を参照。

(43) Michel Winock, *op. cit.*, p. 16.

(44) エルンスト・R・クルツィウス、大野俊一訳『フランス文明論』みすず書房、一九九〇年、一二頁。さらに彼は、これと同じ戦間期に書いた本において、「フランス文化が人類発展の規範たり標準たり模範であるという観念は、保守派のイデオロギーにも、民主派のイデオロギーにも、カトリック教会派のイデオロギーにも、社会主義派のイデオロギーにも、ひとしく根底に存している」と指摘し、普遍性の概念はフランス文化の特性であるとする。エルンスト・R・クルツィウス、大野俊一訳『フランス精神』みすず書房、一九八〇年、一九六―一九七頁。

(45) Rogers Brubaker, *op. cit.*, p. 8. ただし、ブルトン人、バスク人、コルシカ人、アルザス人を完全に同化できたわけではなかった。しかし、その失敗は一八世紀末まで、それほど完全でも明らかでもなかった。*Ibid.*, p. 5.

(46) Brigitte Krulic, *op. cit.*, p. 73.

(47) 一七九一年憲法だけが、フランス市民"citoyens français"と能動市民"citoyens actifs"とを区別し、前者は国家のすべての構成員を含めて、つまり女性も含めてとらえ、後者はその下部集団として政治的権利を持つ人のみを指していた。これ以降の諸憲法は、この区別をせず、一七九一年憲法のいう能動市民の範囲にのみ関心を寄せる。Rogers Brubaker, *op. cit.*, p. 87. 能動市民とは、「三労働日の地方的価額に相当する税を支払っている個人のみである」。モーリス・デュヴェルジェ、前掲書、五七頁。さらに、投票するためには、「そのほかに、選挙人名簿に登録されること、市民の宣誓を行うこと……が必要」であった。この制度は一七九二年八月のデクレにより男子普通選挙が規定されたことによって変化するが、この普通選挙にも「同じ郡に一年間在住し『自分の労働生産物で生活する』とみなされるのに足りる収入のあることを証明するという条件」があり、「これは非納税者を排除することに帰着」した。パトリス・ゲニフェー、前掲論文、二八二、二八五頁。したがって、特に納税額による制限選挙制度の場合には、民法典が規定する市民権を持つ者すべてが、参政権を持つわけではなくなる。いずれにせよ、女性と未成年者には政治的権利がなく、（能動）市民の範疇から外れることになった。女性には、「陪審員・弁護士・検事になる資格がない、結社を作る自由」もなかった。これは革命から一世紀経っても変わらず、ヴィクトル・「ユゴーは、一八七二年六月八日付けのリシュール宛の公開書簡でこう述べている。『今日の法制度の下では、女性は所有せず、出廷せず、投票せず、数に入らず、存在しない。男性の市民は存在するが、女性の市民は存在しない。』」ジャン・ラボー、加藤康子訳『フェミニズムの歴史』新評論、一九八七年、九二、一二三頁。また、人権宣言は、「人」や「何人」という表現を用いていたけれども、それは白人にのみ限られ、黒人に及ぶことはなかった。一七九四年二月四日のデクレにより、国民公会はすべての植民地における奴隷制の廃止を決定するが、このデクレは実施されることなく、一八〇二年にデクレ自体が取り消された。一六八五年に制定された黒人法典が最終的に廃止されるのは、第二共和制下の一八四八年になってからである。Louis Sala-Molins, *Le Code Noir ou le calvaire de Canaan*, Presses Universitaires de France, 1987, pp. 17, 80-81.

(48) Rogers Brubaker, *op. cit.*, p. 99. なお、プティ・ロベールによると、国籍という意味で使われ始めるのは、一八六八年からである。*Petit Robert 1*, Le Robert, 1987, p. 1257.

(49) Rogers Brubaker, *op. cit.*, p. 87.

(50) *Ibid.*, pp. 87-89, 81. 女性に関してナポレオンは、コンセイユ・デタにおいて婚姻について議論されたとき、「女性は夫の所有物である。あたかも、果樹が果樹園の所有者に属するがごとく、女性は夫に属するのである」と主張していた。Patrick Weil, *Qu'est-ce qu'un français? : Histoire de la nationlité française depuis la Révolution*, Grasset, 2002, p. 213.

(51) フランスのケースを「出生地主義の伝統に基づいている」として、ドイツのケースと対比して説明することが、繰り返されてきた。たとえば、Brigitte Krulic, *op. cit.*, p. 10.

(52) ミシェル・ヴィノック、川上勉・中谷猛監訳『ナショナリズム・反ユダヤ主義・ファシズム』藤原書店、一九九五年、五二、二二頁。

(53) ベネディクト・アンダーソン、前掲書、二二五頁。

(54) ミシェル・ヴィノック、前掲書、五二―五三頁。

(55) フランソワ・フュレ／モナ・オズーフ編『フランス革命事典　5　思想Ⅰ』前掲書所収、モナ・オズーフ、阪上孝訳「再生」、二〇六頁。

(56) Pierre Birnbaum, *La France imaginée, Déclin des rêves unitaires?*, Fayard, 1998, pp. 64-68.

(57) フランソワ・フュレ／モナ・オズーフ編、河野健二・阪上孝・富永茂樹監訳『フランス革命事典　1　事件』所収、フランソワ・フュレ「恐怖政治」みすず書房、一九九八年、一二三頁。したがって、フュレは、恐怖政治の原因を「すでに一七八九年からの革命の中にはっきりと存在しており……フランス革命の文化の性格に深くかかわっている」と指摘する。同、一二二頁。

(58) フランソワ・フュレ／モナ・オズーフ編『フランス革命事典　5　思想Ⅰ』前掲書所収、ブロニスラフ・バチコ「ヴァンダリスム」、四三―四五頁。

(59) フランソワ・フュレ／モナ・オズーフ編『フランス革命事典　4　制度』前掲書所収、ブロニスラフ・バチコ「公教育」一九五頁。ただし、公教育については多くの議論を引き起こしながらも、オズーフが指摘するように、「革命の息もつかせぬ事件の連続のために学校政策を実行に移すことはできなかった」。モナ・オズーフ、前掲論文、二一四頁。

(60) シエースについても、「恐怖政治が一般意志を援用して合憲性の原理をくつがえすことを可能とする制度の基礎を築いた」と指摘される。フランソワ・フュレ／モナ・オズーフ編、河野健二・阪上孝・富永茂樹監訳『フランス革命事典　2　人物Ⅰ』所収、キース・マイケル・ベイカー、垂水洋子訳「シエース」、みすず書房、一九九八年、六八頁。

(61) Pierre Birnbaum, *op. cit.*, pp. 73-75, 79-80, 89-90.

(62) この点については、第四章第一節1を参照。

(63) Brigitte Krulic, *op. cit.*, p. 73.

(64) 国際法上、併合とは、国家間の合意を前提とするが、ここでの諸例では、それぞれ住民の決定に基づいているとはいえ、教皇領を除いて、既存国家とフランスとが条約を結んだわけではないので、厳密には併合とはいえない。また、国家領域の一部については割譲、領域全部について移転が行われる場合には併合と区別されるが、ここでは、それぞれの領域がたとえある国家の一部であったとしても、一体のものとして行動し、扱われているので、あえて併合ということばを用いた。

(65) Sarah Wambaugh, *A Monograph on Plebiscites with a Collection of Official Documents*, Oxford University Press, 1920, pp. 33-40. 武力対立が収まっていたとはいえ、すでに現地を離れていたエミグレたちは、投票のために戻ることはできず、彼らが亡命中に選挙が行われたと抗議することになる。選挙の結果をうけて、九八あるコミューンの中で、じっさいに議会を開いて投票したのは七一コミューンであり、フランスを選んだのが五二、教皇領にとどまることを選択したのは一九であった。残りの二七コミューンのうち、一七のコミューンが、選挙後に議会を開催しなかったが、調停が成立する前の投票でフランスを選んでおり、一〇のコミューンは投票を棄権した。最終的には、一七九七年二月一九日に調印されたトレンティーノ条約により、教皇がすべての権利を放棄することで、これらの地域のフランスとの併合が確定した。

(66) *Ibid.*, pp. 41-45. ただしこのときは、国政レベルの選挙が、八月一〇日事件直後のデクレにより男子普通選挙に移行していたことを受けて、これらの地域でも、アヴィニョンとは異なって、男子普通選挙が行われた。

(67) Brigitte Krulic, *op. cit.*, p. 76.

(68) Sarah Wambaugh, *op. cit.*, pp. 45-57.

(69) ピエール・ノラ編、谷川稔監訳『記憶の場 第一巻（〈対立〉）』ジャン＝マリ・マユール、中本真生子訳「アルザス　国境と記憶」岩波書店、二〇〇二年、四四一―四四三頁。

(70) アルフレッド・コバン、前掲書、三五頁。

(71) Hugh Seton-Watson, *op. cit.*, p. 6.

(72) Sarah Wambaugh, *op. cit.*, p. 1. 同趣旨のものとして、たとえば、Walker Connor, *op. cit.*, p. 5; Paul Sabourin, *Les nationalismes européens*, Presses Universitaires de France, 1996, p. 18. アンリ・ボグダン、高井道夫訳『東欧の歴史』中央公論社、一二四―一二五頁。

(73) ノーマン・デイヴィス、別宮貞徳訳『ヨーロッパ　Ⅲ　近代』共同通信社、二〇〇〇年、三九二頁。デイヴィスが指摘するように、「イギリスの公式の用法では、nationaliy《ママ》 は citizenship を意味すると決められている」。同書、三九一頁。だからこそ、市民権を自由権、参政権、社会権の三段階に分け、国民全体に完全な市民権を付与することを唱えたT・H・マーシャルの議論も、国民はすなわち市民である、という等式に則ることができたのである。トーマス・H・マーシャル／トム・ボットモア、岩崎信彦、中村健吾訳『シティズンシップと社会的階級』法律文化社、一九九三年を参照。ただし今日においても、例外的には、アメリカ領サモアの住民のように合衆国の“nationals”ではあっても“citizens”ではない、といった区別がみられる。またフランスでは、「新しい市民権」という概念により、外国籍の居住者に地方議会やヨーロッパ議会への投票権を認める動きがみられ、国籍と参政権の部分的分離の試みがある。

(74) 王政復古期の"Roi de France"という称号が、一七九一年憲法下で短期間使われた"Roi des français"になるのは、七月王政下である。モーリス・デュヴェルジェ、前掲書、九二頁。

(75) ベネディクト・アンダーソン、前掲書、一三六―一三七頁。ザツェクが次のように述べるのは、まさにこの例である。「チェコ人の『再生』は、啓蒙主義とフランス革命に由来するヨーロッパ大陸全体の解放運動の一部であった」。ピーター・F・シュガー／イヴォ・J・レデラー編、東欧史研究会訳『東欧のナショナリズム』所収、ヨーゼフ・F・ザツェク「チェコスロヴァキアのナショナリズム」刀水書房、一九九〇年、一四三頁。

(76) Jack Snyder, *From Voting to Violence : Democratization and Nationalist Conflict*, W. W. Norton, 2000, p. 70.

(77) ダヴ・ローネン、浦野起央・信夫隆司訳『自決とは何か』刀水書房、一九八八年、四三頁。

第二節　国民をめぐる言説の変化

1．新国家形成を目指す「民族」概念

フランス軍の侵略を受けた人びとの中から、「外国政府」、すなわちフランス、からの自由を求める声が上がる。そのときには、国民について、フランスによってひとつの「モデル」が提示されていたけれども、それをそのまま利用することはできなかった。抽象的、普遍的な国民概念を受け入れてしまうと、そこから導き出されるのは、国民主権であり、民主主義であったから、対抗すべきは王政であったそれぞれの国家、政府ということになり、新しい理念をもたらすフランス（軍）は、当初ベートーベンが交響曲第三番をナポレオンに捧げようとしたように、賞賛の対象になりこそすれ、反発する対象にはなりえないからである。これはかなり微妙な問題であった。

亡国の憂き目に会ったばかりのポーランドでは、多くの人びとが祖国解放の手段として、ナポレオン指揮下のフランス軍に馳せ参じたし、ハプスブルク家がイタリア半島に及ぼす圧力に苦しんでいた政治家たちも、少なくとも開戦直後はフランス軍に期待を寄せたことに現れている。

しかし、フランス軍による略奪や徴用、一方的な政治的支配が続くと、武力によって押し付けられたフランス革命の理念に対抗するための言説が求められた。フランスが「外国政府」であり、その支配は受け入れられないと主張するためには、彼我の差を際立たせるフランスとは異なる言説が必要となった。そこで、フランス国民とは異なる共同体を想像するために、新たに持ち出された基準が、文化や言語であった。そして、その文化的な共同体を想定する場合、その共同体の境界線と当時の国境線とは一致しない、と主張者たちが考えただけになおさら既存国家の枠組みを前提とするフランスの言説を採用することはできなかった。なぜなら、いかに強引であっても、主権者たる国民という概念上の存在と、既存国家内の市民という具体的な人びとの集団とを、重ね合わせてしまえたフランスとは異なり、想像された文化共同体と、現実の諸国家に基盤を持つ法制度による市民集団とは明らかに一致しなかったからである。たとえばドイツ人とヴュルテンブルク市民、ポーランド人とプロイセン市民、チェコ人とオーストリア市民という具合である。そこでフランスのような言説を展開することは彼らの想像した共同体が自らの国家を持つとする理想にとって障害になりこそすれ、正統化根拠にはなりえなかった。

ただし、フランス革命以前の“nation”のように国家の枠組みとは関係なく想像された文化共同体が、独自の国家を持つべきである、と当初から主張されたわけではなかった。コバンも以下のように指摘する。「完全な政治的独立は、多様な文化共同体の自由な存在にとって必要な条件である、とつねに考えられてきたわけではなかった」[1]。特にフランス革命期に活躍したヘルダーやフィヒテについては、後の時代の単純な文化共同体と政治共同体の等式を想定した政治運動とは異なることに、注意を要する。[2]

ところで、文化共同体という概念は非常に曖昧である。個々の文化共同体の特殊性を主張するために、他者との間に境界を画さない、したがって誰にも属さないラテン語に対して、俗語という基準[3]が持ち込まれるが、それによってこの概念の意味するものは、よりいっそう明確になるのであろうか。言語が基準となるためには、諸言語が明確に区別されうることが前提となる。しかし言語学の立場では、「異なった変種の話し主たちのあいだで、相互理解が可能であるかあるいは不可能であるかによって、確実な区別のための原則を立てることはできない。……ひとつの口話から他のかなり明確に異なった口話への変化は、ただ一連の緩慢な推移によって認められるにすぎない[4]」とされる。したがって、言語と方言の「区別は言語学的というよりは政治的現実にもとづくものである。……ドイツ語とオランダ語はそれぞれの国の国語である。しかし、言語学的な基準によれば、オランダ語と低地ドイツ語は同じ言語の方言なのである」。そのため、「言語は、〝陸軍や海軍が背後に控える方言〟といわれてきた[5]」。国家の存在によってこそ言語が確定されるとするならば、言語の共有によって共同体を想定し、それを国家の基準とすることはできない。それは循環論法に陥るからであり、また、どこまで祖語を遡るかによるが、ヨーロッパに関する限り、バスク語のような孤立言語[6]を除いて、すべてが相対化されることになるからである。[7]周知のように、独自の言語を持たない「国民」もあり、他方同一言語を用いているにもかかわらず異なる「国民」もある。[8]要するに、この新しい主張によって、フランスとは異なる言説が登場したにすぎないものと理解すべきであって、言語という基準によって、文化共同体が明確に定義されるわけではなく、ましてや具体的な特定の集団が実体として登場するわけでもない。言語は、ある特定集団の固有の財産であるかのように主張されることがあったとしても、共同体を想像するための、ひとつの、しかし重要な道具にすぎない。アンダーソンは次のように指摘する。

ときにナショナリスト・イデオローグがやるように、言語を、国民《ネーションネス》というものの表象として、旗、衣装、民族舞踊その他と同じように扱うというのは、常に間違いである。言語において、そんなことよりずっと重要なことは、それが想像の共同体を生み出し、かくして特定の連帯を構築するというその能力にある[9]。

したがって、コーンが西欧との相違点を指摘して、中東欧では、社会的・経済的変化が生じるはるか以前に、新たなナショナリズムが生じた[10]と描写するとき、読み違いをしてはいけない。それは、文化共同体を想定した言説が生じたことを指摘しているのであって、文化的に均質で統合された共同体が実体として存在していたということではない。両者を混同することから、議論が錯綜してしまうのである。ホブズボームも、「特に、近代ナショナリズムが疑問の余地なく大衆政治力になる以前に、普通の男女の国民意識に関する問題を覆っている霧の深さ」という表現で、この点を指摘している[11]。

さらに、文化や言語から、論理的に血統や人種との関連が導き出されるわけではないことにも注意を要する。マックス・ミュラーが指摘したように、遺伝的な概念である「人種」は、遺伝することのない言語から推論されはしないからである[12]。それにもかかわらず、文化共同体に関する議論が、血統と結び付けられて、フランスと対比されることが多い。そのときには、フランスの場合と同様に、市民権規定が具体的な例とされる。そこで、後にドイツという統一国家が形成される中部ヨーロッパにおける市民権について検討してみよう。

一九世紀前半までは、「居住地により、その国家の臣民となる」という格言が支配し、法的レベルにおいては、二国間条約により規定されていた。そもそも国内の住民について、ほとんど関心がなかったのである。それが変化するのは、多数の貧民が入国することに対処する必要性が高まったからであった。一八四二年に「プロイセン臣民の資格の取得と喪失に関する法律」が制定され、条約ではなく国内法により、血統、嫡子認知、結婚、帰化として明示的に要件が規定された。このプロイセンの法律や同時期の他のドイツ諸国の法律も、あるいはそれらを成文化した一八七〇年の北ドイツ連邦市民権法も、そしてそれを受け継いだドイツ帝国の法律も、血統主義であった。しかしそれは、出生地主義を明示的に排除するという意図からではなく、無関心から議論されなかっただけであり、この点は重要である。なぜなら、一八七一年当時、約四〇〇〇万の人口中、外国人は二〇万にすぎず、六四年から七三年には海外だけで一〇〇万人以上が移り住んだように、このころは人口流出が趨勢であったため、フランスのように血統主義を出生地主義で補う必要がなかったからである。このような人口統計学上の状況は第一次大戦までに劇的に変化し、人口流出が減り、人口流入が増大した。そこで無国籍者の問題が生じたため、初めて出生地主義による市民権の付与が、現実の政治課題に上ったのである。ここで社民党が出生地主義の導入を試みるが、保守派が強硬に反対したため、出生地主義は補完的にすら採用されずに終わるが、政府も帝国議会の多数派も保守派の主張を共有していたのではなく、その立場はより曖昧であった⑬。したがって、フランスのように血統主義に加えて出生地主義を補完的に採用するには至らなかったが、それは、少なくとも一九世紀においては、明示的にフランスと相反する立場をとったことを意味しない。「意志と出生地主義」対「文化と血統主義」という、単純な二項対立で理解することはできないのである。

それと同時に、“nation”についての議論は、重要な点で、フランスと同じ視点を持つようになる。国家との関係である。なぜなら、一八世紀末から一九世紀初頭のように、特にフランスとの差異を念頭において、想像された文化共同体という概念の提示にとどまっていたわけではないからである。「はじめはおおむね文化に関する思想だった『国民』思想は、とりわけドイツで、フランスの帝国主義の衝撃を受けて政治的な傾向を帯びるようになり、文化共同体はあたかも実体であるかのような言説が展開され、それ独自の国家を保持すべきであるという主張につながることになった。そのうえ、独自の国家という部分に重点がおかれるようになると、その主体であったはずの文化共同体の概念自体が、後景にしりぞいてしまう。それは、ネイミアが「知識人の裏切り」と呼んで非難した、一八四八年のフランクフルト国民議会における、ポーランド人やチェコ人への対応[15]を思い浮かべるだけで十分であろう。また、その言説の持つ力の強さは、「ハンガリーはマジャール人の国民国家であるという、この単純な教義が、コッシュートを成功に導いた[16]（傍点筆者）」ことでも示されていた。統一国家を形成するまでの歴史的経緯が異なるために、国民概念を構築する場合に、国家を出発点とするか、帰着点とするか、ベクトルの向きが異なっているが、"nation"にかんする言説には、いずれにしても国家という政治的要素が含まれることになったのである。したがって、「政治的国民概念」対「文化的国民概念」というとらえ方は、いたずらにその相違点のみを強調してしまいかねない。むしろ、政治的な概念として提示された「国民」に、文化的な要素が加味されることで新たな地平が切り開かれ、同時に、主権者としての要素、民主主義的契機が抜け落ちることになった、と考えるべきであろう。後に述べるように、統一国家の成立後は、その国家を中心とした政策が前面に登場することになる。

イタリアとドイツの統一を端緒として、一九世紀後半は新たな諸国家の成立を見る。[17]しかしそれは、「力の助けをかりることなく勝ちとられた民主主義の美質の勝利であると解釈されるべきではない。反対に、諸民族は強力な軍事力の有効なうしろだてがあったときにはじめて独立を達成したのである[18]」。ゲルマニアがドイツに、（中世の文化的な地域名としての）イタリアが、（国名としての）イタリアになるべき歴史的必然はまったくなかったからである。[19] しかも、文化共同体が想像されたものにすぎない以上、この後段の主語「諸民族」にも留保が必要である。周知のように、ビスマルクが、いかなる意味が付与されたものであれ、民族という概念に依拠したことはなく、むしろそれを無視して統一を進めたことに示されているように、ドイツ統一国家はプロイセン王国による建設であった。だからこそ、腰砕けに終わったとはいえ、文化闘争により国内統合を進めて、ドイツ帝国国民を国家の手により創り出す必要があった。[20] ハノーヴァー、ザクセン、ヴュルテンブルクといった中規模国家を詳細に検討したグリーンが指摘するように、これらの諸国家へのアイデンティティが、ドイツという共同体へのアイデンティティと共存していたのであり、統一後もなお強力に存続していたからである。[21] またイタリアについても、ガリバルディ率いる千人隊の遠征によって、予定とは異なる経緯をたどったけれども、やはりサルディニア王国による統一であった。だからこそ、頻繁に引用されるように、カヴールの前にサルディニアの首相を務めていたマッシモ・ダゼーリオは、一八六〇年、第一回イタリア議会において「イタリアは創られました。しかし、今から、だれがイタリア人を創るのでしょうか[22]」と、皮肉をこめて語ったのである。たとえ、半島全体の統一には懐疑的であったダゼーリオ[23]のことばであるとしても、統一時にイタリア語を日常生活のために話す人はわずか二・五％であったこと[24]を考えると、現実を描写したものと受け取れよう。言説のレベルではなく、現実の状況においては、意識の点でも具体的な基準への該当性という点でも、実体としての「国民」あるいは「民族」を探しても、見つけることはできない。「歴史家は、イタリア人のあいだに、いつ国民性の意識が生まれたかについて、見解が一致しない[25]」のは、むしろ当然なのである。

統一国家形成を目指す人びとの言説にとらわれずに検討してみると、すでに存在していた文化共同体である民族が、国家を創り上げたのではないことが明らかとなる。しかも、新国家の国境線は、ヨーロッパにおける国際関係の中で決定されたので、それぞれの言説が理想としていた民族統一という観点からすると不完全なものにならざるをえなかった。だから、国境外に取り残されたドイツ人問題からビスマルク的な解決への批判が起こったし、イタリアではイレデンティスモが継続されたように、積み残された領土問題が存続した。しかし、いかに不完全であれ、イタリアやドイツを名称としてもつ統一国家が成立したことは、いやおうなしに、イタリア人やドイツ人による彼らの国家の成立という言説を強化することになる。じっさいには、理念によって現実が創られたのではなくとも、新しい現実を目指す運動に、正統化根拠として利用できる先例と、ことばがもたらされたのである。こうして、フランス革命に加えて、それとは異なる新たなモデルを、イタリアとドイツの統一が提供し、アンダーソンのいう「海賊行為」が、いっそう拡大した振幅を持って展開される準備が整った。そのうえ、諸列強間の権力政治の結果としてではあれ、バルカンにおいて独立諸国が誕生することによって、この傾向はさらに強化されることになる。㉖

2. 国家による「国民の創出」

イタリアやドイツは、たとえ民族統一言説に基づいて統一国家を形成したのではないにせよ、そうした言説が無視できないほど浸透していたために、新しい統一国家にはそれに応える必要があった。コバンが指摘するように、「文化民族と政治国家との理想的な一致がひとたび認められると、国家は自己を防衛しようとして、……現実を理想に適応させるよう努力しなければならない」のである。㉗新国家の単一性や不可分性という観点からも、均質な共同体を実体として創り出すことが求められた。ただ後者の点は、フランス革命が目指したことと同じ㉘であるから、イタリアやドイツの特殊性と見ることはできない。しかも、両国が統一をなしとげるころ、フランスでも、国家による国民の統合と呼びうる類似の政策が採られていた。ウェーバーは、普仏戦争当時のフランスについて、意志により統一され、共通の属性を持った人びとの集団という国民観は実体としては存在せず、その後の地域文化の解体とそれに従ってさまざまな異なる集団が「パリの支配的な文明」に吸収されていく過程を、「植民地化に似たものであり、そのことを念頭に置いたほうが理解しやすい」とまで述べている[29]。要するに、国民概念については、一方でイタリアやドイツ、他方でフランスと、それぞれ言説を異にする国々においても、共通する時代の要請が働いていたのである。そのひとつは、ゲルナーの説く近代化の要請であり、もうひとつは、民主主義の進展であった。

普仏戦争の結果として、アルザス・ロレーヌが大きな政治問題となり、両国がそれぞれ領有を正統化するために用いた言説が注目された。それに影響されて、ふたたび単純な二項対立に落ち込まないように注意しつつ、両国の主張をもう少し詳しく検討してみよう。ドイツ側については、たしかに、アルザス・ロレーヌ併合を正統化する言説においては、周知のように文化的要素による国民概念が用いられた。しかし帝国領東部については、ポーランド人に対する同化政策や、それが失敗したあとに採られた非市民の追放やドイツ人移住政策[30]を根拠付ける議論では、文化的観点から国民国家を語ることはなかったのである。

他方、領土を喪失したフランスでは、たとえ人種的な国民理論に強い親和性のあったバレスですら、アルザス・ロレーヌのドイツ領化を正統化することにつながる主張を展開するのは、はばかられる状況であった[31]。とはいえ、意志による決定やその具体的方法としての住民投票が、論理一貫性をもって主張されていたわけでもなかった。「日々の人民投票」という、あまりにも有名になったフレーズも、ルナン自身が指摘しているように、あくまでも隠喩にすぎない[32]。じっさいに不可能であるだけでなく、そのような投票は行われないことが前提であった。たとえばイタリア統一の過程においてサルディニアから割譲されたサヴォワでは、言語としてはフランス語が話されていると指摘され[33]、住民投票によってフランス領となることが選好されたにもかかわらず[34]、普仏戦争時には分離運動が盛んになっていた[35]。この例が示すように、投票が具体化されてはならなかったのである。ウェーバーが指摘するように、ルナンが描写するフランスは、事実にまで降りていくと、とたんに具合が悪くなるような諸理念の集合体であった[36]。また、ロマンが指摘するように、「ルナンは一八八二年の講演……と同じ国民の定義をいつも行ってきたわけではない」。かつては「王朝的原理」に依拠していた彼が、それを断念した「原因はもちろん一八七〇年の敗戦の衝撃で」あり、あの講演で述べた国民概念はドイツによるアルザス・ロレーヌの併合に反対するための言説であった[37]。両国とも、具体的な領土問題に関する利益考慮が、言説のあり方に強く影響を及ぼしていたのである。

もちろん、このような言説上の違いを無視すべきではなかろう。フランスでは言語を基準としてフランス人を定義することには、つねに強い反発が見られたし、血統主義を出生地主義で補完していた市民権法が、一八八九年改正されて、第二世代の移民にも市民権が付与されるようになった[38]。純粋な血統主義を採らない姿勢は、この法改正で出生地主義がさらに拡大されたことにも示されている。すでに指摘したように、ドイツでは、政府の立場は曖昧であったけれども、出生地主義には強硬な反対派が存在し、結局導入されなかったのであり、両国の姿勢は鋭い対照をなしているのである。

ところで、このフランスの法改正は、フランス固有の問題として、第三共和制による共和主義を根付かせるための政治闘争があった、という側面を抜きには理解しえない。その背景として、一九世紀半ばのフランス各地の状況を較べてみると、きわめて多様で著しく異なっていたことがある。たとえば“pays”ということばも、一八六〇年ころの地方の人びとにとっては、フランスという国家ではなく、生まれ育った、そしてそこで一生を送るであろう「おらが村」しか意味していなかった。ウェーバーが、地方の農村の状況をつぶさに検討し示して見せたように、意識の点においても、物理的統合という点においても、均質化された単一な国民と呼ぶにはほど遠い状態であった[39]。革命によって、社会・経済組織がことごとく刷新されたわけではなかったし[40]、そもそも、「国民」は概念にすぎず実体ではないことからすると、このような状況は、なんら驚くにはあたらないであろう。しかし、わずか一票差で成立した共和主義政体を擁護する政治家たちにとって、これは看過できないことであった。フランス革命に有利な動員を図るために始まった「連盟祭」のときから、フランスにおける「国民」は、つねに共和主義が占有する概念だったからである[41]。

そのため政府は、国家が、共和主義的な国民をじっさいに創り出す政策を展開する。それは、フランス革命中に議論されながら、実行に移すことができなかった多くの論点と関連していたが、第三共和制が開始したときには、第一共和制のときとは異なり、すでに産業化が進展していたという利点があった。ウェーバーも、フランスにおける国民統合、すなわち国家による国民の創出は、第二帝政下で始まった産業化が浸透する一九世紀最後の二〇年を、その変化の時期ととらえている。具体的には、道路の建設と鉄道の敷設によって、それまで半ば孤立状態に陥っていた地方が結び付けられて、人の移動が促進され、コミュニケーション網が全国に拡大し、市場経済が各地方に浸透していった。「国内全土を覆う流通なしには、国民的統一はありえない」ことを考えると、社会に根本的な変化が起こりつつあった[42]。同時に、共和主義を堅牢なものとする目的で始まった、国家が提供する、義務化された初等教育制度と、徴兵制に基づく兵役制度とによって、標準フランス語が定着し、国民意識とともに愛国心が教え込まれ、全住民の均質化がゆっくりとではあるが着実に進んだ。[43] シンボルとしても、七月一四日が国民の祝日として、ラ・マルセイエーズが国歌[44]として法制化されたのは、第三共和制初期である。これらはすべて、共和主義政府が、ヴィノックの表現によると「上から」、単一の国民であるという意識を、人びとに浸透させようとした政策であった。[45] それは、学校と軍隊による共和主義的色彩をもった同化政策であり、この同化に対する自信こそが、国民に関する言説の論理構造と相俟って、先に述べた市民権についての法改正をささえていたのである。[46]

このようにフランスでは、国家による「国民の創出」に、共和主義という強大な推進力が働いていたことは明白である。しかし、産業化の進展によって社会が変化しつつあった[47]ことや、義務化された初等教育や徴兵制を国家が採用し、次第に行政サービスを整えることは、一九世紀末のヨーロッパでは、地域によって時間差があったものの、フランスに限らず、広く見られる現象であった。その点に注目すると、次のようなゲルナーの主張が、重要性を持って浮かび上がってくる。

農業社会においては、文化的な亀裂は知識階級と大多数の農民とのあいだに、すなわち身分の相違と重なっており、その文化的境界は政治的境界とは関連していなかった。ところが、流動性を前提とする産業化によって、個々人のアトム化、匿名化がおこり、社会的文脈によらない、まったく知らない人とのコミュニケーションが必要となる。共通語の習得と共通文化の受容が、産業社会に参加するためには不可欠の条件となるが、文化的均質化は国家による教育だけが提供できる。その結果、教育を背景とする統一された文化が、人びとが進んで、しかもしばしば熱狂的に、自己を同一化しようとする唯一の単位をほぼ構成するようになると、文化は政治的正統性の自然な貯蔵所であるかのように考えられる。そのため、政治的境界線である国家と文化的境界線との一致が何よりも重要となる。両者が一致すべきであると主張し、それを実現しようとするのが、ナショナリズムであり、それによってこそ国民は創り出される、というのがゲルナーの分析であった。[48]

しかしこの説にも、いくつかの重大な問題がある。彼は文化について、定義が困難であるが、さしあたっては言語という指標により考えるとしている。しかし、すでに指摘したように、言語という指標もまた曖昧なものである。[49] 彼はまた言語を共有する文化共同体が、あたかも実際に存在する集団であるかのように主張するが、その点も修正が必要であろう。彼は、ナショナリズムを結婚にたとえて、国家という花婿と、文化という花嫁として説明するが、[50] 前者は領域を持ち、国際社会の行為者という実体であるのに対して、後者は想像上の存在である点を見逃すべきではない。またゲルナーは、居住国の支配的文化とは異なる文化をもつと自覚する人びとについて、ある集団は支配的文化に同化するのに対して、別の集団は自らの国家を希求することになるが、領域的基盤を持たない集団は深刻な状態に直面する、と述べる。[51] しかし、レスノフが指摘するように、同化と独立という異なる行動に至る分岐点はどこにあるのか、その要因は何であるかという説明はなされていない。[52]

これらの問題点を踏まえたうえで、それでも、ゲルナーの説はなお示唆に富むものである。産業化によって、国家という政治的単位が、標準語を制定し、それをすべての人に教育することで文化共同体を創り出そうとし、その過程を通じて人びとの意識においても均質化をもたらし、国家との自己同一化を生み出そうとする経緯が鋭く分析されているからである。特にゲルナーが強調した教育の重要性は、決定的である。バリバールが指摘するように、「両親（もしあるとすれば）や小学校の先生から、前の世代にはフランスではみんなフランス人だったと習い、その前の世代でもすでにフランス人だったと習い、これらすべてのことが国民国家という枠組みの中で生じたのだと習った新しい世代全体が、明らかに、フランス国家は自然に存在するものだと考えがち」だからである[53]。これらは、国民言説の違いにもかかわらず、その後も継続する国家であるか、分解することになる国家であるかを問わず、一九世紀末のヨーロッパで広範に見られた状況を説明している。

もちろん、完全に均質な個人からなる集団は、いつの時代であれ存在しえない。したがって、たとえ標準語が普及し、国家単位のアイデンティティが浸透したとはいえ、実体としての「国民」集団が純粋に創出されたか否かを問うことが重要なのではない。ここでは、国家が均質化あるいは同化の政策を展開したことにより、「均質な人びとから構成される国民」という言説が生み出され、広まった結果、その言説が政治に決定的な影響を及ぼし始めたことが重要なのである。

もうひとつの時代の要請とは、一九世紀末には民主主義の要求を無視することが次第に困難になりつつあったことである。ホブズボームは次のように指摘する。

一九世紀の最後の三分の一世紀にますます明らかになったこととは、民主主義化、あるいは選挙権の制限がしだいに撤廃されることが不可避なことであった。……明らかに政治の民主主義化とは、一方で（男性の）選挙権がますます拡大することであり、他方で市民動員型かつ市民に影響を及ぼす近代行政国家が創設されることである。その双方が、「国民」の問題を、そして市民が、みずからの「国民」、「民族集団」あるいは他の忠誠心の核心とみなすものすべてに対する感情を、政治的に最も重要な課題にしたのである[54]。

その結果、各国では、想像された「国民」をめぐって争奪戦が繰りひろげられる。民主主義への対応の仕方が形式的、表面的にすぎない場合があったにせよ、潜在的な有権者も含めて、国家の側が広範な層に政治的な訴えかけをする重要性が高まったのである。[55] そのとき、国民主権と結びついた言説は、大いに役立つことになった。
こうして、言説として国民概念が提示され、議論されていた時代から、国家が実体として国民を創り出そうとする時代に突入することになる。しかもそれは、国民に関する言説の違いにかかわらず、ひとしく展開したのであった。

以上では、仏伊独という、ゲルナーがゾーン一と二に分類した地域[56]だけを検討したにすぎない。しかし、「国民」についての言説は、これですでに出揃っているのであり、あとは、そのモデルをいかに利用するかという問題に焦点は移っていく。既存の国家は、国家の諸政策により均質な集団を創り出すことで、「国民」概念を実体化しようとし、他方で、そうした諸政策に反発する集団は、既存国家に戦いを挑み、広範な自治、あるいは独立を勝ち取ろうとする時代を迎えた。そのとき、国民主権の言説は、あるいは文化共同体を前提とする言説は、それぞれにとって、自己正統化のためのまたとないモデルを提供していた。

一九世紀末には、自由主義や民主主義に反する政治体制をとる諸国と、多民族を抱えてそれを抑圧していると糾弾された諸国が、重なっていた。[57] それだけに、「民族原則」ということばを掲げて、自治や独立を目指す民族集団は、たとえそれが「海賊行為」であったとしても、言説の戦いにおいては、自己正統化の根拠を手中におさめることがより容易であった。しかし、言説だけで国境線を変更することはできない。ポーランドのように、過去に国家が存在し、言語でも宗教でも、分割を強行したそれぞれの支配国からかなり明確に区別され、かつ一九世紀中に何度も繰り返された蜂起が示しているように、強固な意志が広範に共有されていたケースでも、国際社会の力の支配の前では無力であった。まして、ゲルナーの比喩を使うならば、花婿たる国家も存在せず、そして花嫁たる文化共同体は想像上のものにすぎない場合、既存の諸国家の政策に対抗する民族集団の指導者たちは、理想の国家を建設するという、不可能に近い課題に直面することになった。これらの指導者たちは、それぞれの居住国の政策に反発し対抗するとしても、インテリによる辞書編纂というレベルを超えて、自らの母語を広範かつ一律に教える組織をほとんど持たないため、言語を媒介として想像の共同体を共有する集団を拡大しようとしても、その企ては限定されざるをえなかった。既存国家の支配から脱却する可能性は、じっさいのところ、見当たらなかったのである。

そのとき、またとない機会を提供したのが第一次大戦であった。そして、既存国家の支配が揺らいだために勢いづいた民族集団が、援用したのは「国民」に関する言説であった。さらに、その戦後処理において、国境線を変更する立場に立った戦勝国の指導者たちが、さまざまな決定を正統化するために用いた言説もまた、それまでに提示されていた「国民」の諸概念だったのである。

第二節　国民をめぐる言説の変化

（1）アルフレッド・コバン、前掲書、一五四頁。

（2）たとえば、啓蒙思想の真の申し子であったヘルダーの国民性の概念は、非政治的であり、権力への要求は幾ばくもなかったと、コーンは指摘する。Hans Kohn, *The Idea of Nationalism : A Study in Its Origins and Background*, Macmillan, 1948, pp. 429-430, 448. コバンも同様の主張をしている。ヘルダーの「非政治的、文化的民族観念は、ドイツ思想における不断の要素であった」。しかし、「時の経過につれて、ブルンチュリやトライチュケのような著作家の出現とともに、文化的民族観は背景へひきしりぞき、民族はなによりも政治的な観念となり、国家権力の権化となる」。アルフレッド・コバン、前掲書、一二五―一二七頁。フィヒテについても、バリバールは次のように指摘する。フィヒテは、国家による国民教育を重視するが、彼のいうドイツ人とは、「存在するがままのドイツ人というより、存在すべきであるようなドイツ人で」あり、それは「諸精神からなる不可視の国民である内的国民」である。そして「国家が現実的共同体としての国民を生み出しうるのは、理念的《イデアル》な国民を優先させそれに従属する場合にかぎられる。国家はその道具に過ぎない」ので、単に現前のドイツ人からなる文化共同体に一致し、それを庇護する国家を主張しているのではない。エルネスト・ルナン／ヨハン・G・フィヒテ他、鵜飼哲他訳『国民とは何か』所収、エチエンヌ・バリバール、大西雅一郎訳「フィヒテと内的境界」インスクリプト、一九九七年、二三八―二三九頁。

(3) フィヒテは、「民族の言語」について詳細に検討し、さらに「同じ言語を話す者たちは、あらゆる人為に先だって、その自然的な本性そのものによってすでに、無数の目に見えない絆によって互いに結びつけられています。……ドイツ国民は、共通の言語と思考様式をつうじて申し分なく結合し、他の諸民族から十分に確然と区別され」ると指摘する。しかし、他方で、「精神性ならびにこの精神性の自由を信じる人、そしてこの精神性を自由をつうじて永遠に発展させようと欲する人、そのような人びとは、どこで生まれどんな言語を話していようとも、われわれの同胞なのです（傍点筆者）」とも述べている。ヨハン・G・フィヒテ「ドイツ国民に告ぐ」前掲書、一四九、一五〇、一二〇頁。

(4) ジャン・ペロ、高塚洋太郎・内海利朗・滝沢隆幸・矢島猷三訳『言語学』白水社、一九七二年、二七頁。

(5) バーナード・コムリー／スティーヴン・マシューズ／マリア・ポリンスキー編、片田房訳『世界言語文化図鑑』東洋書林、一九九九年、二二―二三頁。その結果、「インドネシア共和国の誕生によって、マレー語のひとつの形から発した、七〇〇〇万の人間の文明語となるべく定められたインドネシア語が作り上げられ」た。ジャン・ペロ、前掲書、二九頁。アンダーソンも、一九八三年に次のように書く。「三〇年前には、インドネシア人はほとんど誰一人として、ババサ・インドネシアを彼または彼女の母語として話すことはなかった」。ベネディクト・アンダーソン、前掲書、二一一頁。ただし、軍隊を持たずして生き残った、あるいは生まれた言語もある。また、たとえ軍隊が控えていたとしても、二〇世紀が経験することになる、強制移住や追放、さらにはジェノサイドといった極端な政策を採らないかぎりは、軍隊によってさえ完全に同一言語を話す集団を創り出すことは困難である。

(6) バスク語は、現存する他の言語との関係が不明なため、インド・ヨーロッパ語族の中には分類されない。バーナード・コムリー／スティーヴン・マシューズ／マリア・ポリンスキー編、前掲書、三八頁。

(7) また、「バルカン地域で話されている諸言語、特に近代ギリシア語、ブルガリア・マケドニア語、アルバニア語、ルーマニア語が、系統的にはもっと近い関係にある他の諸言語とは共有していないいくつもの特徴を共通に持っている」。つまり、系統的起源による類型論ではそれぞれ異なる語派に分類されるにもかかわらず、言語間の接触が非常に緊密なために、バルカン言語連合と呼ばれるグループがあると指摘されるように、諸言語間で絶対的な区分があるわけではない。バーナード・コムリー、松本克己・山本秀樹訳『言語普遍性と言語類型論』ひつじ書房、二〇〇一年、二一八―二二二頁。

(8) Hans Kohn, *op. cit.*, p. 14. コーンはここで、"nationalities" ということばを使っているが、その例としてスイス人、ノルウェー人、デンマーク人あるいはラテン・アメリカの例を挙げて説明しているので、あえて「国民」という訳語を当てた。

(9) ベネディクト・アンダーソン、前掲書、二一〇―二一一頁。

(10) Hans Kohn, *op. cit.*, p. 457.

(11) Eric J. Hobsbawm, *op. cit.*, p. 79.

(12) *Ibid.*, p. 108.

(13) Rogers Brubaker, *op. cit.*, pp. 70-71, 123-135.

(14) フランクリン・L・バウマー、鳥越輝昭訳『近代ヨーロッパの思想』大修館書店、一九九二年、四一一頁。

(15) ルイス・ネイミア、都築忠七・板倉章訳『一八四八年革命』平凡社、一九九八年、を参照。

(16) A. J. P. Taylor, *The Habsburg Monarchy, 1809-1918*, Penguin Books, 1985, pp. 58-59. コッシュートについては、第四章第三節注(57)を参照。

(17) 一九世紀前半において、国家建設に成功した例は二つだけである。ギリシアとベルギーの独立である。特に前者に関するバイロンの感情的な訴えかけに惑わされないように検討すると、どちらの場合も、住民の蜂起があったものの、およそ一〇年に及ぶ列強間の外交によって、決定されたものである。

(18) ハンス・コーン、前掲書、三六頁。だからシートン＝ワトソンは、イタリアのピエモンテ支配、ドイツのプロイセン支配、と表現する。Hugh Seton-Watson, *op. cit.*, p. 108.

(19) Josep R. Llobera, *The God of Modernity : The Development of Nationalism in Western Europe*, Berg, 1996, p. 81. ここで著者は、前者の意味では“Italia”後者の意味では“Italy”と表記し分けている。

(20) Rogers Brubaker, *op. cit.*, p. 129.

(21) Abigail Green, *Fatherlands : State-Building and Nationhood in Nineteenth-Century Germany*, Cambridge University Press, 2001 を参照。グリーンは、結論部分で、これらの「人工的な」王朝国家のアイデンティティは非常に長続きし、二度の大戦を経て、なお健在であると指摘する。*Ibid.*, pp. 340-341.

(22) Edward Latham, *Famous Sayings and Their Authors*, Swan Sonnenschein, 1904, p. 234. ただし、「このフレーズは正確にはダゼ《(ママ)》リオ自身の発言ではなく、彼の言葉が後の時代に変形された表現」であると指摘される。北原敦『イタリア現代史研究』岩波書店、二〇〇二年、四〇七頁。

(23) ロザリオ・ロメーオ、柴野均訳『カヴールとその時代』白水社、一九九二年、四七一―四七二頁。

(24) Eric J. Hobsbawm, *op. cit.*, p. 60.

(25) George Martin, *Aspects of Verdi*, Robson Books, 1988, p. 7.

(26) ホブズボームが指摘するように、一八九〇年代までは誰一人として提案しなかった、ノルウェーのスウェーデンからの分離が、一九〇七年に成立した。Eric J. Hobsbawm, *op. cit.*, p. 105. このときも、住民投票によって分離が決定したが、これは、対等の王国がウィーン体制の枠組みの中で、いわゆる人的結合により連合王国となっており、それが解消されたケースである。Sarah Wambaugh, *op. cit.*, pp. 165-169. したがって、統一により新国家を形成したイタリアやドイツ、あるいは帝国から分離して独立した諸国や、部分的な領土変更とは、区別して考えるべきであろう。

(27) アルフレッド・コバン、前掲書、一一五頁。

(28) 「再生」の問題で指摘したように、単一性と不可分性が主張されればされるほど、異質さが問題を生み出すのである。そのため、多くのジャコバン派にとって、フランス語を話さないフランス人は疑わしいのであり、じっさいには、言語を基準とした区別がしばしば受け入れられていた。Eric J. Hobsbawm, *op. cit.*, p. 21.

（29）Eugen Weber, *op. cit.*, pp. 485-486.
（30）Rogers Brubaker, *op. cit.*, pp. 15-16, 126-127, 129-131.
（31）Pierre-André Taguieff, "Le nationalisme des « nationalistes ». Un problème pour l'histoire des idées politiques en France", Gil Delannoi et Pierre-André Taguieff dir., *Théories du nationalisme*, Kimé, 1991, p. 74.
（32）エルネスト・ルナン／ヨハン・G・フィヒテ他、前掲書所収、エルネスト・ルナン、鵜飼哲訳「国民とは何か」六二頁。
（33）だからこそ、ダゼーリオはその割譲を支持して「アルプスのこちら側では民族主義を取り、アルプスの向うが《マ》わ《マ》では民族主義に反対するということは、我々に（は）できない」と述べたのである。ベネデット・クローチェ、坂井直芳訳『十九世紀ヨーロッパ史』創文社、一九五七年、二二五頁。
（34）カヴールの強い主張により、フランスへの併合は住民投票によって効力を発するという条項が、一八六〇年三月二四日に調印されたトリノ条約の第一条となった。したがって、同条約に規定されたニースについても同じ。Sarah Wambaugh, *op. cit.*, pp. 75-76. ただし、「現実にはこの決定は政府のレヴェルで行われたものであり、住民の意志はイデオロギー的隠蔽物として引き合いに出されたにすぎない」という指摘がある。ロザリオ・ロメーオ、前掲書、四二七頁。
（35）Eugen Weber, *op. cit.*, p. 103.
（36）*Ibid.*, p. 112.
（37）エルネスト・ルナン、ヨハン・G・フィヒテ他、前掲書所収、ジュール・ロマン、大西雅一郎訳「二つの国民概念」一六頁。それでも、「人民主権の直接的表現である普通選挙への抜きがたい不信」をもった彼は、「より政治的含意が弱く、より曖昧な『同意』という概念によって、人民主権の急進性を和らげた」のである。Brigitte Krulic, *op. cit.*, p. 43. また、普仏戦争開始直後の一八七〇年九月一三日付けのシュトラウスへの最初の書簡では、「王朝的正統性の原則を拒否した以上、諸国家の領域画定を基礎づけるためには、いわば人種、歴史、住民の意志により決定された自然の集団という、ナショナリテの原則しか残っていないことは明らかです（傍点筆者）」と書いていた。この時点で、人種を含めて考えていたことは、その後のルナンの主張と較べると、変化が看取できて非常に興味深い。

Ernest Renan, *Œuvres complètes*, Calmann-Lévy, 1947, t. I, p. 438, cit. in Pierre-André Taguieff, *op. cit.*, p. 72.

(38) この法改正は、意図的に市民権を申請しないことによって兵役を免れている移民の第二世代の存在が、政治問題化したことが原因であった。Rogers Brubaker, *op. cit.*, pp. 185-186. ノワリエルは、一八八九年法を、前年一〇月二日のデクレで初めて直接言及された、身分証明書類の問題との関連で理解しようとする。Gérard Noiriel, *op. cit.*, p.56.

(39) Eugen Weber, *op. cit.*, passim..

(40) François Furet, *op. cit.*, p. 31.

(41) Herman Lebovics, *op. cit.*, p. 10.

(42) Eugen Weber, *op. cit.*, pp. 195-209, 216-218. 道路は、輸送や移動の手段だけではなく、生活条件とスタイルを他と比較する機会をもたらし、鉄道によって、国内での移住が飛躍的に増加するとともに、その性質も変化させた。*Ibid.*, pp. 282-285.

(43) *Ibid.*, pp. 308-338, 298-302. しかも、教育レベルと識字率の向上は投票に大きな影響を及ぼすことになる。*Ibid.*, p. 271.

(44) 第二帝政時代の事実上の国歌は、ナポレオン一世時代のエジプト遠征を髣髴とさせる"Partant pour la Syrie"であった。George Martin, *op. cit.*, p. 23. 「まだ国歌を知らない民衆に普及させるため『ラ・マルセイエーズ』の教育があらゆる点で重要になったのは、一八八〇年から第一次世界大戦までのあいだであった（傍点筆者）」。ピエール・ノラ編、谷川稔監訳『記憶の場 第二巻（統合）』所収、ミシェル・ヴォヴェル、竹中幸史訳「ラ・マルセイエーズ 戦争か平和か」岩波書店、二〇〇三年、八三—八四頁。

(45) Michel Winock, *op. cit.*, p. 12. ヴィノックは特に、ジュール・フェリーの教育改革を重視する。フュレも同じ趣旨で次のように表現する。「ジュール・フェリーによる世俗的な教師は、八九年の諸価値を伝道する者であり、勝利をおさめたこの長い戦いの道具であるというだけでなく、象徴である」。François Furet, *op. cit.*, p. 17. ノラもまた、歴史教育の重要性を指摘している。「ドイツの偉大な歴史家は、国民意識の形成に大きな役割を演じたが、それと同じ役割をフランスの文人は果たしていないのである。フランスが共和制となって最初の二、三〇年のあいだに、その役割を果たしたのは歴史教育そのものであった」。ピエール・ノラ編、前掲書所収、ピエール・ノラ、渡辺和行訳「ラヴィス　国民の教師」三〇二頁。その結果、「共和主義的正統性が、国民的正統性を回収し、吸収さえして一緒に混ぜ込んでしまうことができた」。同書所収、ラウル・ジラルデ、天野知恵子訳「三色旗　白旗でも、赤旗でもなく」二二二頁。

(46) Rogers Brubaker, *op. cit.*, pp. 104-110. ただしフランスは、さまざまな人びとが生まれ持っていた文化を排除しようとしたのではなく、一九〇一年の結社法のように、むしろそれを豊かにするような法的枠組みを提供している。フランスが決して許さなかったのは、多様な文化を背景とした共同体が、政治化することであった。Gérard Noiriel, *op. cit.*, p. xxiii.

(47) 「一八五〇年から一八七三年にかけての時期は、ちょうど大陸の工業が成年を迎えた時代に当たって」おり、「要するに大陸も、『産業革命』の核心を」なすようになっていた。たとえば、「一八五〇年以前の全ヨーロッパの鉄道延長は、一・五万マイルに過ぎなかったが、一八五〇年から七〇年にかけて、三〇〇億フランを費やして、五万マイルもの新線が敷設され」ていた。デイヴィッド・S・ランデス、石坂昭雄・富岡庄一訳『西ヨーロッパ工業史　1』みすず書房、一九八五年、二二二、二二九頁。

(48) Ernest Gellner, *Nations and Nationalism*, Cornell University Press, 1983, pp. 9-13, 24, 32-35, 55, 1; *idem.*, *Nationalism*, *op. cit.*, pp. 28-30.

(49) Ernest Gellner, *Nations and Nationalism*, *op. cit.*, p. 43. ただし、それに続いて、世界には約八〇〇〇の言語があり、それらは潜在的なナショナリズムであろうが、すべてが顕在化するわけではないとする。また、言語以外の要素によるナショナリズムや、ナショナリズムの時代以前から存続する小国家の存在にも触れている。*Ibid.*, pp. 44-45. 他方で、「もちろん各国家の領域内では、かなりの程度の方言上の差異が存在した。それでも、これらの差異は、たいしたことはなかった」とする。Ernest Gellner, *Nationalism*, *op. cit.*, p. 51. しかし、ある口話が「方言」にとどまり、標準語との「差異がたいしたことはなかった」のは、最終的にその「方言」を話す集団が同化されたからであり、分離や独立に至らなかったからにすぎず、結果論である。すでに指摘したように、なにを独立したひとつの言語とみなすかという問題について、それは政治の問題であり、国境線により確定するにすぎないという言語学の考えをとるのであれば、このゲルナーの考えは循環論法に陥らざるをえない。

(50) *Ibid.*, pp. 50, 52. そこでは、イタリアとドイツの例について、「すでに存在していた国民に、ふさわしい政治的屋根を与えることを望むだけの、ある種のナショナリズム」という表現が登場する。*Ibid.*, p. 53. 国民を実体としてとらえてしまっているがために、ナショナリズムによってこそ国民が生まれたのであり、その反対ではないという説明とのあいだで、果てしない循環の輪に陥ってしまっている。

(51) Ernest Gellner, *Nations and Nationalism*, *op. cit.*, pp. 66-67.

(52) Michael Lessnoff, *Ernest Gellner and Modernity*, University of Wales Press, 2002, p. 40. しかし、すでに指摘したように、普仏戦争中にサヴォワがフランスから分離運動をおこしたことや、ドイツがポーランド人の同化に失敗したことを考えると、何の問題もなく「国民の創出」を成し遂げた例は、ほとんどない。そのことを考えると、結果論に陥らずに、同化とナショナリズムとの分岐点の原因を説明するのは、不可能ではなかろうか。

(53) エティエンヌ・バリバール、松葉祥一訳『市民権の哲学』青土社、二〇〇〇年、一三六頁。

(54) Eric J. Hobsbawm, *op. cit.*, p. 83.

(55) その場合、利益誘導によって票を獲得するという側面も伴っていた。たとえば、鉄道や港湾設備の輸送システムを近代化したフレイシネ・プランについては、以下を参照。Eugen Weber, *op. cit.*, p. 209.

(56) Ernest Gellner, *Nationalism, op. cit.*, pp. 50-58.

(57) Stuart Woolf, *op. cit.*, p. 12.

第二章　民族問題とフランス外交

国民主権という概念と民族自決という概念はどちらも“nation”ということばを用いていたこと、一九世紀末から第一次大戦にかけて自治や独立を求める民族集団が国民主権にまつわる言説を利用して自らの運動を正統化しようとしたこと、さらに、戦後フランスが第一次大戦により独立を果たした諸国と同盟関係を結ぶことなどから、フランスこそが、いわゆる「被抑圧民族」を援助して国民国家の成立を支持したと考えられがちであり、回想録でそのように主張している当事者も少なくない。はたしてそのような理解は、正しいのであろうか。ここでは、第一次大戦の終結過程に話を進める前に、フランス外交が一九世紀から大戦にかけて、その「被抑圧民族」とどのような関係にあったか、概観しておこう。

第一節　フランスと中東欧の民族問題

1．一九世紀のフランスとポーランド

一九世紀のフランスでは、特に左派のインテリたちを中心として、ポーランド人への共感が広く共有されていた。彼らは、ポーランドにみられるような国民運動を、旧体制への闘争として、反動的な王朝体制からの解放のための運動としてとらえていたからである[1]。それゆえ、「王政復古、七月王政、第二帝政期の自由主義者たちは、抑圧された諸人民の解放を、自然国境への復帰を、諸隣国により絶えず掠奪されるポーランドの領土尊重を、主張[2]（傍点筆者）」していた。

他方で、分割により国家が消滅したあと、多くのポーランド人がフランスに期待を寄せ、移り住んだ[3]ことから、彼らの及ぼした影響力の大きさも指摘される。ただし、統計上どれだけのポーランド人がフランスに住んでいたかということは、まったくわからない。フランスにおいて、「外国人」というカテゴリーはフランス国民に対する概念として存在していたが、彼らを言語、宗教、「人種」を基準として分類することは認められなかったからである。そしてまた、フランスには外国人を同化することへの自信があったことから、「移民」は法的な、あるいは社会学的なことばとして存在してこなかった。五年毎の国勢調査で、外国人が性別と「ナショナリティ」というカテゴリーで数えられるようになるのは、一八五一年になってからである[4]。したがって、一九世紀前半にどれだけのポーランド人がフランスに移民としてやって来たのか、そしてその結果、フランスの政治にどのような影響力を及ぼしたかは、断定できない。

また、「一八四八年ころ、キネー、アンリ・マルタン、ミシュレが『被抑圧民族の解放』という天命をフランスに与えた」⑤ような心情をフランスの知識人たちは抱いていたかも知れない。しかし、フランス政府がじっさいにどのような外交政策を採用したのかは、それとは別に検討しなければならない課題である。

王政復古期、ウィーン体制の中核となる列強の一員として遇されたフランスは、ヨーロッパ「協調の精神」により、ポーランド問題を外交案件として持ち出すようなことはなかった。ところが一八三〇年、フランスで七月王政が誕生した直後、ポーランドでは一一月蜂起が起こり、フランスの外交姿勢が試される事態となった。このときのフランス外相は、「ポーランド問題は皆の心を痛めるものではあるが、フランスが彼らのためにできることは何もない」と表明し、国内ではポーランド人亡命者に対する監視政策にのりだした。つまり、蜂起の矛先が向けられたロシアからの外交圧力を受けて採った政策は、ウィーン体制を擁護する諸列強に対する配慮が際立ったものであった⑥。

これに対し二月革命のときは、再び共和制が成立したこともあり、諸外国はフランスの動向を固唾を呑んで見守っていた。上記の表現を借りれば、左派のインテリと目されていた詩人のラマルティーヌが暫定政府の外相に就任したことで、諸外国の懸念はさらに高まったことであろう。ところが、わずか二カ月ほどの在任期間にすぎなかったけれども、第二共和制創成期の決定的な時期に外相となった彼は、繰り返しポーランド問題への介入を否定し続けた。彼の主張は、その後一世紀にわたってフランス外交を特徴づけることになるので、ここで少し詳しく見ておこう。

まず、外相就任直後の二月二七日、諸列強の駐仏大使に対して、新政府が共和制となったことは、ヨーロッパにおけるフランスの立場も、諸列強との良好な協調関係を維持するという忠実で誠実な姿勢をも、いささかも変えるものではない、と表明している。続いて三月四日にフランスの外交使節を通じて諸列強に伝えた「マニフェスト」では、第二共和制政府と一七九二年との違いを力説した後で一八一五年の諸条約に触れ、このウィーン会議による領域画定は、他の諸国との関係における基礎として、出発点として、尊重する旨を述べる。同月一五日にポーランド人の代表と会ったときには、彼らに対する理解と同情、支持を表明しながらも、フランスは攻撃されない限り、いかなる理由であれ他国を攻撃することはないこと、ほかの民族よりもまずはフランスが大切であることを述べ、介入の意図はないことを明らかにする。そして五月八日には議会で、諸領域や諸政府の不可侵性を尊重するという政府の方針を繰り返す。この時点では、ベルリンでの革命的状況を受けてプロイセン国王が、ポーゼン大公国に居住するポーランド人の主張を認める態度をとっていたため、ラマルティーヌもそれに依拠する形で明るい見通しを語っているが、それはあくまでもプロイセン国王の発言を受けたものであり、その意に反してまでポーランド人を支持するというものではなかった。外相を辞任した半月後の議会で外交政策を説明したときにも、ポーランドやイタリアに対する同情は口にしつつも、攻撃された場合を除いてフランスは誰に対しても宣戦しない、という原則を繰り返し、個別具体的な例として、フランス軍をポーランドにむけて派遣することはないと付け加えた。その後七月には外交委員会において、このたびは英国との協調に成功し、対仏同盟の形成を防げることができたことを自らの成果として強調していることにも、彼が諸列強の動向をきわめて重視していたことが示されている。(7)

このように、七月王政下でも第二共和制下でも、在野や議会の一部の反応はともかく、(8)フランス政府は諸外国に対してかなりの配慮を示し、領土問題について野心なきことを説いている。それは、単にフランスにおける革命が対外膨張を思い起こさせるというだけでなく、領土を失ったポーランド人の国家再興をフランスは支援するのではないか、と諸外国が疑っていたことを反映している。しかし、国内の体制変革に揺れるフランスには、一国のみでポーランド人を支援するような外交上の資源も、またそれを支える国力も欠いていたし、そもそもそのような意図があったかどうかも疑わしかったのである。これは、第二共和制に続く第二帝政期にも、ナポレオン三世が逢着した問題であった[9]。つまり、宮廷内のポーランドへの熱狂は抗しがたいものになっていたけれども、フランスがロシアを攻撃することは問題外だったのである[10]。したがって、「ポーランドとの同盟は、……より長期にわたって存続し、一九世紀末までフランスの東欧政策を特徴づけた。このことは、ポーランドが一七九五年に独立を喪失し、その領土を普墺露によって分割されてしまったという事実にもかかわらずそうであった[11]（傍点筆者）」というとらえ方は、フランスの政策の理解としては誤っている。

むしろ、デイヴィスの次の指摘が、当時の状況を的確に表現している。

> 一九世紀を通じて西側列強の政治家たちは、外交によって東欧諸帝国の政策を修正させることができよう、という幻想を抱いてきたし、多くのポーランド人たちも同じ幻想を共有していた[12]。

つまりポーランド国家の再建は、あくまでも幻想であった。たしかにフランスは、心情としてはポーランド人を支持していたかもしれないが、現実の外交政策としてはポーランド人の要求を黙殺することを選択し続けた。なぜなら、ウィーン会議の領土的解決に、フランス一国で挑戦することはできなかったし、ポーランドを分割した諸国はいずれもウィーン体制を維持しようとする列強であった。また、フランスが実際に介入するとすれば、仏波間にある諸国との戦争が不可避であった。ラマルティーヌが述べたように、「ヴィスワ河は、ライン河から、はるかに遠い」[13]のである。この地理的な問題は、フランスの意図がどうであれ、第一次大戦のときも第二次大戦のときも繰り返されることになろう。

その結果、ルソーの忠告を入れたポーランド人たちは、一九世紀を通じて繰り返し反乱をおこしたが[14]、そのたびに英仏では憤激を引き起こしつつも、これらの反乱の鎮圧は、常に東方列強諸国（特にロシア）の国内問題として処理され続けた。「抑圧されたポーランド人」のために帝政ロシアを敵にまわそうとする国はなく、国際問題として取り上げられることはなかったのである。[15]しかしそれと同時に、ポーランド分割は、「ヨーロッパにおける近代政治システムの重大な違反だ」というエドマンド・バークの主張[16]にあるように、ポーランド問題の重要性はヨーロッパで広範に認められていたのも事実である。ただしポーランド再興という問題は、一九世紀の最後の四半世紀から二〇世紀にかけてさかんになる民族集団の政治的活動とは異なる、と考えられていた。ポーランドの場合は、あくまでも「一八世紀末まで存在していた国家を再建する」という問題提起が続いたのであり、それは一九世紀後半に登場する諸民族の政治的運動にずっと先んじて、議論されていたのである。[17]このことは、独立国家まで要求するか、自治権獲得の要求でとどまるかはともかく、政治的要求を掲げる諸民族集団を“nationalités”と、フランス語では区別して呼ぶことになるのに対して、ポーランド人のことは、国家が消滅していた一九世紀中もほぼ一貫して「ポーランド国民」（“nation polonaise”）と呼んでいたことからも理解できる。この差異は、第一次大戦末期には他にさきがけてポーランドに特別な地位をもたらすことになろう。[18]

2．第一次大戦の開始とポーランド

当時のヨーロッパの指導者たちは、一九世紀後半を生きてきた人たちであり、どちらの陣営に属していたとしても、オーストリア＝ハンガリー二重帝国の存在を当然視し、その存在はヨーロッパにとって必要だとも考えていた。[19] したがって、開戦当初はほとんど認識されていなかったにせよ、「チェコ人や南スラヴ人の急進派の思い通りにことが運んだとしたら、帝国はもはや存在しなくなる」[20] のであり、彼らにとってこれはあまりに急進的すぎる考えであった。これに対して、ポーランド国家の再建、あるいはその独立は、ロシアの地位を大きく変えるけれども、それによってロシアもオーストリア＝ハンガリーも解体されるわけではなかった。しかも一七九五年以前に国家が存在していたことが、国家再建のための歴史的正統性を与えていた。[21] ウイルソンが十四カ条で、独立したポーランド国家について早々と言及したのも、過去に主権国家であったという事実が大きく働いていたのである。[22]

しかし、ポーランドの地理的な位置が解きがたい難題をつきつけていることに、変わりはなかった。独露という二大国に挟まれているというだけで、ポーランドのすべての力を無にしてしまうに十分であったと指摘されるように、この戦争でどちらが勝ったとしても、ポーランドにとってはやはり、一方の抑圧者の勝利となるだけであった。[24] しかも戦争は、東部戦線における戦闘行為が展開した場所からしても、ポーランド人の若者たちが諸帝国にそれぞれ徴兵され、互いに闘っていたという事実からしても、ポーランドにとっては内戦であった。[25] ピウスツキは、まずロシアが中欧諸国により打ち負かされ、ついで中欧諸国が西側列強により敗北するというプランを思い描いていたが、[26] このような予測は開戦時から戦争初期においては実現する見込みもなく、あまりに楽観的に思われた。

他方、ポーランドをどのように扱うべきかという課題は、分割していた諸列強にとっても、実は頭の痛い問題であった。

ウィーン会議の決定によって、三度の分割でロシアが手にしたすべての部分は、完全にロシア帝国領となり、第三次分割で独墺が獲得した領土に若干の領域を加えた部分が、会議王国としてロシア帝国の支配下に入っていた。したがって、分割前の領土を考えるのであれば、ロシアの態度が最も重要であった。そのロシアは、開戦直後の八月一四日に、独墺領となっている地域を念頭においてロシア帝国下でのポーランド統合を謳ったニコライ大公の宣言を出すけれども、これは自治を約束したものでもなかったし、何よりツァーの署名がないままであった。[27] その後もロシアはかたくなに、ポーランド問題はあくまでも国内問題であるという姿勢を崩さなかった。[28]

この問題をよりいっそう複雑にしたのは、東部戦線で攻勢に転じた独墺軍が勝利を重ね、一九一五年の夏には中欧諸国が会議王国領を占領したことである。これ以後、実効的支配を行う独墺両国の立場も重要になる。ただ、一九一六年七月のブルシロフ攻勢が完全に失敗に終わったロシアは、ドゥーマのプロトポポフ副議長を中心として単独講和を模索していたために、ドイツはロシアとの講和を妨げるような行動を控えていた。[29] そのため、独墺間で一九一六年八月に成立していた占領地に関する合意も、公表が遅れたのである。一一月に発表されるこの二皇帝の声明は、ポーランド王国の創設を約束しているけれども、独立に言及しているわけではなく、[30] 国境も未定のままであって、その具体的プランは戦争終結までついに明確にされなかった。[31] ウイラー゠ベネットが指摘するように、この「宣言は、ポーランドの学問的存在を確立したにすぎず、政治的にその地位を定義しようとしたものではなかった[32]」。なぜなら、ドイツにも事情があったからである。まず、ウィーン体制でプロイセン領となった地方で一九世紀後半から強力にすすめてきたドイツ化政策が失敗に終わっていたため、これ以上大量のポーランド人を自国内に抱え込む政策は、国内政治上採用し難いという状況にあった。そのうえ外交・戦略的考慮からすると、ヤーゴ外相のことばを借りるなら、「ポーランドの完全独立などは問題にならない。なぜならば、この国は

『ロシアとドイツとの間の有用な緩衝国』となるために必要な軍事的保障を提供できないからであ」った[33]。また、すべてをオーストリア領として、二重帝国から三重帝国へと国制を変更する案も存在したが、ハンガリーのそれまでの主張を考えると無理であったし[34]、ドイツ軍部も反対していた[35]。ドイツには、ガリツィアを含めてドイツが支配する自治国を要求する声もあったので、ハプスブルク家の支配する「独立」ポーランドという案は実現する可能性がなかった[36]。

このようなポーランド分割に加わった諸列強の態度に対して、フランスはどのようにアプローチしたのであろうか。当時のフランスにとっては、何よりもロシアの意向が絶対的な重みを持っていた。普仏戦争の敗北後、ビスマルクによる外交的孤立からフランスを救ったのは、ロシアとの同盟であり、さらにその同盟によってドイツを東西から挟撃することも可能になったからである[37]。そして戦争が始まった今、ロシアの重要性はよりいっそう高まっていた。西部戦線が、塹壕戦で早々と膠着状態に陥ったことを考えると、「少なくとも二五〇万の敵兵を東部戦線にひきつけておいてくれている」ロシアを賞賛するブリアンの演説が、一九一六年末に議会で拍手喝采をうけた[38]ことに示されているように、軍事的にロシアの存在はフランスにとって不可欠であった。

しかしフランスは、ポーランド問題をまったく無視していたわけではない。上述のブリアンは第五次内閣を組閣した直後の一九一五年一一月、その外交姿勢を議会で説明し、自国領の解放やベルギーおよびセルビアについて触れた後、「フランスは、権利の擁護者であり、文明と諸民族の独立のために戦っている」と発言している[39]。具体的には、パリで翌一六年三月二七日から開かれた英仏露の会議においてブリアンは、ポーランド問題を議論しようとした。それは、ポーランド問題を「国際化」することによって、当時、会議王国を軍事占領していた独墺両国に圧力をかけることを狙ったからである。しかし、これに対してロシアは、ポーランド問題は国内問題であり、たとえ同盟国といえども、それを外交上の議題にすることは内政干渉であると、強く反発した。[40] ポーランド自治には寛容であったロシア外相サゾノフも、フランス大使パレオローグに対して、「ポーランド問題は、(仏露)同盟を破壊するに足りる」と強い口調で警告した。[41] そのため、このとき以後ポーランド問題は、フランス外務省にとってタブーとなり、戦争開始直後にフランス軍内で編成されていたポーランド人義勇兵も、フランス各地の部隊に分散されてフランス軍の異なる部隊に編入された。[42]

一一月に独墺両皇帝の宣言が公表されたときも、フランスは、下院の外交委員会での討議にみられるように、ドイツが支配する中欧圏「ミッテルオイローパ」が形成されるかもしれないという懸念を抱きつつも、ロシアへの配慮から具体的な政策は何も採れなかった。独墺の宣言に対抗してロシアが一一月一五日に声明を出し、その内容は以前とまったく変わらなかったにもかかわらず、英仏はこぞってロシアを賞賛するが、ロシアはそのような英仏の対応を、ポーランド問題の「国際化」だとして憤激し、批判したからである。また、一二月二五日にツァーが「自由ポーランドの建設」に言及したときにも、フランスは歓迎の意向を表明するが、ロシアは繰り返し、これは国内問題であって、国際的な議論の対象とはなりえないと突っぱねたため、フランスは「国際化」を再度断念せざるをえなかった。[43]

このようなフランスの態度は、一九一七年二月一四日と三月一〇日付けの交換公文で成立した、いわゆるドゥーメルグ合意で頂点を迎える。特別な訓令もなしに、植民相ドゥーメルグがペトログラードに赴き、ツァーとの会談を通じて交渉を進め、外相も兼任し内閣を率いていたブリアンには知らせずに、駐露大使パレオローグと露外相ポクロフスキー間の交換公文の形で、合意はまとめられた。駐仏ロシア大使イスヴォルスキーが、交換公文をフランス外務省に提出した時点で、ブリアンの知るところとなり、彼は事後追認の電報をパレオローグに打つことで、この合意は成立したのである。その内容は、フランスのラインラントに関する領土要求については、ロシアが支持するのと引き換えに、ロシアの西側国境、すなわちポーランド問題については、ロシアが望むような決定を下す無制限の権利を、フランスが認めたものであった[44]。フランスの政界でもレオン・ブルジョワやエリオらのような親ポーランド派がいたけれども、結局のところ、同盟国ロシアの利益がほかの考慮にまさったのであり、戦略上ポーランドの重要性は無に等しく、ここでは民族問題というとらえ方自体みうけられない[45]。つまりフランスが採ったのは、少なくとも当座のあいだ、ポーランド人の支援を放棄するという政策であった。すなわち、一九世紀にみられた、ポーランド人に対するフランスの態度がここでも繰り返されているだけでなく、ロシアとの同盟を維持する必要によって、そうした態度はより強化されていることがわかる。このように、「ポーランド人への共感は、ロシアというプリズムを通してのみ影響を与えていた[46]」と指摘される状況が、一九一七年三月まで続く。

3．オーストリア゠ハンガリー二重帝国と諸民族

諸民族のさまざまな要求は、この中欧の帝国内で一九世紀末から政治問題化し始めていた。しかしフランスは、これらの諸民族の運動を支援することを外交政策にしたことはなかった。それは、二重帝国の存在の必要性を感じていたことや、英米と並んでフランス政府にとっても「オーストリア゠ハンガリーというこの『中部ヨーロッパ』は、伝統的に、特段の関心のない領域であった[47]」という理由だけによるのではない。上述のように、ロシアと同盟関係にあったことが、より重要な理由であった。その同盟によって、ドイツに対する東側からの均衡は十分なものと考えられていた。だからこそフランスの指導者たちは、諸民族の政治的要求や運動に懐疑的であった

だけでなく、ポーランド人のケースに見られるように、多くの民族を抱えるロシアとの同盟を危険にさらしてまで、諸民族を支持するという政策を採らなかったのである。[48]

しかしこの地域では、ハンス・コーンが述べるような状況が生じつつあった。

中東欧の民族主義者たちは、しばしば過去の神話と未来への夢から、過去と密接に結びつき、現在とはなんら直接的な関係を持たない、理想の祖国を作り上げ、いつの日かそれが政治的現実となるのを期待していた。[49]

そのため、過去を持つ人びとのみが未来への権利を持つというに等しい時代になったとき、それはまた、歴史的アイデンティティを確立するために、過去を発見するという挑戦となり、もし必要とあれば、過去を創り出す作業が始まることになった。[50] その典型的な例が、「民族の父」と呼ばれるパラツキーの次の主張である。

われわれはオーストリアよりも前から存在していたのであり、オーストリアがなくなってもまだ存在するであろう。[51]

ただし、独立を求める政治運動がすでに活発であったわけではない。世紀が変わるころに登場した青年チェコ党の目標も、オーストリア＝スラヴ主義にとどまっており、連邦化された君主制を求めていたにすぎない。[52] 同様の主張は、後に独立運動の中心人物の一人となるクラマーシュが、一九世紀末にフランスの雑誌に投稿した、ナショナリズムに関する論文にも見ることができる。そこで彼は、チェコ人の民族的主張を展開したのではなく、主たるテーマはドイツ・ナショナリズムについてであって、汎ゲルマン主義がハプスブルク帝国に蔓延することの危険性を説いている。そのうえで、帝国存続のために、自治を含む分権化を求めたにすぎなかった[53]。スケッドが指摘しているように、戦争が始まるまでは、「主だった政党や政治家は帝国を破滅させることに賛成でなく、少数民族問題によって帝国の存在が危うくなるわけでもなかった」[54]。より広範な意味において「国際的」であったポーランド問題とは異なり、二重帝国の破壊と完全な独立国家成立を、大戦前からおおやけに主張していたのは、ごく小さな政党を除き皆無といってよい状態であった[55]。また、一〇〇〇年近くもハンガリー王国領の一部であったスロヴァキアでは、独自の民族運動と呼べるものはほとんど存在しなかった[56]。二重帝政の下では、制度的にも別の政治単位であったスロヴァキアを、チェコ人が政治的に統合する要求を最初に出すのは、大戦開始後のことである[57]。

したがって、戦争が始まったとき、「あらゆる民族運動の代表たちは、彼らの忠誠を示すか、沈黙し」[58]、戦場で彼らの義務を果たすことにやぶさかではなかった[59]としても、驚くにはあたらない。じっさいに「戦争が勃発したとき、オーストリア＝ハンガリーの軍における脱走が他国の軍における脱走より数が多いということはほとんどなかった」[60]し、帝国の諸民族が、「政治や文化の面で不満を持っていたにもかかわらず、ほとんどの場合、帝国をつぶそうとか、王家と絶縁しようとかいう欲求はなかった」[61]。後にチェコスロヴァキア初代大統領となるマサリックですら、開戦時には、スラヴ人の自治を実現することで、二重帝国を三重制に再編することを目指していただけであった[62]。

こうした「現地」での動きとは別に、独立に向けた運動と、チェコ人とスロヴァキア人とを統合する動きとに重要な役割を果たしたのが、海外移民の集団である。一九世紀に起こった大量移民とディアスポラの過程を通じて、移民先で民族のアイデンティティが形成されつつあったからである。[63]特に戦争が勃発したとき、彼らの母国であるオーストリア＝ハンガリー帝国の敵国に居住する移民たちは、帰国するか、そこにとどまって敵国民となるか、あるいは帰化して居住国の軍隊に入るかという選択を迫られた。ロシアにおいて、この最後の選択肢を選んだ人びとは、彼らの戦争目的のひとつとして、早くから独立を要求していた。また、開戦時には中立国であった合衆国には最大の移民集団があり、その移民たちの間では、チェコ人集団とスロヴァキア人集団との合同が実現していた。彼らは、チェコ人とスロヴァキア人からなる連邦制の独立国家を目指すことを明記した、クリーヴランド協定を一九一五年四月に結んだのである。[64]翌年二月、パリに集まった亡命者たちは、後に独立運動の中核となるチェコスロヴァキア国民会議を設置する。ここでも、マサリックやベネシュらとともに、スロヴァキア人であるシュテファニクが加わっていたことは、両民族がひとつの独立国家を建設するという目標を掲げる上で、きわめて象徴的なことであった。[65]後にベネシュが回想しているように、ようやく、独立チェコスロヴァキア国家の形成へと至る運動が始まったのである。[66]また一九一六年夏になると、オーストリア軍の中でチェコ人とルテニア人により編成された軍隊の多くが、ロシア側に寝返ったり、無抵抗で降伏したりするようになった。[67]

こうした動きに対して、二月三日に、外相も兼任していたブリアンが、彼らの運動に理解を示し、マサリックに「ボヘミアの独立」を約束したと、ベネシュは回想録で述べている。しかし、戦間期に書かれた彼の回想録を除いて、この約束を確認することはできない。[68]フランス側には記録がないし、ブリアンがそのような確約をしたとは考えられない。なぜなら、ラロッシュも指摘するように、チェコスロヴァキア独立は、オーストリア＝ハンガリーの崩壊だけでなく、ドイツの敗北なしには考えられないからであり、一九一六年当時はそうした見通しはまったく立たなかったからである。[69]またすぐあとで検討するように、フランスは二重帝国に対してかなり曖昧な、両面的ともいえる外交政策を展開するからでもある。ただ、この時点で、亡命者たちと新大陸の移民たちとが、独立国家に向けて行動を開始したことは明らかであった。

第一節　フランスと中東欧の民族問題

（1）Rogers Brubaker, *op. cit.*, p. 98. すなわち、フランスのインテリたちにとって、いわゆるポーランド問題とは、政治的側面が本質的であり、エスニックな側面は副次的であった。

（2）Paul Sabourin, *op. cit.*, p. 56.

（3）Harold B. Segel, "Culture in Poland during World War I" in Aviel Roshwald and Richard Stites eds., *European Culture in the Great War*, Cambridge University Press, 2002, p. 58.

（4）Gérard Noiriel, *op. cit.*, pp. xvii, 9, 51-53. 身分を廃するデクレが、人びとの出自を喚起する名前に対しても向けられていたように、革命の高揚は、出自を呼び起こすようなものはすべて、したがって外国人の出身地をも含めて、認めなかったのである。他方、ナポレオン時代に一〇万人のポーランド移民がフランスに住んでいたという記述（Ghislain de Castelbajac, "La France et la question polonaise 1914-1918" in Georges-Henri Soutou dir., *Recherches sur la France et le problème des nationalités pendant la première guerre mondiale*, Presses de l'université de Paris-Sorbonne, 1995, p. 44）もあるが、典拠は明らかでない。

（5）Paul Sabourin, *op. cit.*, p. 56.

（6）中村年延「七月王政期におけるポーランド問題――亡命者庇護と監視政策をめぐって――」文化史学、第五三号、一九九七年、二四、二九頁。

（7）Alphonse de Lamartine, *Trois mois au pouvoir*, Michel Lévy Frères, 1848, pp. 68, 70-75, 131-133, 179-180, 185, 222-225, 227, 308-309.

（8）パリの手工業労働者らの月刊誌（四八年二月から六月は週刊）『アトリエ』は、ポーランド人への連帯感を表明し、臨時政府の慎重な対外政策に厳しい見解を示していた。杉村和子、「労働者の新聞『アトリエ』とポーランド問題」橘女子大学研究紀要、第一一号、一九八四年、五一、六〇頁。この論文でも引用されている（前掲論文、四三、四四頁）デュヴォーは、当時のパリの雰囲気を伝えるためフロベールの『感情教育』の最後の部分から、「われわれは、ヨーロッパのあらゆるところに火を放つべきだった」ということばを引用し、同じ表現が『アトリエ』にも見られるとしているが（Georges Duveau, *1848*, Random House, 1957, p. 75）、『感情教育』にはそのような記述は見当たらない。ギュスターヴ・フローベール、生島遼一訳『感情教育（上）、（下）』岩波文庫、一九九五年。

（9）ルネ・ジロー、渡邊啓貴・柳田陽子・濱口学・篠永宣孝訳『国際関係史一八七一～一九一四年』未来社、一九九八年、二五頁。

（10）A. J. P. Taylor, *The Struggle for Mastery in Europe, 1848-1918*, Oxford University Press, 1986, p. 135.

（11）Kalervo Hovi, "Cordon sanitaire or berrière de l'Est? The Emergence of the New French Eastern European Alliance Policy 1917-1919", *Annales Universitatis Turkuensis, Sarja - Ser. B Osa* - tom. 135, 1975, p. 34.

（12）Norman Davies, *Heart of Europe, The Past in Poland's Present*, Oxford University Press, 2001, p. 207.

（13）Alphonse de Lamartine, *op. cit.*, p. 258.

（14）Robert R. Palmer, *op. cit.*, pp. 106-108; Piotr S.Wandycz, "The Polish Question" in Manfred F. Boemeke, Gerald D. Feldman, and Elisabeth Glaser eds., *The Treaty of Versailles, A Reassessment after 75 Years*, Cambridge University Press, 1998, p. 313.

（15）ロビン・オーキー、越村勲・田中一生・南塚信吾編訳『東欧近代史』勁草書房、一九八九年、一二四頁。Norman Davies, *op. cit.*, pp. 207, 208.

（16）Piotr S. Wandycz, *op. cit.*, p. 313. クレマンソーも回想録で、ポーランド分割のことを「歴史上もっとも重大な犯罪」と呼び、「その悪行は、ほかの贖いえない数々の暴力とともに、ヨーロッパ生活の中で、一時たりとも軽減されることはなかったほどだ」と書いているが、これはポーランドが独立を果たした後の、つまりポーランド再建をめぐってフランスが困難な課題に直面しなくてもよくなった一九三〇年に出版された回想録の記述であることを、考慮に入れて読まねばならない。Georges Clemenceau, *Grandeurs et misères d'une victoire*, Plon, 1930, pp. 161-162.

（17）ポーランド人たちも同じ考えであった。「左派の意見でも右派の意見でも、『完全で独立した』新生ポーランドは、第一回分割以前の領土をすべて含むべきであると考えられていた」。ピーター・F・シュガー／イヴォ・J・レデラー編、前掲書所収、ピーター・ブロック、「ポーランドのナショナリズム」七四頁。彼らは、いわゆる「ナショナリティの原則」は、ポーランドを破壊するために、ロシアがでっち上げた発明であるとして拒否していた。Piotr S. Wandycz, *op. cit.* p. 314. またポーランド国民と旧「会議王国」の住民とは同じではない。何世紀にもわたってポーランド人少数派が、ウクライナ人、ベロルシア人、ルテニア人、リトワニア人、ユダヤ人といった多数を占める人びとをコントロールしてきたからである。Hugh Seton-Watson, *op. cit.*, p. 123; Andrzej Korbonski, "Poland: 1918-1990", in Joseph Held ed., *The Columbia History of Eastern Europe in the Twentieth Century*, Columbia University Press, 1992, p. 231. したがってヒュー・シートン＝ワトソンは、次のように指摘する。一九世紀のポーランド独立運動の目的は、その政治的、知的指導者たちが認識していたように、ポーランドを外国の支配から解放することではなく、ポーランド人以外の数百万の人びとを含む歴史的ポーランドという国家を再興することであった。ポーランド人支配階級の政治的目的は民族主義的ではなく、帝国主義的であって、ポーランド人とは異なる出自の多くの人びとに対する、ポーランド人の支配を含んでいた。Hugh Seton-Watson, *Eastern Europe Between the Wars 1918-1941*, Archon Books, 1962, p. 320. この問題は、大戦後の国境画定で重大な争点となる。

(18)「ポーランド人は数世紀来、継続して国民意識を持ち続けてきたし、ポーランド国家が消滅してもポーランド国民は生き残った」とされる。Hugh Seton-Watson, *op. cit.*, pp. 7, 123. ただし一八世紀においてその「国民」とは、シュラフタと呼ぼうが、ジェントリーと呼ぼうが、貴族身分を持つ者たちであり、エスニックな集団ではなかった。*Ibid.*, p. 123; Jerzy Tomaszewski, "The National Question in Poland in the Twentieth Century", in Mikuláš Teich and Roy Porter eds., *The National Question in Europe in Historical Context*, Cambridge University Press, 1996, p. 295; Stanislaw Eile, *Literature and Nationalism in Partitioned Poland, 1795-1918*, St. Martin's Press, 2000, pp. 6, 11; Norman Davies, *op. cit.*, p.220; Piotr S. Wandycz,*The Price of Freedom, A History of East Central Europe from the Middle Ages to the Present*, 2nd Edition, Routledge, 2001, p. 7. そして貴族たちは、ボブロウスキが批判したように、東欧全体の人びとが直面する土地改良という政治問題には触れずに、国家再建を目指して闘っていたのである。Christopher GoGwilt, *The Invention of the West, Joseph Conrad and the Double-Mapping of Europe and Empire*, Stanford University Press, 1995, p. 136. したが

って農民たちは、その「国民」には含まれず、彼らの「関心はほとんど自分の住む村落に限られて」おり、一八四八年に至る諸事件が示したように、彼らは「民族運動に敵対した」のである。ピーター・ブロック、前掲論文、八九、七八頁。Keely Stauter-Halsted, *The Nation in the Village, The Genesis of Peasant National Identity in Austrian Poland 1848-1914*, Cornell University Press, 2001, p. 1. そうした状況が変化し、国民意識が拡大していくのは、分割支配下の一九世紀である。ロビン・オーキー、前掲書、二一〇頁。ピーター・ブロック、前掲論文、六四頁。Piotr S. Wandycz, *op. cit.*, pp. 7-8; Jerzy Tomaszewski, *op. cit.*, p. 301; Frances Millard, "The Failure of Nationalism in Post-Communist Poland 1989-95, An historical perspective", in Brian Jenkins and Spyros A. Sofos eds., *Nation and Identity in Contemporary Europe*, Routledge, 1996, p. 202. ストーター・ハルステッドは、その拡大過程を詳細に検討し、生活向上のために「国民」という概念を唱える農民エリート集団の登場を指摘する。この新たな農民エリートは、国家再建を目指す層との同盟には反対するが、エスニックな宗教的境界により区別される小農たちという広範な大衆とは異なるのであって、地方の生活改善のために貴族や知的改革者と手を結ぶことに利益を見出していた。Keely Stauter-Halsted, *op. cit.*, pp. 243-245.

(19) アルフレッド・コバン、前掲書、四八頁。アウステルリッツの戦いに勝利した直後、タレイランはナポレオンに、文明化された諸国民の健全な将来のため、蛮族への障壁として、オーストリアを存続させる必要性を進言していた。Pierre Bertrand, "M. de Talleyrand, l'Autriche et la question d'orient en 1805", *Revue historique, tome. 39e*, 1889, pp. 74-75. 協商列強の外交は長年にわたって、ドナウ地方の「バルカン化」を好ましくない展望とみなしていた。Pierre Renouvin, *La crise européenne et la Première Guerre Mondiale*, Presses Universitaires de France, 1948, p. 635. 後に「民族自決」原則による講和条件を『ザ・タイムズ』紙に発表し、影響力を発揮するウィッカム・スティードも、開戦一年前に出版した著書（第一版）では、ハプスブルク帝国が「ヨーロッパの共同体において、適切な地位を保持すべきでない十分な理由は、考えられない」と述べているほどである。Henry Wickham Steed, *The Hapsburg Monarchy*, 3rd ed., Constable, 1914, p. xiii.

(20) ロビン・オーキー、前掲書、二二五—二二六頁。

(21) それに対してチェコスロヴァキアやユーゴスラヴィアは人工的な国家とみなされ、道義的正統性が欠けていると考えられ、ハンディキャップを負っていた。Raymond Pearson, *National Minorities in Eastern Europe 1848-1945*, Macmillan, 1983, p. 160. これについてルネ・ジローは、かつてのボヘミア王国を念頭においていたのかもしれないが、ポーランドと並んでチェコ人とクロアチア人は「実質をそなえた民族《ナショナリテ・エフェクティヴ》」と呼び、次元を異にするスロヴァキア人、ルテニア人、スロヴェニア人らの「潜在的な民族《ナショナリテ・ポタンシエル》」と区別している。ルネ・ジロー、前掲書、九五頁。

(22) Aviel Roshwald, *Ethnic Nationalism and the Fall of Empires*, Routledge, 2001, p. 160.

(23) Raymond Pearon, *op. cit.*, p. 166.

(24) Piotr S. Wandycz, *op. cit.*, p. 197.

(25) Harold B. Segel, *op. cit.*, p. 63.

(26) *Ibid.*, p. 198.

(27) Ghislain de Castelbajac, *op. cit.*, pp. 44-45.

(28) 一九一四年一一月にロシアでは、ポーランド問題について五度も閣議が開かれた。統一ポーランドという改革を模索するサゾノフ外相と、リップサービス程度のことで十分だとするマクラコフ内相らの保守派が対立した。そのときに内相は、以下のような意見をあからさまに述べた。「われわれの目的は、ポーランド人を満足させることではなく、彼らが離れて行かないようにすることである」、なぜなら、もし戦争が、「単にポーランド統一しかもたらさないのであれば、そのような結果はロシア人大衆にことのほか深刻な不満と幻滅をもたらすことになろう」からと。Mikhail N. Lapinskii ed., *Russko-pol'skie otnosheniia v period mirovoi voiny*, Moscow, 1926, pp. 15-16, 20, 22. cit. in Alexander Dallin, "The Future of Poland" in Alexander Dallin, et. al., *Russain Diplomacy and Eastern Europe 1914-1917*, King's Crown Press, 1963, pp. 13-14.

(29) アラン・J・P・テイラー、井口省吾訳『近代ドイツの辿った道』名古屋大学出版会、一九九三年、一八三頁。ポーランド復興を発表する前であれば、ロシアとの分離講和は十分可能であったと、ビューローも指摘している。それは、「戦争による占領地すべてを返還することを基礎に、ロシアとの交渉に、まったく躊躇することなく乗り出したであろう」し、「ウィーンの政府が問題となるのであれば、ガリツィアすら獲得できる希望をロシア人に与えたであろう」が、「独立ポーランドを作り出すことで、ロシアとの分離講和の可能性を失い、一般的にいってひどい過ちを、誇張抜きに、ドイツの政権担当者が今まで犯さなかったような最悪の過ちを犯したのである」と回想している。Prince de Bülow, Henri Bloch et Paul Roques trad., *Mémoires du Chancelier Prince de Bülow : tome troisème 1909-1919*, 1931, Plon, pp. 257-258, 243.

(30) スティーヴンソンは、「独立王国」と記している（David Stevenson, *French War Aims against Germany 1914-1919*, Clarendon Press, 1982, p. 51）が、フランスの外交文書に残っているように、「世襲の立憲君主制の自治国家の創設（傍点筆者）」なのであって（Ghislain de Castelbajac, *op. cit.*, p. 57）、デイヴィスは、「傀儡ポーランド王国の再建は、独立に向けた一歩と意図されたわけでは決してない」と評している（Norman Davies, *op. cit.* p. 98）。「中欧列強と同盟を結び、経済的にはドイツ圏に入る『独立』国家」という表現を使っているオーキーも同様の趣旨（Robin Okey, *The Habsburg Monarchy*, St.Martin's Press, 2001, p. 383）である。

(31) Aviel Roshwald, *op. cit.*, p. 117.

(32) John W. Wheeler-Bennett, *Brest-Litovsk, The Forgotten Peace, March 1918*, Norton, 1971, p. 105. オーストリア＝ハンガリー帝国の主張も最後まで定まらなかった。一九一八年一月二四日にチェルニーン外相が、「ポーランドの人びとは、自らの自由で影響を受けない運命を選ぶがよい」と述べたのに対して、そのあとを継いだブリアン外相は、一九一八年一〇月になってもなお、ポーランド傀儡国家という枠組みでポーランド独立が可能だと考えていた。*Ibid.*, p. 203; Robin Okey, *op. cit.*, p. 393.

(33) フリッツ・フィッシャー、村瀬興雄監訳『世界強国への道Ⅰ』岩波書店、一九八三年、二四一頁。したがって、ドイツにとってポーランドという国家は、ベーゼラー総督が主張したように「（ドイツという堡塁の）斜堤としての『［ドイツの］同盟国およびロシアに対する防壁としてのポーランド』」でしかなかった。同書、二九一頁。

(34) Robin Okey, *op. cit.*, p. 383. 二重帝国において外交は共通事項であったから、ハンガリー議会に責任を負うハンガリー首相の協力なしには、「重大な動きは一つとして実現しなかった」。アラン・スケッド、鈴木淑美・別宮貞徳訳『ハプスブルク帝国衰亡史』原書房、一九九六年、二六六―二六七頁。

(35) John W. Wheeler-Bennett, *op. cit.*, p. 106.

(36) フリッツ・フィッシャー、前掲書、二九一頁。独墺間の対立については、ツェルナーも指摘する。エーリッヒ

・ツェルナー、リンツビヒラ裕美訳『オーストリア史』彩流社、二〇〇〇年、五九三―五九四頁。

(37) Zbynek A. B. Zeman, *A Diplomatic History of the First World War*, Weidenfeld and Nicolson, 1971, p. 287.

(38) Georges Bonnefous, *Histoire politique de la troisième république, tome second, La Grande Guerre (1914-1918)*, Presses Universitaires de France, 1967, pp. 190-191.

(39) *Ibid.*, pp. 99-100.

(40) David Stevenson, *op. cit.*, pp. 31-32. このときブリアンは、ポーランド人に対して何らかの申し出をしなければ敵側を支持するようになるのではないか、という短期的な恐れから行動したのに対して、外務省のド・マルジュリーは、ポーランドを支持する第一人者であったけれども、ポーランド人は不安定であるとみなし、彼らに独立した外交政策を採らせると、そのことによってドイツ側を利することになってしまうのではないかと考えていた、とスティーヴンソンは指摘する。後者のような考えは、駐露大使のパレオローグも述べている。Ghislain de Castelbajac, *op. cit.*, p. 52. ここで強調されるべきことは、両者とも、ポーランド人に独立を認めることには賛成しないけれども、この時点で、ポーランド人に対して何らかの働きかけをする必要を認めていたことである。同様の考えは、駐米大使のジュスランや駐英大使のポール・カンボンにも共有されていた。*Ibid.* p. 55.

(41) Zbynek A. B. Zeman, *op. cit.*, p. 343. これに続いてサゾノフは、仏外務省のベルトロが、外国にいるポーランド人を鼓舞しているとして、苦言を呈している。

(42) Joseph de Lipkowski, Mémoires, inédit, p. 273, cit. in, Ghislain de Castelbajac, *op. cit.*, p. 52. ポーランド問題が仏露同盟を破壊するかもしれない危険は、英国でも認識されていた。*The Intimate Papers of Colonel House vol. II*, Houghton Mifflin, 1926, p. 181.

(43) *Ibid.*, pp. 57-60. 外務省のド・マルジュリーは、「ポーランド問題は、将来のヨーロッパ均衡全体にかかわる領土問題であり、ポーランド人が望んでいる意味において、もっとも高度な次元においてすべての同盟国に関係している」として、ポーランド問題の重要性を説いていた。*Archives du Ministère des Affaires Etrangères*（以下 *MAE* と略）, *Série Guerre 1914-1918, Russie-Pologne*, 719.

(44) David Stevenson, *op. cit.*, pp. 52-55. ただしこの合意は、直後に起こった革命によって無効になった。ロシアの暫定政府は五月一五日に否認したからである。フランス側も六月四日にブリアンを引き継いだリボが、下院でこれを放棄すると述べた。Pierre Renouvin, *Le Traité de Versailles*, Flammarion, 1969, p. 14.

(45) Piotr Wandycz, *France and her Eastern Allies 1919-1925*, The University of Minnesota Press, 1962, pp. 7-8.

(46) Piotr S. Wandycz, "The Polish Question", *op. cit.*, p. 317.

(47) Zbynek A. B. Zeman, *The Break-up of the Habsburg Empire 1914-1918 : A Study in National and Social Revolution*, Oxford University Press, 1961, p. x.

(48) Georges-Henri Soutou, "Jean Pélissier et l'office central des nationalités, 1911-1918: un agent du gouvernement français auprès de nationalités" in Georges-Henri Soutou dir., *op. cit.*, p. 14. これに対して、抑圧された諸民族の運動を先導することで、一八七一年の体制を再び問題とすることができるという考えもあった。*Ibid.*, p. 16.

(49) Hans Kohn, *op. cit.*, p. 330.

(50) Michael Howard, *The Lessons of History*, Yale University Press, 1991, p. 34.

(51) ピーター・F・シュガー／イヴォ・J・レデラー編、前掲書所収、ピーター・F・シュガー「東欧のナショナリズムの外的基盤と内的基盤」、三九頁。

(52) Piotr S. Wandycz, *The Price of Freedom*, *op. cit.*, p. 189.

(53) Karel Kramarsch, "L'avenir de l'autriche", *La Revue de Paris*, 1899, tome 1er, pp. 577-600.

(54) アラン・スケッド、前掲書、二八五頁。ザツェクも同様の指摘をする。「第一次世界大戦が勃発したとき、チェコ人は戦闘準備も整わぬまま、また一致した計画もないままに戦争に巻き込まれた」。ヨーゼフ・F・ザツェク、前掲論文、一三八頁。

(55) Piotr S. Wandycz, *op. cit.*, p. 190; Zbynek A. B. Zeman, *op. cit.*, p. 253. ただし、この「表面上の平穏は、帝国自体への忠誠や受容ではなく、むしろ、一九一四年以前における政治・外交上の現実に直面して、さまざまな民族集団の指導者たちのほうが、活動を控えていた、と理解することも可能である」。Solomon Wank, "The Habsburg Empire", in Karen Barkey and Mark von Hagen, *After Empire, Part One, Collapse of Empires: Causes*, Westview, 1997, p. 46.

(56) Yeshayahu Jelinek, "Trianon and Czechoslovakia: Reflections" in Béla K. Király and Lászlo Veszprémy eds., *Trianon*

and East Central Europe, Atlantic Research and Publications, 1995, p. 206. スミスは、スロヴァキアについて、過去が復元されなければならない例として、以下のように指摘する。「スロヴァキアの歴史家たちは、ボヘミアとモラヴィアの記録や神話から、独自のそれを解き放たなければならなかった。……彼らは、影のような国王やはるかかなたの出来事に、生き生きとした現実性をもたらさねばならなかったのである」。Anthony D. Smith, *op. cit.*, p. 178. しかし、復元されるべきスロヴァキア独自の歴史とは、何を指すのであろうか。むしろ、ここで明らかなのは、スロヴァキア国民のコアとなる集団は指摘できないということであり、これは歴史家による「復元」ではなく「発明」というべきである。

（57）ジョゼフ・ロスチャイルド、大津留厚監訳『大戦間期の東欧』刀水書房、一九九四年、七九頁。

（58）René Girault, Robert Frank, *Turbulente Europe et nouveaux mondes 1914-1941*, Masson, 1988, p. 18.

（59）ジョゼフ・ロスチャイルド、前掲書、七三頁。

（60）ルネ・ジロー、前掲書、九八頁。デアクは、戦争にはせ参じる兵士たちというイメージと、陰鬱で不満な市民がいやいや兵士になったというイメージは、どちらも正しいのであって、一般化してしまうことはできないし、脱走者や残虐行為の数は誇張されるべきではない、と指摘している。István Deák, *Beyond Nationalism, A Social and Political History of the Habsburg Officer Corps, 1848-1918*, Oxford University Press, 1990, pp. 190, 197-198.

（61）アラン・スケッド、前掲書、二五七頁。

（62）Béla K. Király, "Total War and Peacemaking" in Béla K. Király and Lászlo Veszprémy eds., *op. cit.*, pp. 271-272.

（63）Yeshayahu Jelinek, *op. cit.*, p. 206.

（64）Josef Kalvoda, *The Genesis of Czechoslovakia*, East European Monographs, No. 209, Columbia University Press, 1986, pp. 60-70.

（65）Jules Laroche, *Au Quai d'Orsay avec Briand et Poincaré 1913-1926*, Hachette, 1957, p. 40.

（66）U. S. Department of State, *Papers Relating to the Foreign Relations of the United States*（以下 *FRUS* と略）, *The Paris Peace Conference, 1919*（以下 *PPC* と略）, *vol. III*, p. 877.

（67）エーリッヒ・ツェルナー、前掲書、五九〇頁。

（68） Edouard Beneš, *Souvenirs de guerre et de révolution (1914-1918)*, Ernest Leroux, 1928, pp. 119-120. この「約束」に言及している研究は、すべてこのベネシュの回想録から引用している。たとえば、Josef Kalvoda, *op. cit.*, p. 88; Piotr S. Wandycz, *France and her Eastern Allies*, *op. cit.*, p. 10 である。浩瀚なブリアン伝を書いたシュアレは、このような約束はおろか、両者の会談にすら触れていない。この時期に該当するのは、Georges Suarez, *Briand IV 1916-1918*, Plon, 1940, pp. 217-237. たしかに、デュロゼルが指摘するように、シュアレはオーストリア＝ハンガリー帝国「保持派」であった。Jean-Baptiste Duroselle, *La Grande Guerre des Francais 1914-1918*, Perrin, 1994, p. 300. シュアレは、二重帝国を破壊したことが、後のドイツの勝利につながったとして繰り返し批判しているからである。Georges Suarez, *op. cit.*, p. 333; *idem.*, *Briand V 1918-1923*, Plon, 1941, p. 27. しかし、いくら帝国保持派であったにせよ、会談自体に触れていないのはおかしい。また、史料としての信頼性は劣るものの、そのほかのブリアン伝もこの時期については、前年からのギリシア問題と、同年二月から始まるヴェルダン戦について記述しているだけである。たとえば、以下を参照。Raymond Hess, *Aristide Briand, Premier Européen*, Fernand Sorlot, 1939; Jacques Chabannes, *Aristide Briand, Le Père de l'Europe*, Perrin, 1973; Jean Bruller Vercours, *Moi, Aristide Briande, essai d'autoportrait*, Plon, 1981.

（69） Jules Laroche, *op. cit.*, p. 40.

第二節　戦況の変化と複雑なフランス外交

1．三月革命の影響

ポーランド問題が最初の転機を迎えるのは、一九一七年三月にロシアで革命が起こり、ニコライ二世が廃位され、暫定政府が成立してからである。三月二九日の深夜に採択され、翌三〇日に発表された[1]リヴォフ内閣の声明は、独立ポーランド国家の創設を考慮すること、その国家は住民の多数がポーランド民族であるすべての領域からなることを、明らかにした。この声明も、数カ月前の独墺二皇帝の声明とよく似て、自由な軍事同盟によりロシアと結びつくことを謳っており[2]、ロシアがポーランドを自らの勢力圏に留め置こうとしていたことは、明らかであった[3]。つまり、独墺側もロシア側も「独立ポーランド」ということばを使いながら、それは名目的なものにとどまり、じっさいはそれぞれの衛星国となるべきであるという構想であった[4]。

それにもかかわらずこの声明が重要であるのは、これによって「はじめて連合国の勝利のあとポーランド国家の再興が本当に可能になるかもしれないという希望が生まれた[5]」からであり、ロシアが自らポーランド独立に触れたことで、フランスは今までの外交上の制約から解放され、ポーランド問題を「国際的に」取り上げることが可能になったからである[6]。つまり、帝政ロシアの利益を損なうことなく、自由に政策を追及できるようになったのである[7]。また、一九一四年以来続いてきた「神聖連合」が揺らぎ始めたフランス国内政治の文脈でも、「専制政治の帝政ロシアと同盟を組んでいる」という批判をかわすことができるようになったことは重要であった。メイアが指摘するように、「連合国側の運動勢力は、これが自分たちの戦争であるとついに主張しうる[8]」という効果をもたらしたのである。

しかしながら、この声明ひとつで戦況や外交が変化したわけではなかった[9]。何よりも、問題となっている地域は独墺軍が支配しているという現実に変わりはなく、このままでは中東部ヨーロッパにおける敵国の支配が確立してしまいかねなかった。そのうえ敵国は、プロパガンダ的な色彩が強いとはいえ、ポーランド人に対して国家建設案をちらつかせることで政治的に影響力を行使することができた。それに対してフランスもロシアも、ポーランド人の期待をひきつけるように努力しようとしても、じっさいには有効な手段がなかった。

加えてフランスは、むしろ好ましくない状況に追い込まれつつあった。革命直後の三月二四日にロシアの暫定政府を承認したことに示されているように、革命による皇帝廃位は問題視しなかったけれども、その後ロシアが単独講和を目指すのではないかと心配していたし[10]、ロシアの声明自体に対しても、実は隠された理由があるのではないかという疑いを抱いており、非常に慎重な態度を崩さなかった[11]。じっさい、四月にミリューコフ外相が戦争継続の意思を表明した結果、激しい反発とデモが起こり、五月一八日には六名の社会主義者の大臣を含む新内閣が誕生していたし、ペトログラード講和として知られることになる、ボルシェヴィキの無賠償・無併合の呼びかけが、ロシアでは影響力を増していた[12]。そして一一月に起こった革命で政権を奪取したボルシェヴィキは、「平和に関する布告」を出し、一二月二日からは独墺と交渉を始めたのである。これは、敵国の東側に位置する同盟国を戦争中に失うかも知れないという、最悪の可能性が現実のものとなることを意味していた。さらにフランス国内の問題として、四月から始まったニヴェル攻勢が失敗に終わったために、前線では反乱が起こり、脱走兵が出るなど軍の規律が緩み、銃後ではストが頻発し、開戦時から続いていた政治休戦も終わろうとしていた[13]。

そこでフランスは、六月四日のデクレによって、フランス国内においてポーランド軍を創設することを決めた。上述の軍事上・政治上の危機に加えて、ロシアへの信頼が低下したために、短期的にロシアの代替物となるかもしれないという期待があったと指摘されるが[14]、フランスはその軍事的重要性に幻想を抱いていたわけではない。じっさい、募集を始めてほぼ一年たった一九一八年になっても、応募してきたのは一万七〇〇〇人にすぎなかった。むしろフランスにとっては、この政策がポーランド人に希望を与える手段になればひとまず政治的に成功であり、将来にむけて、ポーランド人からなる部隊が政治的重要性を持つかもしれないという考慮も働いていた。そして一九一七年八月になるとリボ内閣は、「バルト海まで達する」すべてのポーランド領域の独立と統一の再建を歓迎する、と宣言し、ポーランド問題については外交上大きな一歩を踏み出した⑮。

ところで、ロシアの声明を受けて、三月三一日以降フランスはポーランドを「理論上」独立国家として扱ってきたけれども、ポーランドを外交的に代表する組織がないという問題があった。ポーランドを実効支配する独墺の下には、のちに摂政会議⑯がつくられるが、それと交渉するのは論外であった。ロシア内ではポーランド問題清算委員会（La commission de liquidation des affaires de Pologne）とペトログラード国民委員会による諸政党統一ポーランド人会議（Conseil Polonais de l'Union des Partis）があって対立していたし、フランス内にも亡命ポーランド人の集団は複数あって、フランスが期待するように一つにまとまる気配はなかった⑰。そこで、ポーランドの国民民主党員を中心とし、以前ローザンヌにあったポーランド国民委員会が、パリで八月一五日に設立されたのを受け、リボ外相は九月二〇日、これを将来の独立主権国家ポーランドを準備する公式の組織として承認する⑱。一二月一七日には、ちょうど一カ月前に誕生した第二次クレマンソー内閣で外相となったピションが、「統一され、独立し、不可分の」ポーランドを望むと下院で演説した⑲。このような過程をたどってくると、フランスは次第に独立ポーランド国家創設に深くコミットしていったようである。しかし、一九一七年のフランス外交はそのような単線的なものではなかった。

2．チェコスロヴァキア独立運動への対応

同じことは、将来のチェコスロヴァキアに関するフランス外交にも当てはまる。すなわち、マサリックやベネシュをはじめとするチェコスロヴァキア国民会議の活動と、その活動へのフランスの対応だけを並べてみていくと、フランスが次第にチェコスロヴァキア国家の創設にコミットメントを強めていき、その国家の創設を支援し

たと見えるかもしれない。しかし、じっさいには、この問題についても、より複雑な過程をたどった。そこで、まずこの問題から検討してみよう。

ここでもやはり、ロシアの軍事的重要性の低下が引き金となっていた。そこで、ひとつの政策としては、独立を求めている諸民族に期待し、その運動を支持することによって、ドイツに対する「東方障壁[20]」を形成しようという考え方があった。たとえば、一九一七年一一月に開かれた連合国会議におけるド・マルジュリーの以下の主張がその代表である。

再統合したポーランドは、プロイセンに対して連合国がなしうる「最大の攻撃」となるだけでなく、ルーマニア人およびチェコスロヴァキア人と結合することで、ロシア勢力圏の真空地帯において、ドイツの影響力が支配的になることに対する最善の障壁となりえます[21]。

他方で、この主張に対抗する政策として、多民族国家としてのオーストリア＝ハンガリー帝国の存在そのものに、ドイツの東方への拡大に対する障壁を見出す考え方があった。フランスの右派勢力は伝統的に反独であるけれども反墺ではなかったし[22]、政策としても、戦前から、ハプスブルク家をドイツの勢力圏から引き離し、ベルリンへの対抗勢力とすることに期待を寄せる考え方があった[23]。さらに、ポーランド独立とは異なり、チェコスロヴァキアの独立は、この帝国を崩壊させることを意味することから[24]、そのような政策を採ることに対してより根本的な懸念が加わった。その理由は、戦争終結前になってもなお駐米大使ジュスランが繰り返し指摘したように、オーストリア＝ハンガリー帝国が瓦解した場合、それにとってかわるべき新たな小国の集団は、対独障壁として脆弱すぎるという問題であった[25]。外務省内では駐露大使のパレオローグ、駐英大使のポール・カンボン、政治家としてはポワンカレがこうした考えを支持していた[26]。

オーストリア＝ハンガリー帝国の将来にかかわるこれら二つの政策は、相互に矛盾するものであったけれども、それらは並行して進められる。

パリで設立されたチェコスロヴァキア国民会議では、チェコ人とスロヴァキア人が一緒になって活動していたけれども、両民族が統一して新国家を建設するという構想が、このころ広く受け入れられていたとはいいがたい。たしかに、戦争目的の明確化を迫ったウイルソン大統領に、連合国が一九一七年一月一〇日に返答した講和の一般条件の中で、イタリア人、スラヴ人、ルーマニア人と並んで、「チェコスロヴァキア人を、外国の支配から解放する」ことが明記されていた[27]。しかしこの文言は、独立を求める諸民族の運動に早くから理解を示していた、フランス外務省の実力者ベルトロによる影響が大きい[28]のであって、この文書がチェコスロヴァキアの独立までをも意味していたわけではない[29]。そもそも「チェコスロヴァキア」という名称自体、非常に驚かされるものであったと、ベルトロの部下であったラロッシュは回想している[30]。他方現地においては、一九一五年三月にベネシュやクラマーシュを含む「マフィア」と呼ばれる秘密委員会が設立され、海外亡命者と接触を開始し、翌一九一六年一一月にチェコ人の帝国議会議員たちがひとつの会派を結成した。一七年になると五月には、知識人たちのマニフェストを受ける形で宣言を公表し、初めてチェコだけでなくスロヴァキアを含めた統一に言及したが、それは王国の存続を前提とした連邦化構想であった[31]。

独立を目指す運動家たちにとって最初の具体的な成果は、フランスが一二月一六日のデクレで、独自の軍服と旗を備えたチェコスロヴァキア軍の創設を認めたことであった。軍事上はフランス軍の指揮下にはいる一方で、政治的にはチェコスロヴァキア国民会議が管理することに決まった[32]。これは、国民会議が自前の軍隊を持つことをフランスが認めたことを意味し、将来の独立に向けて重要な布石となった。フランスが、早くから独立国家チェコスロヴァキアを支持していた、という解釈を補強する重大な決定であった。

しかし他方で、秘密交渉によってオーストリア＝ハンガリー帝国を戦線から離脱させ、分離講和へと導こうとする試みが始まっていた。その背景となる政治的雰囲気としては、下院議長のデシャネルすら、いつわれわれはオーストリアと講和を結ぶのかと、絶えずポワンカレに聞いていたほどであった[33]。

その端緒は、ブリアン内閣[34]の下で、前年末に即位したばかりのカール皇帝と、その妃ツィタの兄であるブルボン＝パルマ家のシクスト[35]を通した交渉であった。二月一三日にスイスに赴いたシクストに対して、皇帝は人を介して、アルザス・ロレーヌのフランス復帰をオーストリアは支持すると伝え、それをシクストから聞いた大統領ポワンカレが非常に興味を示し、ブリアンと協議したことにより交渉が進められることになった[36]。フランス政府は三月二〇日にリボ内閣に代わるが、リボもまたこの交渉に通じていた。ただし、分離講和に関する交渉といっても、二三、二四日にウィーンで皇帝と会談したとき、シクストに宛てられた皇帝の親書は、分離講和ということばを用いていない。それは、アルザス・ロレーヌに関して、フランスの正統な主張による解決を同盟国から引き出すために、皇帝のあらゆる個人的な影響力と、その権限内で、他のあらゆる手段を用いることを確約し、引き続いてベルギーとセルビアを主権国家として再建する必要性にも言及し、「公式の交渉の基礎となるような、共通理解のための共有された基盤を準備できるように」仏英と協議することを求める非常に慎重なものであった[37]。それが分離講和の交渉とみなされることになった理由について、デュロゼルは、シクストが、パリ到着後の三一日にポワンカレに会談の内容を報告したとき、皇帝は分離講和について語ったと述べて、大統領に誤った情報を伝えた点を指摘する。[38]

シクストは、四月一八日と二〇日にパリでロイド・ジョージと会ったときも、オーストリアとの交渉を熱心に説いた。これに対してロイド・ジョージは、オーストリアとの講和を歓迎すると繰り返し明言するが、両会談のあいだにイタリアと交渉した後、同盟国であるイタリア抜きで講和を締結することはできない、という判断に傾いた。つまり、イタリアの要求を満足させるために、オーストリアが領土を放棄しないのであれば、講和は困難であると返答したのである。それを受けてフランスも同様に、「イタリア政府の見解を等しく考慮することなしには、オーストリアからの講和の申し出は考慮できない」という立場をとるようになる。[39]

そもそも、敵国の領土を戦後に割譲することを約束して、中立国を自陣営に引き込む秘密交渉は、イタリアやルーマニアとの秘密条約にも見られるように、珍しいことではなかった。しかし、同盟国ドイツの領土であるアルザス・ロレーヌの割譲や、ドイツが占領しているベルギーの解放について、勝手に言及しているこの親書は、外交的には越権行為であった。もっとも、講和を望む皇帝の気持ちは真摯であったのかもしれない。たとえばツヴァイクは、スイスへの途上ザルツブルクに立ち寄ったとき、ハインリッヒ・ラマッシュとイグナーツ・ザイペルから、講和への動きにカール皇帝が援助を約束し、もうすぐ皇帝の個人的政策の成果が見られるであろうと打ち明けられたとしている。彼はその会談の数日前を振り返って、後年次のように回想する。

政治の内幕に明るくなかった私は、一九一七年カール新帝の下において政府の上層部にはすでにかすかながら、凶暴な併合主義という引綱によってオーストリアをその内面的な意志に逆らって引きずってゆく、ドイツ軍部の独裁から脱しようとするひとつの動きが起こっていることに気づかなかったのである。[40]

果たして、反戦の立場を明らかにしていたツヴァイクの希望通りに、事態が進むことはなかった。この交渉は、結実することなく短期間で失敗に終わったからである。オーストリア＝ハンガリーに対する領土要求を持つイタリアの反対のため、英国の主張も入れてフランスが交渉を打ち切った[41]にせよ、ドイツが反対したためオーストリア＝ハンガリーが交渉できなくなった[42]にせよ、あるいは帝国に講和の用意が整っていたとはいえない[43]にせよ、特にドイツとオーストリア＝ハンガリーの同盟関係を考えた場合、実現する可能性は極めて低かったと考えざるをえない[44]。それと同時に、仏英ともにオーストリアとの分離講和に、きわめて前向きであったことも事実である。この交渉の過程から仏英両国は、同盟国イタリアの領土要求を除いて帝国の領土保全を前提としていたこと、つまり、民族集団の活動や要求はまったく考慮の対象外であったことが理解できる。

この失敗にもかかわらず八月になると、フランス軍参謀部の情報将校アルマン伯と、皇帝の個人的代理人であるレヴェルテラ伯との間で、再び秘密交渉が始まった[45]。この交渉は、フランス陸軍参謀部第二局の立案によるもので、八月四日の覚書によると、ロシアの戦線離脱の可能性が出てきたために、先手を打ってオーストリアを講和に持ち込もうという狙いに基づいている。そのためには、帝国の領土保全だけでなく、バイエルン王国や、フリードリッヒ二世がオーストリア継承戦争の結果プロイセンに割譲したシレジアと並んで、一七七二年に第一回分割が行われたときの国境を備えたポーランドを、国家連合という形態でハプスブルク帝国に帰属させる、ことを考慮していた。それと引き換えにオーストリアに求められた領土は、トレンティーノのイタリア割譲と、トリエステを割譲するか、少なくとも自由港にすることであった[46]。この構想は、ヨーロッパへの危険はプロイセンであるという認識に立ち、一八世紀以降プロイセンとオーストリアとの間に起こった歴史を、完全に書き換えることを意味していた。しかもより重要なことは、この提案がドイツの犠牲を意味していただけではなく、独立を求めていた諸民族の要求を犠牲にすることを意味していたことである[47]。

レヴィアキンによると、この交渉のきっかけは、フランスの参謀部がこの年の三月以降、オーストリア＝ハンガリーとの分離講和という考えに取り付かれていたことによる。参謀部は、ドイツに対する軍事上の利点から、ロシアの完全な崩壊が起こる前に、分離講和を模索し始めていた。七月になると、ロシアが崩壊するか、あるいは戦線離脱する可能性がさらに高まったため、こうした秘密交渉に乗り出した。その背景にあったのは、戦後の中東欧の新秩序は、諸民族のために連邦制に基礎を置いて構築されるべきであるという考えであったと指摘する[48]。まさにこれは、諸民族の独立を認め支援するのではなく、帝国の領土を保全し、対独障壁として用いようという構想である。一〇月から中断をはさみながらも翌年の二月まで続くこの交渉は、ひとり参謀部だけが独走したのではない。陸相のパンルヴェに八月四日の覚書はその日のうちに提出されていたし、当時内閣を率いていたリボも支持し、非公式かつ政府を拘束しないものとして交渉を進めるようにと述べたため、パンルヴェからアルマンに指令が下ったのである[49]。九月に、リボの後を襲うのはそのパンルヴェであり、その次に組閣するクレマンソーもこの交渉に通じていた[50]。

ところが、ドイツへの配慮を重視するようになったチェルニーンが、ドイツを含めた全面講和の条件を求めてきたために、交渉はより複雑になり、長期化することになった。その交渉の過程において、一方では、カール皇帝が、ドイツを交渉に招き入れるほどの提案内容ではないと判断し、一旦は同意したトレンティーノの割譲とトリエステの地位変更を拒否するようになる。他方では、ソンニーノ伊外相がトリエステの地位は、自由港では不十分だと判断したために、分離講和の可能性自体も潰えてしまう。またフランス内でも、この交渉は行政と軍部において、最終的には十分な支持を得ることができなかった[51]。こうして、交渉は失敗に終わるけれども、オーストリア＝ハンガリー帝国の重要性を認識し、分離講和によってその存続を図ろうとする試みが、再び繰り返されたことを示している[52]。

この最後の交渉が失敗した原因について、両国が交戦国であったために、通常の外交交渉とは異なって、いわば外交の素人を通じて秘密裏に行われたことに起因する、技術的な問題を指摘することはたやすい。しかし、その原因はむしろ、これらの交渉の障害がもっと深いところにあり[53]、実現の見込みのない提案に依存していたことを考慮すると、成功する可能性はほとんどなかったことが理解できよう。しかし、それと同時に、フランスが、単にチェコスロヴァキア国民会議の要求を支持していただけではないこともまた理解できる。そして、諸民族に対する政策と、彼らが属する帝国に対する諸政策が矛盾していることからは、中東欧の戦後秩序について、フランス内で一致した政策や路線がなかったことが垣間見えてくる。果たしてオーストリア＝ハンガリーは、ドイツの野心や力に対する抑制となるのか、それとも、そのドイツの政策の道具にすぎないのかという問題は、次のポーランドに対する政策でも繰り返し問われ続けるが、少なくとも分離講和の可能性のあった一九一七年中、英仏の外交官たちは帝国保持の努力を続けていたのである[54]。

3．ポーランド問題への対応

まず、戦争遂行上の短期的な動機から、独立ポーランド国家への支持とは相反する動きがあったことを確認しておかねばならない。ポーランド国民委員会がパリで設立されようとしていた一九一七年夏、上述のようにフランスはオーストリア＝ハンガリーと秘密交渉を始めていた。帝国を分離講和に導こうとするこの交渉は実現せずに終わるけれども、「独立」ポーランド国家についてポーランド人たちに語っていたのとはまったく異なる提案、つまり帝国内での統一ポーランドという提案をしていたのであり、帝国の存続をより重視する交渉を続けていた。

フランスが同時に考えなければならないことは、ヨーロッパ全体にかかわるより長期的な問題、つまり対独戦略である。ドイツの力に対抗するためには、フランスから見てドイツの反対側に強力な同盟国を保持することが、一九世紀末から戦争中にも続いていた最も重要な政策であったし、おそらくそれは戦後になっても変わることはなかった。この問題を解決したのがロシアとの同盟であったから、たとえロシアで革命が起こり、政権が変わったとしても、その同盟関係を維持していくことは外交上・軍事上不可欠であった。したがって、ロシアが戦線離脱し、国内は内戦状態に突入したとしても、かつての統一されたロシアが復活することを期待し、将来の仏露関係を妨げないような政策を採る必要性はなお続いていた。それは、対独戦略上フランスの強力な同盟国として存続させるために、ロシアを弱体化するようなポーランド政策を採るべきではないという考慮を生み出した[55]。さらに、上述の短期的な考慮と関連して、ドイツに対抗するためには、オーストリア＝ハンガリー帝国を保持すべしという考え方もあり、それは、チェコスロヴァキア問題で検討した秘密交渉という政策となった。そのためフランスは、あとで見るように、翌一九一八年になりオーストリア＝ハンガリー帝国が内部から揺らぎ始めてもなお、帝国の分解を食い止めようとする努力を続けることになる。

こうした考慮は、何もフランスだけに限られたものではなく、英米でも同様の考えに基づいた政策が採られていた。一九一七年四月二八日、ハウス大佐と会談したバルフォア外相は、ドイツからロシアを切り離すポーランド国家の創設に反対し、それは「ロシアがフランスを助けに来ることを妨げるがゆえに、ドイツにとってよりも、フランスにとって損失となるのではなかろうか」と疑問を呈した。これに対してハウスは、「独露間の緩衝国として役立ちうるほど、十分に大きく強力なポーランド」を主張し、その点では見解が食い違ったが、両者ともオーストリア＝ハンガリー帝国については、当時の二重帝国にボヘミアを加えて三重帝国となるべきだという意見で一致していた[56]。他方、ウイルソン大統領の同意を得たハウスは講和の準備のため、諸問題の専門家で構成される組織を設置した。このような組織を設置したことが知れると、政府は早晩戦争が終結すると考えているととられかねなかったため、なるべく人目を引かない名称が求められた。その結果、「インクワイアリー」[57]と呼ばれることになったこの組織において、オーストリア問題担当のトップであったセイモアは、ポーランドを第三局とする三重帝国を主張していた。これはバルフォアの考えにむしろ近く、ポーランドは、帝国内の一部となった方が、完全に独立するよりも、ドイツの影響を受けにくいであろうというのがその理由であった[58]。これらの議論はいずれも、オーストリア＝ハンガリー帝国の存続を前提とし、その改編を論じている。

また、一二月一八日の時点でも、かつての駐英大使メンスドルフ＝プイイ伯爵と会談したスマッツ将軍は、「もしオーストリアが本当にドイツと手を切るのであれば、オーストリアとポーランドとの結びつきの可能性は、排除されないであろう」と伝え、帝国の一部としてのポーランドという可能性に触れている。だからこそ、パリのポーランド国民委員会の代表であったソバンスキ伯爵は英国外務省にメモを送り、「連合国はハプスブルク帝国を解体する意思がない、と被抑圧諸民族は信じています」と非難することになる[59]。アメリカでも「インクワイアリー」が、いわゆる「十四カ条」に結実するように、帝国の解体を意図していないことを保証すべきである、と主張しており、大統領自身も個別の民族問題には踏み込まなかった[60]。だからこそ、一九一七年末に開かれた連合国間の会議では、ポーランド再建に関する宣言について、なんら合意に至らなかったのである[61]。

このころフランスでは、ド・マルジュリーのように、「ヨーロッパとオリエントを支配するミッテルオイローパという（フランスにとって）致命的な計画を妨げうる唯一の方策」、つまりロシアにとってかわる東方の「障壁」として、強力なポーランド独立国家樹立を主唱する外務省の幹部がいた。[62] しかし他方で、ロシアに対する配慮や、オーストリア＝ハンガリー帝国を保持することの望ましさから、ポーランドが完全に独立し、かつロシアの犠牲の上で広大な領土を保持することに反対する見解が、各国で非常に強く主張され、その考えに即した政策が継続されていた。この長期的な政策の対立は、コインの両面のような関係として、独立ポーランド国家の持つ意味に関する考え方の違いでもあった。戦争直後にルネ・ピノンが述べているように、「ポーランドは大国となりゲルマニズムの敵となるか、小国となってドイツの勢力圏に取り込まれるかしかない」。だからこそ、新しいヨーロッパ建設のためには大国ポーランドが必要であると、ピノンは主張した。[63] しかし、果たしてポーランドが十分に強力で対独障壁たりうるかという問題は、戦中から議論の分かれるところであり、懐疑的な見方が大半であった。さらに、東欧の民族解放運動の責任者たちは、多少なりともドイツの支配下にあるのではないか、という疑いがパリでは広く共有されていたこともあって、フランスの指導者たちは、彼らの主張をしばしば疑ってすらいた。[64]
ここで重要な点は、短期・長期の対独考慮から、ポーランド国家のあるべき姿について議論が闘わされており、その結果として、矛盾するような外交政策が同時並行的に進められていたことである。チェコスロヴァキアの問題と同様に、フランス外交は決して、諸民族の運動に対する共感から発して、政策を形成したという単純なものでなかった。

検討しなければならないもうひとつの課題は、フランス外交をロシアのボルシェヴィキ革命に対する「防疫線」（cordon sanitaire）政策と理解することができるかどうか、という問題である。一一月から一二月にかけて、トロツキーが連合国の秘密条約を暴露し、ドイツの東方指令本部のあったブレスト＝リトフスクで休戦を結び、単独講和の道をたどり始めてから、フランスの政策は大きく変化したのであろうか。

ボルシェヴィキが独墺との交渉を始めてからも、正式に講和条約が結ばれるまで、少なくとも戦闘が続いている間は、フランスはロシアに望みをかけ支援を続けた[65]。組閣したばかりのクレマンソーが一二月六日に述べているように、ロシアの戦線離脱によって「自由となる独墺軍が、われわれに対して向けられる」であろうという危機感が、その理由であった。もちろんロシアの新政府については、二七日にピション外相が議会で、戦線離脱、秘密条約の公表、反対派が多数を占める議会の解散、対外債務の否認などから、フランスが承認することはない、と明言したことからわかるように、ロシアの支援といっても新政権を支持することを意味していたのではない[66]。しかし、ポーランド地域が独墺軍に占領されている事実に変わりはなく、ロシアに期待する以外にフランスが採りうる手段はほとんどなかった。ところがそのロシアは、戦線離脱する見通しであるという報告が、既に一一月に駐露大使から送られており[67]、フランスは苦しい立場に追い込まれていた。ジャン・ジャック・ベッケールも次のように指摘する。「その当時は副次的な関心しか引き起こさなかったひとつの事象のために、複雑な現実全体が消し去られた」、つまり、「一九一七年の最も重要な局面は、後になって人が信じているようなロシアにおける革命ではなく、その後忘れられてしまった和平交渉の試みであった」と。すなわち、「一九一七年末に、ボルシェヴィキたちをも含めて、この革命が長続きすると信じていたのはきわめて少数であり、当時重要であったのは、ロシアが戦争から離脱するということであった[68]」。したがって、対独戦のためロシアが戦線にとどまるよう働きかけることはあっても、ボルシェヴィズムを封じ込めるという政策はおろか、その必要性すら認識されていなかったのである。

じっさい「防疫線」ということばを使って、クレマンソーが政策を説明するのは、翌一九一八年一二月二九日になったときが初めてであり、それは終戦後であった[69]。しかも彼の考え方は、対独障壁たりうる東欧新興国の価値を無効にしてしまいかねないような、ボルシェヴィキの西進を防ぐべきであるという主張であった。つまり、イデオロギー的な反共に基づく防疫線政策ではなく、対ドイツの東方障壁をいかにして構築するかという戦略的な考慮に基づいていたのである[70]。そのころ、フランス国内において、いわゆる政治休戦がすでに終わりを告げ、ストも頻発するようになっていたが、それはいささかも革命的性格は持たなかった[71]。また、革命の影響を受けたラディカリズムが連合軍の軍隊にも蔓延するような兆候はほとんど見られなかったため、ボルシェヴィズムに対抗する必要性も感じられていなかった。他方、ドイツにおける革命の可能性についても、ボルシェヴィズムの脅威はドイツがプロパガンダとして言及しているにすぎず、現実味はないとクレマンソーは、考えていた。したがって、革命の恐怖は、フランスの外交政策決定において決定的とはみなしえないのである[72]。

一九一七年の戦況の変化は、フランスに新たな戦略を迫ることになった。それは、ポーランド国家というそれまでの難題に関して、もはやロシアの主張に配慮する必要はないという側面もあったが、同時に東部戦線の崩壊に備えなければならないことをも意味していた。それと関連して、ドイツの軍事力にどのように対抗するかという問題は、簡単には答えの出せない最も重要な課題であることに変わりはなかった。そのためフランスは、一方では独立を目指す民族集団と水面下で接触を保ちながら、同時に敵国であったオーストリア＝ハンガリー帝国とも交渉を繰り返すという、複雑な対応を迫られた。それは、綿密な計算に基づいた両面作戦というよりも、中東欧の戦後秩序をいかに構築するかについて、一致した見解がなかったことの反映であった。

（1）この声明の期日を二九日とするもの（たとえば、Ghislain de Castelbajac, *op. cit.*, p. 64; Kalervo Hovi, *op. cit.*, p. 50）と、三〇日とするもの（たとえば、Jozef Buszko, "Le Traité de Versailles et l'opinion polonaise" in Colloque de Strasbourg, *Les consequences des traits de paix de 1919-1920 en Europe centrale et sud-orientale*, Association des Publications près les Universités de Strasbourg, 1987, p. 185）とがあるのは、このような事情による。Piotr S. Wandycz, *Soviet-Polish Relations, 1971-1921*, Harvard University Press, 1969, p. 38.

（2）Joseph Blociszewski, *La restauration de la Pologne et la diplomatie européenne*, Paris, 1927, p. 51, cit in Ghislain de Castelbajac, *op. cit.*, p. 64.

（3）Piotr S. Wandycz, *The Price of Freedom*, *op. cit.*, p. 199. だからこそ、ポーランドの国境は、将来ロシアの憲法制定議会が決定することになっていた。Jerzy Lukowski and Hubert Zawadzki, A Concise History of Poland, Cambridge University Press, 2002, p. 192.

（4）David Stevenson, "The Failure of Peace by Negotiation in 1917", *The Historical Journal*, vol. 34, No. 1, 1991, p. 74.

（5）ピーター・ブロック、前掲論文、一〇三頁。

（6）Ghislain de Castelbajac, *op. cit.*, p. 64.

（7）René Albrecht-Carrié, *A Diplomatic History of Europe Since the Congress of Vienna*, Harper & Brothers, 1958, p. 347.

（8）アルノ・J・メイア、斉藤孝・木畑洋一訳『ウイルソン対レーニンI』岩波現代選書、一九八三年、二六四頁。

（9）戦後になってポーランド人たちは、このロシア暫定政府の声明が、ポーランド独立のひとつの原因となったという主張に対して、激しく反発することになる。Jozef Buszko, *op. cit.*, p. 185.

（10）Michel Leymarie, *De la Belle Epoque à la Grande Guerre*, Le Livre de Poche, 1999, p. 303. このとき、ウイルソンも「民主主義の潜在性の兆候としてツァー体制を打倒した一九一七年三月革命を歓迎し」、三月一九日に暫定政府の承認を決めた。Frank Ninkovich, *The Wilsonian Century, U. S. Foreign Policy Since 1900*, The University of Chicago Press, 1999, p. 69; Victor S. Mamatey, *The United States and East Central Europe 1914-1918, A Study in Wilsonian Diplomacy and Propaganda*, Princeton University Press, 1957, p. 68.

（11）Ghislain de Castelbajac, *op. cit.*, p. 65. 結局七月の第二次ブルシロフ攻勢が失敗してからというもの、ロシアは十分な軍事上の貢献ができなくなり、フォッシュ将軍も七月二九日に、ロシアの崩壊に備えなければならないと示唆していたほどであった。Kalervo Hovi, *op. cit.*, p. 49.

（12）Vitor S. Mamatey, *op. cit.*, p. 95. この問題については、アルノ・J・メイア、前掲書、第一局面、第一章を参照。ただし、民族的にロシア人とは異なると自覚する兵士たちが戦闘を拒否したため、すなわちその多民族性の故にロシア軍が崩壊したというのは誇張であって、兵士たちの反乱がおこったのは、戦闘行為や戦争自体が原因なのでなく、効果的な戦闘遂行のために不可欠なシステムが瓦解したことにある。Keith Robins, *The First World War*, Oxford University Press, 2002, pp. 154-155.

（13）David Stevenson, *French War Aims Against Germany 1914-1919*, pp. 61-63; Béla K. Király, *op. cit.*, p. 274.

（14）ホヴィは、この五月から六月がフランスの政策の転換点としている。Kalervo Hovi, *op. cit.*, pp. 52-53.

（15）Ghislain de Castelbajac, *op. cit.*, pp. 67, 70-71. ただし、この海への出口について、「三つの帝国によって分割されたポーランド領域のひとつとして、海へのアクセスはなかった（*ibid.*, p. 67）」としているのは、間違っている。分割前のポーランドは、のちに「回廊」と呼ばれる地域やクールランドなどバルト海に面した地域を領有していた。

（16）一九一七年九月一二日に、ワルシャワ大主教A・カコウスキ、分割前の「共和国」時代からの大貴族Z・ルボミルスキ公、J・オストロウスキ伯の三人に、一種の内政権限が付与された。ただし、「摂政」会議という名称にもかかわらず、国王は、後述のような経緯から空位のままであった。Jerzy Lukowski and Hubert Zawadzki, *op. cit.*, p. 192.

（17）*Ibid.*, pp. 75-79.

（18）David Stevenson, *op. cit.*, p. 87; Piotr S. Wandycz, *France and her Eastern Allies*, *op. cit.*, p. 12. フランスに続いて英米も、それぞれ一〇月一五日と一一月一五日に承認した。

（19）Piotr S. Wandycz, “The Polish Question”, *op. cit.*, p. 320. これに対して英国政府は一二月一日、現在の軍事情勢下では同盟国がこれを実現することはできない、という理由でこのビジョンの考えに反対した。*Ibid.*, p. 321. フランスでも一一月五日には、パンルヴェが「現在の軍事情勢では、きわめて一般的な性質以上の約束は除外され、特にバルト海へのアクセスについて約束することは時期尚早であろう」と警告していた。David Stevenson, *op. cit.*, p. 87.

(20) 「東方障壁」ということばは、当時からすでに使われていたが、その意味する内容は必ずしも定まっていたわけではない。研究者のなかでも、対独安全保障だけでなく、ボルシェヴィキの脅威に対する防御という意味を込めて、「ドイツとボルシェヴィキ・ロシアを隔離しておくことで、ヨーロッパの平和と安全を保障する」政策と理解するもの（Piotr S. Wandycz, *France and her Eastern Allies*, *op. cit.*, p. vii）と、対ボルシェヴィキ政策は、「東方障壁」政策とは概念上区別される「防疫線（cordon sanitaire）」政策ととらえるもの（Kalervo Hovi, *op. cit.*, passim.）がある。

(21) *MAE, Série Guerre 1914-1918, Russie-Pologne 728*.

(22) Piotr S. Wandycz, *op. cit.*, p. 380.

(23) David Stevenson, *op. cit.*, p. 58.

(24) Vitor S. Mamatey, *op. cit.*, p. 47.

(25) *MAE, Série Ambassade Londres, 38*, cit. in Louis-Pierre Laroche, "L'affaire Dutasta: les dernières conversations diplomatiques pour sauver l'Empire des Hasbourg <sic>, (octobre-novembre 1918) ", *Revue d'histoire diplomatique*, 108-1, 1994, p. 55.

(26) David Stevenson, *op. cit.*, p. 58.

(27) Auguste Bréal, *Philippe Berthelot*, Gallimard, 1937, p. 157. この原則自体は、より抽象的な形で、前年一二月三一日付けのドイツに対する公式返答の中で述べられていた。*Ibid.*, p. 156.

(28) Jules Laroches, *Au Quai d'Orsay avec Briand et Poincaré 1913-1926*, Hachette, 1957, p. 38. ベネシュは後になってこのことに感謝している。Auguste Bréal, *op. cit.*, p. 218. テイラーによると、これは偶然の産物であった。Alan J. P. Taylor, *The Habsburg Monarchy*, *op. cit.*, p. 264.

(29) Piotr S. Wandycz, *op. cit.*, p. 11.

(30) Jules Laroche, *op. cit.*, p. 38.

(31) Josef Kalvoda, *op. cit.*, pp. 49, 106, 166-167. 独立に初めて言及するのは、一九一八年一月六日のいわゆるエピファニー宣言においてである。*Ibid.*, p. 499.

(32) Piotr S. Wandycz, *op. cit.*, p. 14. 他方東部戦線では、一九一五年四月にボヘミアの第二八歩兵連隊の約二〇〇〇人がロシアに投降しており、これが後のチェコスロヴァキア軍団につながる。Aviel Roshwald, *op. cit.*, p. 75.

(33) Georges de Manteyer ed., *Austria's Peace Offer, 1916-1917*, Constable and Company, 1921, p. 89. この著書は「編集」となっているが、次のシクスト自身の回想録のほぼ逐語的な英訳である。Prince Sixte de Bourbon, *L'offre de paix séparée de l'Autriche, 5 décembre 1916 - 12 octobre 1917*, Plon, 1920. なお、この回想録の記述については、シクストが帝国保持政策を支持しており、早期分離講和の実現にかなりコミットしていたことに注意して読むべきであろう。

(34) このときブリアンは、三月二〇日に下野したのち、ブリアン・ランケン交渉と呼ばれる、ドイツとの講和の試みにも関連していた。ただし、これはブリアンの考えによるものではなく、ベルギー首相ブロックヴィル伯爵の発案から始まったものである。しかも、フランス側の窓口にブリアンを選んだのは、ドイツ側のランケン男爵であった。というのも、彼は、一九一〇年の仏独協調の試みを通じてブリアンの知己であり、彼のフランス政界での重要性とその世論への影響力をよく知っていたからである。六月にベルギーから接触を受けたブリアンは、大統領ポワンカレにその話を伝えた。ここで、ポワンカレがこの秘密の接触に関心を示したか、危険性を説いたかは、ブリアンとポワンカレの主張が食い違っている。そこでブリアンは、この接触に対して返答せず静観したが、その後もランケンとの会談を勧めるベルギーからの催促が繰り返されたため、九月二二日にスイスでの会談がとりあえず設定された。そこで、ブリアンは九月一三日、新内閣を率いていたパンルヴェに会い相談したところ、パンルヴェは好意的であった。続くポワンカレとの会談については、ここでも大統領が反対したのかどうか、それぞれ二人のメモと回想は異なっている。翌日のリボ外相との会談では、重大な問題であるのでさらに考慮が必要ということになり、同盟国との協議を行うことになった。そのため、予定の二二日には間に合わず、そのままブリアンはスイスに向けて出発することもなく、ランケンとの会談自体が行われないまま、この試みは頓挫してしまう。そもそもドイツは、アルザス・ロレーヌについて、ほんの一部分の返還の可能性はあるとしていたが、全領域の返還は考えてもおらず、フランスが講和の最低条件とする領土問題で、両国の折り合いがつくはずがなかった。したがって、たとえ会談が実現していたとしても、講和への交渉に進展することにはならなかったであろうと、シュアレは指摘する。Georges Suarez, *Briand IV*, *op. cit.*, pp. 224-288. ただし、ブリアン個人は、ロレーヌの返還とアルザスの自治という譲歩をドイツから得られると考えていたようである。また、ランケンの回想録では協商側からの提案だったとなっているが、それは事実に反することで、ランケン側からなされたことは、その回想録出版時から明らかであった。他方で、ブリアンとリボ外相との相互不信がかなり強くあり、ブリアンがリボ外相に交渉について相談をしたときから、リボは不信感を募らせており、交渉が頓挫した後の一〇月一二日にリボが議会での質問に答えて、この交渉を示唆するような一言を漏らしたため、議会で大問題になったのである。Raymond Recouly, *Les Négociations secrètes Briand-Lancken*, Les Éditions de France, 1933, pp. 24, 70, 59, 62-63, 73-74, 84. のちにクレマンソーが、この交渉を反逆行為であるとして激しく糾弾し、ブリアンを逮捕すると脅したため、ブリアンはクレマンソーに対して強い敵意を抱くようになった。Comte de Saint-Aulaire, *Confession d'un vieux diplomate*, Flammarion, 1953, p. 577. そのため、クレマンソー死去に際して上院がすべて起立して敬意を示したときにも、当初ブリアンは従おうとしなかった。Raymond Recouly, *op. cit.*, p. 32. たとえばビューローは、自分が政権についていたならば、ベルギーの独立と領土保全、トレンティーノのイタリア割譲とトリエステの自治、ルクセンブルク大公国の独立と中立の再承認、さらに必要であればメッツ要塞の破壊後ロレーヌをフランスに割譲するか、アルザス・ロレーヌを独立した緩衝国とすることにより講和の交渉をしたであろうとしている。Prince de Bülow, *op. cit.*, p. 259. したがって、ドイツ側からの交渉の持ちかけが完全に欺瞞的であったと評価することは行きすぎかも知れないが、皇帝からも疎んぜられ下野していたビューローが、大戦後に書いた回想録における主張であることには注意を要するであろう。

(35) イタリア語名であれば、シスト（Sisto）となるが、当時彼はフランス市民でありベルギー軍将校であったことを考慮して、彼自身の回想録の表記に従ってフランス語読みのシクスト（Sixte）とした。

(36) ブリアンが戦後、上院において語ったところによると、彼はすでに一九一六年末に、スイスにおいてオーストリア皇帝とその親戚の誰かとのあいだで、戦争を早期に終結させるための会談が行われるであろうことを知っていた。Georges de Manteyer ed., *op. cit.*, pp. 313. シクストの話に基づくこの著書では、四月三日にドイツ皇帝にも交渉を呼びかけ、「ベルリンが拒否したあとは、同月一三日に、墺皇帝とチェルニーンが、ドイツとの同盟は遅くとも一一月一一日までに終了すると発表し、五月八日には、協商諸国との分離講和が六月一五日までには調印されるであろうと信じていたようだ」としている。しかも五月一三日の時点では、ドイツ宰相ベートマン＝ホルヴェークもアルザス・ロレーヌの部分的割譲に同意していたにもかかわらず、軍部の反対によって宰相自身が辞任させられ、その後はオーストリアの分離講和の方式のみが可能性として残ったと要約する。*Ibid.*, pp. 314-315. しかしデュロゼルによると、このような説は、ドイツの史料によっても裏付けることができない。Jean-Baptiste Duroselle, *op. cit.*, p. 300.

（37）Georges de Manteyer ed., *op. cit.*, pp. 83-84.

（38）Jean-Baptiste Duroselle, *op. cit.*, p. 300. たしかに、シクストがポワンカレとの会談に備えて作った覚書では、「講和条約の予備的諸条件」と親書にはない表現が見受けられる。Georges de Manteyer ed., *op. cit.*, p. 87. ただし、口頭でどこまでシクストが踏み込んだ内容を語ったかは明確ではないが、シクストは皇帝から自分に宛てられた親書を、ポワンカレにも見せているので、分離講和の提案という理解になったとすれば、ポワンカレにも責任の一端があると考えざるをえない。

（39）*Ibid.*, pp. 113-121, 124.

（40）シュテファン・ツヴァイク、原田義人訳『昨日の世界　Ⅱ』みすず書房、一九八四年、三八三―三八五頁。

（41）Vitor S. Mamatey, *op. cit.*, p. 141. なお、Georges de Manteyer ed., *op. cit.*, pp. 315, 318-319も同様の見解である。ビューローも「ハプスブルクの離反が一九一七年以降に起こらなかったとすれば、それはひとえに、ソンニーノがトレンティーノとトリエステに関するイタリアの要求を強く主張した執拗さの故である」と評している。彼は、この重大な裏切り行為が起こったことについて、「ベートマンとヤーゴがオーストリアに付き従った盲目の誠実さと、老帝フランツ・ヨーゼフに対してウィルヘルム二世が十分に理解せずに示した騎士道的な尊敬の結末」と批判している。Prince de Bülow, *op. cit.*, pp. 274-275.

（42）Auguste Bréal, *op. cit.*, p. 167.

（43）David Stevenson, *op. cit.*, p. 59.

（44）イタリアが交渉に反対したことと、ドイツがアルザス・ロレーヌを放棄することをまったく考慮していなかったことを指摘した上で、デュロゼルは以下のように結論づける。大戦後公刊されたドイツの史料によると、「ブリアン伝を書いたジョルジュ・シュアレに起源がありかつ深められた信念に反して、一九一七年にオーストリア＝ハンガリーは、決して分離講和を求めてはいなかった」。Jean-Baptiste Duroselle, *op. cit.*, p. 300.

（45）この交渉は、フランスのロピニオン誌が一九二〇年七月一〇日と二四日に報道していた。Georges de Manteyer ed., *op. cit.*, p. 218. それは、近年明らかになった参謀部第二局の文書により確認されることになった。この文書は、一九四〇年のドイツ軍のフランス占領によって、ドイツへ移送され、その後ドイツの敗戦によりソ連の管理下に移り保持されていた。それが一九九四年になってようやくフランスに返還された。Alexandre Réviakine, "Les négociations secrètes de 1917 entre la France et l'Autriche-Hongrie" in Christian Baechler et Carole Fink dir., *L'établissement des frontièrs en Europe après les deux guerres mondiales*, Actes des colloques de Strasbourg et de Montréal, Peter Lang, 1996, p. 305.

（46）*Ibid.*, p. 306; Georges de Manteyer ed., *op. cit.*, pp. 219-222.

（47）レヴェルテラがアルマンに語ったように、「チェコ人たちは決して満足しないであろう」ことは双方ともに理解していた。*Ibid.*, p. 223.

（48）Alexandre Réviakine, *op. cit.*, pp. 309-311.

（49）*Ibid.*, p. 312; Georges de Manteyer ed., *op. cit.*, pp. 221-222.

（50）Jean-Baptiste Duroselle, *op. cit.*, p. 303; Georges de Manteyer ed., *op. cit.*, pp. 256-257.

（51）*Ibid.*, pp. 259-260, 263-264, 316-320; Alexandre Réviakine, *op. cit.*, p. 312.

（52）ブリアンも、ロシアの戦線離脱という新しい状況に直面して、オーストリア＝ハンガリーを戦線離脱させるために、この大国をあまり弱体化させないような政策を考慮することが適当であろうと、一二月三日にハウスに述べている。Georges Suarez, *op. cit.*, p. 333.

（53）David Stevenson, "The Failure of Peace by Negotiation in 1917", *op. cit.*, p. 85.

（54）Zbynek A. B. Zeman, *A Diplomatic History of the First World War*, *op. cit.*, p. 352.

（55）Piotr S. Wandycz, "The Polish Question", *op. cit.*, pp. 23, 25, 36; Robert

Howard Lord, "Poland" in Edward Mandell House and Charles Seymour ed., *What really Happened at Paris*, Charles Scribner's sons, 1921, pp. 70, 83.

(56) *The Intimate Papers of Colonel House vol. III*, Ernest Benn, 1928, pp. 48, 46. バルフォアは、ポーランド独立について同様の趣旨を、一年前に、戦争目的に関して主張しており、またハウスにもその考えを伝えていた。Paul Latawski, "Roman Dmowski, the Polish Question, and Western Opinion, 1915-18: The Case of Britain", Paul Latawski ed., *The Reconstruction of Poland, 1914-23*, Macmillan, 1992, p. 9; *The Intimate Papers of Colonel House vol. II*, p. 181. さらにヒュー・セシルのように、「イギリスがポーランドの独立を認めることは、ロシアがアイルランドの自治を提案するに等しいこと」という厳しい意見もあった。ロビン・オーキー、前掲書、三五八頁。

(57) Lawrence E. Gelfand, *The Inquiry, American Preparations for Peace, 1917-1919*, Yale University Press, 1963, pp. 33-41. ウイルソンとランシング国務長官との関係は良好ではなかった。Piotr S. Wandycz, *The United States and Poland*, *op. cit.*, p. 109. したがって、十四カ条も国務省スタッフとは相談せずに、もっぱら「インクワイアリー」とともに検討し、準備した。Lawrence E. Gelfand, *op. cit.*, p. 134.

(58) *Ibid.*, p. 202.

(59) Zbynek A. B. Zeman, *op. cit.*, pp. 152-155, 344-345. スマッツ将軍は後に、休戦協定調印を目前にした一〇月二三日、「『独立』ポーランドを創設すると、北はフィンランドから南はトルコに至るまで、ヨーロッパ中に不調和な諸断片の連鎖ができるであろう」と述べて、警告を発することになる。David Lloyd George, *War Memoirs of David Lloyd George, vol. VI*, Little, Brown, 1936, p. 274.

(60) Lawrence E. Gelfand, *op. cit.*, pp. 143-144. アメリカは一九一七年一二月四日にオーストリア=ハンガリー帝国に宣戦布告するが、このときもウイルソンは、「帝国を損なうとか、再編するということは、まったく望んでいない」と議会で答弁している。Ray Stannard Baker, *Woodrow Wilson, Life and Letters, vol. 7*, Greenwood Press, 1968, p. 390. 他方で、アメリカの国務長官ランシングは一九一七年一〇月に、オーストリア=ハンガリー帝国とロシアから緩衝国を作り出しドイツを抑制すべきであるという構想を述べ、一九一八年一月には、この帝国の解体こそ、ドイツの野心に対する堅固な障壁となると主張していた。Lawrence E. Gelfand, *op. cit.*, pp. 191, 152.

(61) Kay Lundgreen-Nielsen, Translated by Alison Borch-Johansen, *The Polish Problem at the Paris Peace Conference, A Study of the Policies of the Great Powers and the Poles, 1918-1919*, Odense University Press, 1979, pp. 71-72.

(62) David Stevenson, *French War Aims Against Germany 1914-1919*, pp. 52, 107. スティーヴンソンは、九月二〇日のポーランド国民委員会の承認は、ド・マルジュリーの大勝利であった、としている。*Ibid*., p. 87. 当時外務省でド・マルジュリーの部下であったラロッシュは、「諸民族についての政策がたち現れてきたとき、彼（ド・マルジュリー）は、その重要性を感じていたポーランド問題について、個人的に取り組んだ」と回想している。Jules Laroche, *op. cit*., p. 31. 彼は学生時代から、後のポーランド独立運動で中心的役割を担う人物の親戚と交流があり、一九一七年の国民委員会のパリ設立についても、フランス政府から同意を取り付けるなど、奔走していた。Bernard Auffray, *Pierre de Margerie et la Vie Diplomatique de son Temps*, C. Klincksieck, 1976, pp. 341-342. 対独堡塁という、ロシアとの同盟の代替的役割をポーランドに求めるべきだとした、ド・マルジュリーの一九一七年一一月二六日メモランダムについては、*MAE, Série Guerre 1914-1918, Russie-Pologne 728* を参照。

(63) René Pinon, "La reconstruction de l'Europe orientale", *Revue des Deux Mondes*, tome quarante-neuvième, 1919, pp. 386-387.

(64) Georges-Henri Soutou, *op. cit*., p. 14.

(65) David Stevenson, *op. cit*., p. 105; Kalervo Hovi, *op. cit*., pp. 91-93. ただし、ロシアでは無政府状態と無秩序が支配しているため、いつ何時、東部戦線が瓦解するかもしれず、ロシアすべてが、ドイツの思いのままになる可能性があることも理解されていた。*Ibid*., p. 69.

(66) Georges Bonnefous, *op. cit*., pp. 353, 359. ボルシェヴィキ政府を公式に承認することはできないという見解は、他の連合諸国の駐露代表たちも共有していた。Kalervo Hovi, *op. cit*., p. 66.

(67) 駐露大使は、翌日にはケレンスキーの敗北を打電することになるが、一一月一一日には「トロツキーあるいはチェルノフが明日政権に就こうが、ケレンスキーが連立のひとつを形成しようがしまいが、状況はほとんど同じである。講和の様式と土地問題の解決は、ほとんど異なることはなかろう」という報告を本省に送り、いずれにせよロシアの政府は単独講和へ向かうであろうという見通しを述べていた。Joseph Noulens, *Mon Ambassade en Russie*

soviétique 1917-1919, tome premier, Plon, 1933, p. 128-132.

（68）　Jean-Jacques Becker, *1917 en Europe, L'année impossible*, Editions Complexe, 1997, pp. 11, 174, 64.

（69）　Arno J. Mayer, *Politics and Diplomacy of Peacemaking, Containment and Counterrevolution at Versailles, 1918-1919*, Alfred A. Knopf, 1967, p. 183. 同じ一九一八年一二月、英国外務省は、ボルシェヴィキはヨーロッパ政策の基本的要素であると宣言し、参謀部でも一九一九年初頭には、「防疫線」ということばを用いてその政策を表現している。Pierre Renouvin, *Le Traité de Versailles*, *op. cit*., p. 20; Zbynek A. B. Zeman, *op. cit*., pp. 316-317.

（70）　Kalervo Hovi, *op. cit*., pp. 69, 92, 135, 149, 155.

（71）　Pierre Renouvin, *op. cit*., p. 32.

（72）　Bullitt Lowry, *Armistice 1918*, The Kent state University Press, 1996, pp. 175, 133; Kalervo Hovi, *op. cit*., p. 144. ドイツは、より穏和な講和条件を得るために、ボルシェヴィキの脅威を利用しているという情報を、当時のフランス政府は得ていた。*Ibid*., p. 145.

第三章　民族自決原則とその影響

第一節　ウイルソンと新しい理念

戦争開始から三年半がたち一九一八年を迎えても、フランスの立場にほとんど変化はなかった。前年四月にアメリカが参戦したけれども、一九一七年末までにヨーロッパ戦線に到着していた米軍はなお一四万人強にすぎず、戦況にはほとんど影響を及ぼしていなかった。[1]ボルシェヴィキ政権が目指していた講和も交渉は決裂し、再び独墺軍との戦闘が始まって、調印の見通しはついていなかった。

戦争の帰趨を決し、フランスの政策を転換させるような出来事は、しかし、この両国からやってきた。

1．ウイルソンと理想主義外交

ウイルソンはかなり早くからポーランドに対する支持を表明していた。[2] 一九一七年一月三日、ハウスと話し合ったとき、「ドイツとロシアはポーランドを解放することに同意したのであるから、そのこと（ポーランドの解放）は、ウイルソンが提示する原則に含まれるべきだ[3]」と二人は考えた。その話し合いどおりウイルソンは、すでに一月二二日の「勝利なき平和」演説で、被治者の同意による政府という一般原則を述べる一方で、「いかなる国の政治家であれ、統一され、独立し、自治のポーランドが存在することに同意している[4]」と語り、ポーランドについては特別な扱いをした。独露が表面的に利用した民族解放という主張に、実質を与える過程が始まったのである。

しかし、それから約一年後の一九一七年一二月二二日付けの「インクワイアリー」のメモは、ポーランドは「考慮すべきあらゆる問題の中で最も複雑である」とし、ポーランド語を話す人びとの集団と、数多くのポーランド人でない人びととを分かつ境界線を引くことの難しさや、海へのアクセスをポーランドに与えることはドイツを分断することになる、といった問題を指摘していた。だからこそ一九一八年一月二日には、連邦化される民主主義的ロシアの中の一国家となることが望ましいと述べ、さもなければ、次善の策として、オーストリア＝ハンガリー帝国内での自治国家ポーランドを薦めたのである。このような「インクワイアリー」の進言にもかかわらず、数日後に発表された十四カ条では、ウイルソン自身の意思によって、「自由で安全な海へのアクセスを確保された独立ポーランド国家」という内容が織り込まれた。[5] このことは、ウイルソンがいかに独立国家ポーランドを重視していたかを物語っている。

ただし、ポーランド国家を「再建する“resurrect”」ということばを使わず、「建設する“erect”」としたのは、領域の決定において歴史的国境線を前提としないという意味であり、「べきである」ということばも、“must”ではなく、ほかの多くの個別規定と同様に“should”を使うことで、コミットメントの程度を弱めていた。[6] また、「海へのアクセス」とは、領域が直接海に面するというよりも、ヴィスワ河の国際化を含むと解釈されていたことは、ポーランド領土をめぐって講和会議で激しく対立することになる議論の展開を考えると、非常に興味深い。[7] またこのことは、アメリカがかなり細かい問題まで事前に検討していたということも示している。

したがって、戦後ウイルソンは、上院で講和会議の諸決定について次のように自己弁護するが、その主張を額面どおりに受け取ることはできない。

私が、これらのことば（あらゆる国民“nations”は自決権を持つ）を述べましたときには、諸民族“nationalities”が存在するということを知らずに申し上げました。……私が申し述べたことが何百万の人びとの希望をかきたててしまった結果、私が経験することになった不安感を皆さんはご存じないでしょうし、十分に理解することもできないでしょう。[8]

なにより、十四カ条の中で“nationality（ies）”ということばが使われているし、オーストリア＝ハンガリー帝国については“peoples”ということばを用いていたにせよ、さまざまな民族集団が存在することを前提にしていたのではなかったか。そのうえ、問題の複雑さはポーランドだけでなく、他の地域についても「インクワイアリー」が指摘しており、[9] しかも講和会議に出席することになるのは、その「インクワイアリー」のメンバーだった専門家たちである。[10] また、イレデンティスムといわれる民族的観点から国境の修正を目指す諸国と英仏が結んでいた秘密条約も、戦時中にアメリカには伝えられていた[11]。さらにウイルソン自身が、民族集団の複雑な問題をよく認識していたと強調する場面もある。たとえば、講和会議で上部シレジアの帰属を議論したとき、ロイド・ジョージが「委員会が指摘するまで、われわれのうちの誰ひとりとして、上部シレジアのことを考えなかったのではないでしょうか」と述べたのに対して、ウイルソンは色をなして反論し、戦時中にワシントンでドモフスキとパデレフスキと会ったときに、その問題も議論しており、とてもよく通じていたと述べることになる[12]。これらのことを考慮すると、このウイルソンの主張は、多くの研究者が引用しているけれども、民族問題の複雑さを知らなかったという文脈とあわせて、自己弁護のための彼の言い訳にすぎない。したがって、情報の欠如や知識のなさを理由に、ウイルソンをあたかも免責しようとする評価は受け入れがたい。

ところで、具体的で道徳的な戦争目的綱領を述べようとしたウイルソン[13]の演説は、フランスの左派にはこぞって賞賛されたけれども[14]、フランス政府には疑惑の念を持って迎えられ、政府が公式に十四カ条を受け入れることはなかった[15]。一九一七年の大晦日にピション外相が述べたように、「ロシアは、われわれの諸敵国と単独講和を結ぶかもしれませんし、そうでないかもしれません。どちらにせよ、われわれにとって、戦争は続くのです。一つの同盟国がわれわれを見限るとしても……別の同盟国が、世界のもう一方の果てからやって来ます[16]」と、アメリカの軍事力に対して大きな期待を寄せていたけれども、戦後構想の受け入れは、それとはまったく別の問題であった。

他方で、十四カ条は諸民族集団にも反発を引き起こした。具体的な国家形成にまで踏み込んで記述されたポーランドとは異なり、それ以外の諸民族については直接触れておらず、オーストリア＝ハンガリー帝国の存続を前提として、「自治的発展の最も自由な機会」という、もってまわった表現をしていたからである。この帝国に対してアメリカは、「単にドイツ政府の属国にすぎない」と性格づけて、ようやく宣戦布告をしたばかりであった[17]。そのため、オーストリア＝ハンガリー帝国をドイツから切り離すために、自分たちは利用されているだけではないかと、スラヴ系の民族主義者たちは疑いを抱いたほどである[18]。彼らは、この時点におけるアメリカの姿勢をかなり正しく把握していたが、それでもウイルソンの演説は、このあと繰り返し援用され、諸民族の命運を決する最初の一歩として機能していくことになる。

その理由としては、ウイルソンの演説が非常に理想主義的な国際観に基づいていたことが背景にある[19]。そのことをキッシンジャーは次のように描写する。

> ウイルソンは外国の指導者たちにはほとんど理解不可能なほどに論議を道徳的に高揚させることによって、国民の情熱を引き出した。
> それは十字軍のイデオロギーにのっとっていたのである[20]。

彼は、ヨーロッパ列強の勢力均衡政策とその背後にある秘密外交によって、このような大戦争が引き起こされたと考えた。戦争終結がほぼ確実になり、連合国間での駆け引きが始まっていた一九一八年九月に、「英仏伊の帝国主義者たち[21]」ということばを使って、同じ陣営で戦っている他国の指導者たちを表現していたし、ウィーン会議を帝国主義の原点であり悪の外交の縮図であるとみなして、権力政治に対する非難を絶えず浴びせていた[22]。たとえば一九一七年一月の演説で、「平穏なヨーロッパのみが安定したヨーロッパでありうる」し、その平穏なヨーロッパは、「勢力の均衡ではなく、勢力の共同体によって」もたらされると語っていた[23]。また同年末に、講和の見通しについて述べたときにも、「ウィーン会議で採択されたような、自己中心的で妥協に満ちた条約」とすべきではないとし、翌年二月に講和の方法論に言及したときも、ウィーン会議を批判していた。[24] だからこそ彼は、「過去三世紀近く運営されて来たような国際関係の全システムを作り直す」ことをめざし、「疲れ果てていたヨーロッパ諸国には想像もできない理想主義を携えて国際舞台に登場した」のである。[25]

しかし、ウイルソンによるこのようなヨーロッパ外交の理解は、一面的であるといわざるをえない。ウイルソンが「帝国主義者」という表現で具体的に何を意味しようとしたかは明らかではないが、英仏伊の指導者たちに帝国主義者と呼べる人びともいたであろう。それでも、一九世紀末から二〇世紀初頭にかけて形成された、二つの陣営が固定された形で対峙する同盟諸国間の均衡は、決してウィーン体制の核心などではなく、むしろそうした硬直した対立関係を避けることこそ、一世紀前ウィーンに集まった指導者たちが腐心したことであった。だからこそ、ウィーン会議の原因となった戦争で敵国だったフランスを、王政復古で正統な王朝が復活したことを理由に、戦時中は対仏同盟として結ばれた四国同盟に加えて五国同盟にすることで、仮想敵国がない、すべての列強を包括する体制を作り出したのである。外交問題が発生するたびに列強が話し合い、解決していくという協調関係を維持することこそ、その体制の精神的支柱であった。したがって、諸列強の意見が食い違うことがあっても、全体として列強間の良好な関係を維持することが何より重視されたし、懸案ごとに各国の見解の相違からくる対立の構図は変わりうるのであって、またじっさいにそうなった。そこでは、仮想敵国を前提として、平時における同盟関係の網の目を作り出し、それによって力と力の均衡を図るということはまったく考慮されていなかった。このことを思い起こすと、一九世紀末から二〇世紀にかけてのヨーロッパの状況は、一九世紀初頭といかに異なるものであったかが理解できる。それを、ウイルソンのように、ウィーン会議が作り出したヨーロッパの体制として批判するのは正しくない。

また、一九一七年一月の演説で彼は、かつてのモンロー・ドクトリンを持ち出し、「いかなる国民も、他の国民や人びとに自らの政体を拡大しようとするべきではなく、すべての人びとが自らの政体を決しうる自由を」と述べて、被治者の同意の重要性を力説した[26]。しかし、モンロー・ドクトリンは、アメリカにおいてすら、一九世紀の大半にわたって、援用されるどころか、忘れ去られていたのであった[27]。

このようにウイルソンの主張はかなり疑問のある内容であったけれども、彼の理想主義に基づく訴えは、大きな影響を、いくつかの分野では彼自身の意図することを超えた影響を、及ぼすようになる。その代表的な例が、「民族自決（権）」である。これは、フランス革命後あまり言及されることのなかったことばを、ボルシェヴィキが使い出したのが始まりであり[28]、具体的には、一九一六年三月初めにレーニンが『社会主義革命と民族自決権』を書いたことによる。そのレーニンが封印列車に乗って帰国するためチューリッヒを出発した一九一七年四月九日、ロシアの臨時政府はソヴェトの圧力の下、「自由ロシアの目的は、……諸国民の自決の原則に基づく永遠の平和の樹立にある」という声明を出し、ついに列強のひとつが、自決という概念をおおやけに宣言したのである。その後ソヴェトは五月一五日に、「民族自決を基礎に、無併合、無賠償の講和」を呼びかけた。ボルシェヴィキが政権を奪取したあと、たしかにレーニンは政令により独立国家を形成するための「民族自決権」を認めていたし、旧ロシア国境内に住む諸民族にこれを適用しようとした[29]。それをうけて、独墺との単独講和の交渉の過程でヨッフェは、交渉の原則として「民族自決」を提示した[30]。

しかしポーランドのことを考えれば、無併合という原則、つまり戦前のロシア帝国領の回復は、ロシアによる会議王国の支配を意味するので、「あらゆる民族に投票を」という「民族自決」原則の訴えとは、矛盾するものであった。また、一一月に独立を宣言したウクライナ中央ラーダについても、ボルシェヴィキはソヴェト連邦の一部として取り込もうとし、軍事的介入を始めた。つまり、「民族自決」を援用して独立することを認めはするが、それは旧ロシア帝国からの独立にすぎず、その後プロレタリア独裁に服従させることで、その領土を取り戻すためのレトリックとして用いられたにすぎない。いかなる原則が掲げられようとも、ソヴェトに発しないすべての権利は一切認めないということを行動で示したのである。[31] このことは、翌一九一八年一月二〇日の講和のための二一カ条で、「社会主義の利益が、諸国民の自決への権利より優先することはない、というようなマルキストは、一人もおりません」と、レーニンが明確に述べた[32]ことに如実に現れている。また、後にコミンテルンが設立されてから、ソヴェトの支配権を認める限りにおいて各民族が自決権を持つ、という政策を実行していくことを考えると、革命直後のボルシェヴィキの行動はまことに示唆的である。[33]

こうしたボルシェヴィキの外交攻勢に対して、まず一九一八年一月五日にロイド・ジョージが、労組を前にして戦争目的を述べたときに、ポーランド独立を「西ヨーロッパの安定にとって緊急に必要とされる」と主張した。ただし、メイアが指摘するように、この「箇所に限って、首相は『民族』問題にはっきりコミットする姿勢を見せた[34]」と評価できるかどうかは、疑わしい。そもそもこの主張がなされた文脈は、民族問題の観点からポーランド独立を取り上げたのではなく、過去のポーランド分割という不正を正すという論理に基づいた主張であるとも解釈できるし、ポーランドに続いて触れているオーストリア＝ハンガリーについては、「真の民主主義的諸原則に基づいた純粋な自治[35]」にしか触れていない点との整合性を考えると、ポーランドについてだけ突出して「民族」問題にコミットしたとは考えにくいからである。

2. ウイルソンとボルシェヴィキ

ではウイルソンは、ボルシェヴィキに対して、いかなる態度をとったのであろうか。じつは、彼の提示した理念は、ボルシェヴィキの主張と非常に類似したものであると考えられていたし、本人もそう認識していたのである。ウイルソンは、ロシアの革命家たちを区別せず、すべてを自由主義者ととらえ、アメリカ人と同じ目標に向かって努力しているものとみなしていた。彼らの「民族自決」は、ウイルソンの「被治者の同意による政府」と結局のところ、そう異ならないのではないか、彼らの「無併合、無賠償の平和」は「勝利なき平和」と違わないではないか、と。[36]彼は、ボルシェヴィキについてよく知らなかったけれども、彼らの主張がロシアの人びとの多数の望みと一致しているとばくぜんと考えていた。[37]したがって、ウイルソンがボルシェヴィキ外交を賞賛した[38]としても、なんら驚くにあたらないし、三月に開かれたソヴェト第四回大会には歓迎電報を送ったことにも彼の態度が現れている。[39]一九一八年末にインタヴューに答えて、以下のように述べ、ボルシェヴィキへの配慮を見せたように、彼の基本的なボルシェヴィキ観は、戦争直後ヨーロッパに行ったときにも、なお続いていた。

私はアメリカにおけるボルシェヴィキを恐れてはいません。……現在のロシアの状況は、革命中のフランスの状態に非常に似たものです。……私の感情としては、ロシアがほかの諸国にとって脅威とならない限りは、ロシアなりのやり方で自らの諸問題を解決するように任せておくべきでしょう。[40]

彼は、講和条約の話し合いのため、プリンキポにソヴェト代表を招待しようとして失敗する一九一九年一月になって、ようやく「眼を開かされた」とミケルが指摘する[41]ように、かなり遅くまでボルシェヴィキに対してナイーヴな評価を下していた。
では、ウイルソンの十四カ条とボルシェヴィキとの関係はどのように理解すればよいのであろうか。ボルシェヴィキ革命後、「ロシアの状況は絶望的です。責任ある政府ができる見通しは、まったくありません」と、ハウスは革命による混乱ぶりをパリから打電していたし、トロツキーは、「産業界に軍需景気をもたらすために、金融資本家の主張に従って参戦した」とウイルソンを批判していた。それでもなおウイルソンは、初めからボルシェヴィキを敵視したわけではなく、十四カ条においてもボルシェヴィキに対して善意を示し続けたのは、なぜだろうか。[42]
まず、ハウスが日記に書いているように、ロシアを何とか戦線にとどめておこうという狙いが強かったことがある。[43] 十四カ条では、すべてのロシア領土の解放が謳われているのに対して、帝国内で独立を目指す人びとについてはポーランド人を除いてまったく触れていない。そして、ロシアが自ら独立した決定を下せるように、ロシアが必要とするあらゆる類いの援助まで約束しており、他の各地域についての諸規定ではきわめて慎重かつことばを選んでいたのと較べて、突出して寛大な内容になっている。これは、アメリカもまた同じような戦争目的を掲げていることを知らせることによって、さらに一緒に戦い続けようという反応がロシアでおこるように、との期待がこめられていたからである。[44] 一一月二三日から始まったボルシェヴィキによる秘密条約暴露の影響と、連合国諸国での戦意の喪失を考えあわせると、一九一七年末には東部戦線が消滅してしまうことへの懸念は大きく、なぜこのタイミングで十四カ条が発表されたのかよく理解できよう。[45] ジョルが指摘するように、「一九一八年の初頭、十四カ条が表明したものは、……無併合・無賠償の講和要求に対する心からの返答であったように思われた」し、この「時点では、ヨーロッパの新秩序を真に約束するように見え、また多くの人びとにとって、より良き未来を期待して、さらにもう一年戦争の困苦と恐怖とに対決してゆく上での新しい励みを与えるもののように思われたのであった」[46]。

次に、旧外交に対抗する新たな構想を発表することで、来るべき戦後世界における道徳的リーダーシップをボルシェヴィキと争う、という側面があったことにも注意しなければならない[47]。ただしそれは、決してボルシェヴィキの主張と対立することを意味するのではなく、むしろ同じ「方向」を目指して、先を越されぬよう、どちらがより多くの人びとの支持を得られるかを競う、「先陣争い」であった。トロツキーがイズヴェスチヤに暴露した秘密条約を明確に否定したように、旧外交への批判を強める人びとに、大きな期待を抱かせようとしたのである。メイアは、彼が運動勢力と呼んだ英仏の左派の指導者たち、すなわち、この「先陣争い」の目標である潜在的支持者たちを対象にして研究したので、「ウイルソン対レーニン」という構図を導き出すことになったが、そのタイトルが与える印象とは違って、当時二人は同じ趣旨の提案をしていると、少なくともウイルソンはとらえていたのである[49]。この点については、ノックが第二次大戦後に支配的となった歴史的解釈を次のように分析している。

一九五〇年代後半と一九六〇年代の冷戦の絶頂期以降に優位を占めた歴史的解釈は、ウイルソンの綱領はロシアにおける革命への返答として作り上げられ、彼の諸規定はその革命に影響された、という側面を強調することになった。……（十四カ条の）演説は、反革命キャンペーンの一斉射撃ではなかった[50]。

つまり、ウイルソンとレーニンとの対立軸がすでにこの時点で始まっていたと強調する解釈自体が、第二次大戦後の米ソ対立という状況の産物であって、冷戦終結後に再検討してみると、両者の対立の構図は後景に退くと主張している。[51]これは少なくとも当時のアメリカの立場を検討した場合、傾聴に値する指摘である。

3. 「民族自決」原則

他方ウイルソンは、「民族自決」という訴えかけに共感を抱いていたけれど、このことばは、十四カ条ではまだ使われていない。十四カ条の規定の多くは、きわめて柔軟な内容であり、ほかの諸考慮もまた重要であったことを示している。[52]十四カ条を準備した「インクワイアリー」は言語、宗教、人口学、職業分類、都市と農村の違いについて多くの報告を出しており、それらに基づいて「民族自決」を実際に適用するのがいかに困難であるか、事前に十分理解していた。[53]また、このころウイルソン自身も、「この原則を極端に推し進めると、限定できない程度にまで、既存の諸政府の崩壊を意味することになります」と語り、ボルシェヴィキの宣伝に対して、それを抑制するために何らかの対応をとるべきだと考えていた。[54]

それでもウイルソンは、約一カ月後の二月一一日の議会演説で、おおやけに「民族自決」に言及した。

民族自決は単なるフレーズではありません。それは、今後政治家が無視するならば、自らの危険を招くことになる、行動の命令的原則であります。

この日の演説で、「民族自決」原則が講和の基礎としていかに重要であるかを力説して、自らの主張の中に取り込んだ彼は、[55]七月四日と九月二七日の演説を通じて自らの綱領を拡大していく。[56]ただし彼は、自決権を主張するすべての人びとが「国民」を構成するとは考えておらず、また自治ですら、すべての人びとに約束したわけでもなかった[57]。つまり、議会での演説にもかかわらず、ウイルソンはこの自決という概念を、「普遍的に適用しうる基本的なイデオロギーとして、それを提示したのではなかった[58]」のである。

では、曖昧な概念であり、適応するには多くの困難を抱えているにもかかわらず、なぜ「民族自決」がそのあと影響力を持ったのであろうか。

すでに多くの指摘があるように、ウイルソンの「民族自決（権）」概念は民主主義の論理的帰結である、と理解されていた[59]。それは、けっして「エスニック」な理解の仕方ではなかった。彼はエスニックな文化的要素が市民的意識になることこそ、国民形成のプロセスであると考えていたからである[60]。したがって、彼にとって「民族自決」は、「被治者の同意[61]」と同義であり、アメリカ独立のことを考えていたのかもしれない。そこで、民主主義と同一視できる「民族自決」を、新たな国際秩序の基礎にしようとしたのである[62]。しかし、この自決権の権利の主体は、いったい誰であろうか。"nation"とは、「国民」とも「民族」とも訳されうるので、原語でどの単語が使われているのかを検討してみると、そこに潜む問題の複雑さがより明らかになる。

一九一七年一月、彼があらかじめハウスと話し合ったとき、それは"nation"の権利であったし、その直後の上院での演説でも、それぞれ個々の"nation"の権利と述べいる[63]。それに対して、翌年一月の十四カ条のオーストリア＝ハンガリー帝国について触れた第一〇項目では、帝国内の人びとを指して"peoples"ということばが使われており、ここでは自決権ということばは避けられている。また、イタリア、バルカン諸国、そしてオスマン・トルコ支配下の地域の国境画定に関する条項では、"nationality (ies)"ということばを用いているが、ここでもその民族集団の権利などとはいっていない。一九世紀半ばから、すでに国家を持つ、あるいは既存の国家の構成員を意味する「国民」"nation"は、将来に向けて(分離)独立をめざし、新たな国家を樹立しようとする民族集団"nationality(ies)"あるいは"peoples"と、政治的含意の相違から区別されていたので、ウイルソン[65]がその違いをどこまで正確に把握していたか定かでないが、十四カ条にも見られるこの使い分けは、十分に意味があった。[64]

フランス革命で提示された国民概念についてすでに指摘したように、国家の存在を前提にして民主主義を考え、自らの政体・政府を決定する主権者を「国民」"nation"と呼ぶことに問題はなかった。それに対して、ヨーロッパに暮らす人はどこかの国家に属しており、タブラ・ラーサな状態から出発することができない以上、民主主義のコロラリーとして、ある特定の集団が新たな独立国家を持つという権利および行動原則を導き出すことには無理があり、これまでの歴史的現実を逆転することであった。そうした主張を認めることは、既存国家の領土保全を否定することであり、その結果として主権は可分であることになってしまう。さらに現実の国際政治においてその主張は、既存の諸国家の存続とまっこうから衝突するために、実現するのはほとんど不可能であった。じっさい、フランスであれ、独立達成後のアメリカであれ、自国民である個々人、あるいは自国内のある特定の集団に、分離独立する権利など認めてはいない。民主主義は、国境線を書き直すことではなく、現存する国家の枠組みの中での、「被治者の同意」として理解されてきたのである。だからこそ、「民族自決」という理念を実現しようとする場合には、新国家の建設にあたって避けることのできない領域画定について、おのずから曖昧にならざるをえなかった。

ところが、この権利主体としての"nation"と"nationality"との区別が曖昧となり、概念上の存在であったはずの国民に代わって、実体としての民族集団の存在が前提とされるようになってきた。そして「自らの国家」を求める集団は、その集団の「権利」として自決「権」を援用し始め、同時に、「それは民主主義の実現である」という論理を展開し、その主張の正統性を掲げるようになる。また、シャープが指摘するように、ウイルソン自身も「自決概念と人民主権とを混同する傾向があった」[66]。そのうえ戦争によって、既存国家の領土保全が崩れてしまったためになおさら、この「民族自決権」という概念が次第に大きな影響力を及ぼしていくようになる。まさに、「戦争が、自決原則を観念的な引退状態から、救い出した」[67]のである。

ただし、これらの民族集団の主張も、すぐに受け入れられるようになったのではない。一月の演説では、ロイド・ジョージもウイルソンも、オーストリア＝ハンガリー帝国の解体を目指していたわけではなかった。フランスは、すでに触れたように、一九一八年夏までこの帝国と分離講和のための交渉を続けていたし、独立を求める亡命者たちの団体を正式には承認していなかった[68]。帝国の破壊ではなく、連邦化のみを主張してきたアメリカ[69]もまた、帝国を解体することにはなおしばらく慎重な姿勢をとり続ける。たとえば四月にローマで開かれた「オーストリア＝ハンガリーの被抑圧民族の会議」に対してアメリカは好意的態度を示さなかったため、ウイルソンに期待していたチェコ人の間で不満が募った[70]。また、ランシング国務長官も、オーストリア＝ハンガリーへの分離講和の働きかけを賢明な政策だとみなし、試みる価値があると考えていたように[71]、民族自決よりも帝国保持の政策がしばらく続いたのである。

そこで、各国政府の諸民族に対する政策の転換点として、一九一八年春を指摘する考え方がある。フランスでは四月上旬に、クレマンソーが、前年のカール皇帝とシクスト交渉を含むすべての秘密交渉の記録を暴露した。アメリカでも、その直後に開かれたスパ会議において、カール皇帝がドイツに屈服してその軍事組織すべてを二五年間ドイツ管理下におくことに合意した、という報告を受けたランシングは、政策の変更が必要になったと判断した。彼は、これによってオーストリア＝ハンガリーの存在理由は失われ、これ以後は、帝国を構成する諸民族により分割されるべきだと考えるようになった。[72]その結果として彼が、五月二九日に、「チェコスロヴァキア人とユーゴスラビア人たちの自由への熱望にたいして、この（合衆国）政府は、真摯な共感をよせております」と発表し、六月二二日に、その意味するところは、「スラヴ人種のあらゆる民族が独墺の支配から完全に解放されることです」と説明したのが、アメリカの外交姿勢の変化の始まりである。[73]また、同じころウイルソンはランシングに対して、「人工的なオーストリア帝国の領土保全をもはや尊重することはできない」と述べていた。[74]しかし他方ハウスは、九月初旬にウイルソンと会談した後、ウイルソンは「オーストリアについて何をなすべきか、もし解体するとすれば、いかに帝国は解体されるべきかについて、何も考えていなかった」と書いている。[75]四月以降ランシングとハウスは、帝国の将来像について意見が異なっていたから、ウイルソンが彼らに語ったとする内容を強調することで、それぞれが自らの意見を主張しようとしたという側面を割り引いて理解しなければならないが、なおウイルソンは、帝国への政策を決めかねていたとみるべきであろう。

だからこそ政権内部では、以上のような意見を述べたとされるウイルソンも、対外的には、民族集団の主張に対して特段のコミットメントを避け続ける。[76]ウイルソンが英国代表に対して、「被抑圧諸民族へのコミットメントのゆえに、オーストリアを解体する絶対的必要性」を語るのは、なんと一〇月半ばになってからにすぎない。[77]すなわち、一九一八年を通じて、ウイルソンのことばを拡大解釈し、自らの主張の実現を図ろうとする諸民族と、既存の諸国家の枠組みを外交の前提として認める連合国諸国との間で、水面下の駆け引きが行われていたと理解すべきである。

第一節　ウイルソンと新しい理念

（1）Michel Leymarie, *op. cit.*, p. 316. その後急速な勢いで増強され、一九一八年六月には一〇〇万人、そして戦争が終結する一一月には二〇〇万人の大部隊になった。

（2）国内政治の局面では、一九一二年の大統領選挙中ウイルソンは、ポーランド系アメリカ人指導者に対して、ポーランドを賞賛することで、ポーランド系移民の票に配慮していたと指摘される。Zbynek A. B. Zeman, *op. cit.*, p. 354. しかしこの点については、次のようにまったく逆の判断もある。つまり戦前には、ポーランド移民の多くはアメリカの市民権を得ておらず、したがってアメリカのポーランド人有権者はまだほとんど重要視されておらず、政治家たちがポーランド人に言及するとしてもそれは主にレトリックにすぎなかったという評価である。Piotr S. Wandycz, *op. cit.*, pp. 98-99, 103.

（3）*The Intimate Papers of Colonel House, vol. II*, pp. 414-415.

（4）Zbynek A. B. Zeman, *op. cit.*, p. 354. このようなウイルソンの態度についてゼーマンは、著名なポーランド系ピアニスト、パデレフスキの影響を見る。一九一五年一一月にパデレウスキは初めてハウスと会い、それ以後二人は非常に懇意になり、ハウスを通じてウイルソンはパデレウスキの主張に接した。

（5）Lawrence E. Gelfand, *op. cit.*, pp. 146-149. *FRUS, PPC, vol. I*, pp. 51-52. このことからも、東欧では諸民族（レーズン）が、カール・ドイッチュのいう「レーヤケーキ」状に散在していることについての情報に、ウイルソンは少なからず通じていたはずである。カール・ドイッチュ、前掲書、四八―五三頁参照。

（6）第六項から第一三項までの各国に関する具体的規定の中で、"must"が使われているのは、ベルギーについて、その領土が完全に解放され回復されなければならない、と述べた第七項のみであった。

（7）Piotr S. Wandycz, "The Polish Question", *op. cit.*, p. 321.

（8）Harold W. V. Temperley, *A History of the Peace Conference of Paris, vol. IV*, Henry Frowde, 1921, p. 429. ウイルソンと諸民族の自決権との関係を如実に物語るものとして、まったく同じ部分を引用している研究が多い。アルフレッド・コバン、前掲書、六一頁。Alan Sharp, *The Versailles Settlement: Peacemaking in Paris, 1919*, St. Martin's Press, 1991, p. 156; Aviel Roshwald, *op. cit.*, p. 160. 同じ趣旨で、Antony Lentin, *Guilt at Versailles, Lloyd George and the Pre-history of Appeasement*, Methuen, 1985, pp. 63, 75. この点については、しかし、むしろウイルソンが事情によく通じていたという当時の記録がある。フランスの駐英大使ポール・カンボンは、ウイルソンの政策に反対であったので、その発言は幾分割り引いて読まなければならないが、パリ講和会議が始まった直後の二月四日、講和会議で中心的役割を果たしている弟のジュール・カンボンに宛てて次のように書き送っている。「ウイルソンは、諸問題の知識において英仏の首相をしのいでおり、……そのため、会議というよりも、ウイルソンが首相や外相たちに講義を行う集いになっている」。Paul Cambon, *Correspondance 1870-1924*, tome troisième, Bernard Grasset, 1946, p. 303.

（9）たとえば「インクワイアリー」の代表的人物であるリップマンは、イタリア人の問題やアルザス・ロレーヌの問題について詳細な情報をつかんでいたことを書いている。ウォルタ・リップマン、掛川トミ子訳『世論（上）』岩波文庫、一九九七年、一七四、一九六頁。

（10）Charles Seymour, "The End of an Empire: Remnants of Austria-Hungary", Edward M. House and Charles Seymour ed., *op. cit.*, p. 96.

（11）Thomas J. Knock, *To End All Wars, Woodrow Wilson and the Quest for a New World Order*, Princeton University Press, 1992, p. 138. バルフォア外相が秘密条約の写しをアメリカに送ったのが一九一七年五月で、それを見たウイルソンは激怒した。Lawrence E. Gelfand, *op. cit.*, p. 221.「インクワイアリー」は、休戦前に秘密条約のほとんどを収集していた。

（12）Paul Mantoux, *Les délibérations du Conseil des Quatre, vol. II*, Éditions du Centre National de la Recherche Scientifique, 1955, p. 282.

（13）Vitor S. Mamatey, *op. cit.*, p. 172.

（14）Pierre Miquel, *La paix de Versailles et l'opinion publique française*, Flammarion, 1972, pp. 42, 96; Thomas J. Knock, *op. cit.*, pp. 145-146.

（15）Henry Blumenthal, *Illusion and Reality in Franco-American Diplomacy 1914-1945*, Louisiana State University Press, 1986, p. 48.

（16）John W. Wheeler-Bennett, *op. cit.*, p. 137. 一一月二一日、「民族自決権に基づく、無賠償無併合の休戦と民主主義的講和の提案」について述べたトロツキーの手紙を、フランスおよび各国は受け取り、フランスは抗議したが、ボルシェヴィキはドイツとの交渉を始めていた。Joseph Noulens, *op. cit.*, pp. 144-145, 164.

(17) Arthur Walworth, *Woodrow Wilson, 3rd ed., Book Two: World Prophet*, Norton, 1978, p. 145.

(18) Robin Okey, *op. cit.*, p. 389. ベネシュも、ウイルソンの演説は、オーストリア＝ハンガリー帝国に自治か、ある種の連邦制しか求めていないと解釈して、驚いている。Vitor S. Mamatey, *op. cit.*, p. 214. この問題を理解していたバルフォアは、二月二七日にハウスに対して、「さまざまなスラヴ人たちは、『自治』という表現にあまりにもしばしばだまされてきたので、このようなスキーム（帝国内での自由な自治の発展の機会）を、新しい名前はついているが、かつての隷属をもたらすものとみなしがちであろう」と書き送っている。*The Intimate Papers of Colonel House, vol. III*, p. 387.

(19) ウイルソンのこの考えを反映して、「インクワイアリー」の報告には、新たなヨーロッパにおけるレアルポリティークに関してはわずかであり、諸国家間の関係がいかなるものとなるのかといった大きな問題を扱った研究は非常に少なかった。Lawrence E. Gelfand, *op. cit.*, p. 190.

(20) ヘンリー・A・キッシンジャー、岡崎久彦監訳『外交［上巻］』日本経済新聞社、一九九六年、四二一、四四四頁。

(21) Ray Stannard Baker, *op. cit.*, vol. 8, p. 428.

(22) Vitor S. Mamatey, *op. cit.*, p. 77.

(23) Ray Stannard Baker, *op. cit.*, vol. 6, p. 428.

(24) Arthur Walworth, *op. cit.*, pp. 144, 155.

(25) ヘンリー・A・キッシンジャー、前掲書、六、三二一頁。

(26) Lloyd E. Ambrosius, "Woodrow Wilson's Legacy", in Christian Baechler et Carole Fink dir., *op. cit.*, p. 27.

(27) 中島啓雄「モンロー・ドクトリンとアメリカの対中南米外交　一八二四―一八二八」、日本国際政治学会編『国際政治』第一二三号「転換期のアフリカ」、二〇〇〇年、一七〇頁。

(28) ただしネイミアは、一八四八年三月におこったポーゼン大公国からの分離要求について説明した部分で、「この『自決』という用語は、一八四八年にすでに用いられ、誤用されていた」と指摘している。ルイス・ネイミア、前掲書、一五二頁。

(29) Joseph Noulens, *op. cit.*, pp. 135, 235.

(30) アルノ・J・メイア、前掲書、一四二―一四三、一一九、一二五―一二六頁。同「ウイルソン対レーニンⅡ」、八七―九五頁。

(31) Joseph Noulens, *op. cit.*, pp. 244, 235-236, 240. ウクライナ人の中央ラーダ政権は、ブレスト＝リトフスク会議でボルシェヴィキに独立を否定され、「ボルシェヴィキ政府は、ロシアにおいて、非常に公正な自決原則を適用することはありえないだろう」と批判していた。John W. Wheeler-Bennett, *op. cit.*, pp. 209-210.

(32) *Ibid.*, pp. 390-391.

(33) ポーランド代表として講和会議にも出席することになるハレツキーは、以下のように書いて、ボルシェヴィキの行動は、初めから、その「民族自決」の主張とは重大な齟齬があったことを指摘している。「……これらの分離を承認するというボルシェヴィキの明白な姿勢にもかかわらず、その政策は初めから、新興諸国の真の自由にとって深刻な脅威であった。というのもボルシェヴィキたちは、ロシアと同様に、それぞれ解放された国民においても、共産主義者たちが権力を掌握するという希望のもとにのみ、非ロシア系ナショナリズムへの驚くべき譲歩をしようとしたにすぎなかったからである」。Oscar Halecki, Andrew L. Simon ed., *Borderlands of Western Civilization*, Simon Publications, 1998, p. 402.

(34) アルノ・J・メイア、前掲書、一三三頁。

(35) *FRUS, 1918, Supplement 1, vol. I*, p. 9.

(36) Vitor S. Mamatey, *op. cit.*, pp. 100-101; Henry Blumenthal, *op. cit.*, p. 46; Pierre Miquel, *op. cit.*, p. 41.

(37) Jean-Baptiste Duroselle, *De Wilson à Roosevelt, Politique extérieure des États-Unis 1913-1945*, Armand Colin, 1960, p. 98.

(38) アルノ・J・メイア、前掲書、二一四頁。

(39) Joseph Noulens, *op. cit.*, *tome second*, pp. 33-34. この回想では、「このような不器用な働きかけは、連合諸国間の見解の相違を強調するがゆえにその立場を損ない、後になってわかるようにアメリカ人にとってもまったく役に立たなかった」と評価している。

（40）Arthur S. Link ed., *The Papers of Woodrow Wilson*（以下 *PWW* と略）, Princeton University Press, *vol. 53*, 1983, pp. 574-575.

（41）Pierre Miquel, *op. cit.*, p. 164. このとき当初は、赤軍・白軍双方の政府代表を招聘しようとしたが、白軍が断ってきた後、ランシングの反対にもかかわらずウイルソンは、ボルシェヴィキ指導者と接触するための使節をモスクワに派遣していた。Jean-Baptiste Duroselle, *op. cit.*, p. 121.

（42）Arthur Walworth, *op. cit.*, pp. 142, 144, 145. 一月一八日にボルシェヴィキが議会を解散したときでさえ、ウイルソンはロシア革命に対する信頼を完全に失うことはなかった。*Ibid.*, p. 153.

（43）*The Intimate Papers of Colonel House*, *op. cit.*, p. 325.

（44）アルノ・J・メイア、前掲書、二一九―二二〇頁。この点についてロイド・ジョージは一月五日の演説で、ロシアの領土問題は取り上げず、そのときの支配者たちが独自の行動を取るのであれば、それに介入することはできないのであって、ロシアはその人民によってのみ救われうる、と非常に冷たく述べており、これはウイルソンの十四カ条と好対照を成している。

（45）Thomas J. Knock, *op. cit.*, p. 145. ウォルタ・リップマン『世論（下）』岩波文庫、一九九七年、二三二頁。

（46）ジェイムズ・ジョル、池田清訳『ヨーロッパ一〇〇年史　1』みすず書房、一九八一年、三一〇―三一一頁。

（47）Vitor S. Mamatey, *op. cit.*, p. 174. ウォルタ・リップマン、前掲書、三四頁。

（48）特に初日に公表された諸条約は、暫定政府が十分に民主主義的、社会的方針に沿っていなかったことを示すという、国内政治上の関心による選択であったようだと、フランスの駐露大使は指摘している。Joseph Noulens, *op. cit.*, *tome premier*, p. 149.

（49）これに対してソヴェトは、ウイルソンの十四カ条を敵視することになる。Georges Miquel, *op. cit.*, p. 41.

（50）Thomas J. Knock, *op. cit.*, pp. 144-145.

（51）ニンコヴィッチも次のように主張する。「ウイルソン的枠組みの中で、ボルシェヴィズムがドイツにとってかわって文明に対する第一の戦略的脅威となるのは、さらに四分の一世紀後である」。Frank Ninkovich, *op. cit.*, p. 70.

（52） Jean-Baptiste Duroselle, *op. cit.*, p. 96.
（53） Lawrence E. Gelfand, *op. cit.*, pp. 189-190. ヒーターは、「インクワイアリー」の中心にボウマン博士を任命したことから、「民族自決」の履行について詳細に検討しようとしていたことが明らかであった、と指摘する。Derek Heater, *op. cit.*, p. 38.
（54） Vitor S. Mamatey, *op. cit.*, p. 174.
（55） Lawrence E. Gelfand, *op. cit.*, p. 188. Vitor S. Mamatey, *op. cit.*, p. 225.
（56） Alan Sharp, *op. cit.*, pp. 13-14.
（57） Lloyd E. Ambrosius, *op. cit.*, pp. 26, 29.
（58） ダヴ・ローネン、前掲書、五〇頁。
（59） Vitor S. Mamatey, *op. cit.*, p. 41; Pierre Miquel, *op. cit.*, p. 38; Aviel Roshwald, *op. cit.*, p. 159; Lloyd E. Ambrosius, *op. cit.*, p. 28; Alan Sharp, *op. cit.*, p. 14.
（60） Lloyd E. Ambrosius, *op. cit.*, p. 30. 特にアメリカ人に関して、市民権を取ったばかりの人たちを前にして、彼は次のように演説していた。「アメリカの中で、自らをある特定の民族集団に属していると考える人は、まだアメリカ人になってはいないのであります」と。*PWW, vol.* 33, p. 148.
（61） この点については、ロイド・ジョージも同じである。一月五日の演説でも、自決原則、あるいは自決権は、被治者の同意（による統治）と繰り返し述べている。ただし、このとき彼は、この自決権の権利主体については、まったく触れていない。その意味では、「民族」自決ではない。*FRUS, op. cit.*, pp. 7, 12.
（62） James Mayall, *Nationalism and International Society*, Cambridge University Press, 1992, p. 44.
（63） *The Intimate Papers of Colonel House, vol. II*, pp. 414, 417-418.
（64） Hugh Seton-Watson, *op. cit.*, p. 4. 特にフランスでは、すでに国家を持つ「国民」“nation”との区別は、はっきりしていた。Rogers Brubaker, *op. cit.*, pp. 98-99. だからこそ「諸国民の春」と訳されることばもフランス語では、“Printemps des peuples”といい“nations”は使わない。アメリカの外交文書も講和会議への代表について列挙したところで、諸国“countries”とならんで“nationalities”の代表としている。*FRUS, PPC, vol. I*, p. ix. また、アダマンディオス

・コライスの文章を分析したクシーディスは、ラテン語源の“nation”に対応するギリシア語でも、古語に属する「イェノス」と「エスノス」とで同様の区別がみられることを指摘する。つまり、コライスは、『イェノス』という語を民族集団、それもとりわけギリシア人を示すためにとっておいた。これはとくに語頭の文字が大文字にされるときにみられる。一方、『エスノス』という語はすでに自らの国家を持っている民族に用いたのである」。ピーター・F・シュガー／イヴォ・J・レデラー編、前掲書所収、ステファン・G・クシーディス「近代ギリシアのナショナリズム」四六四―四六五頁。

(65) 彼は演説において、たとえばドイツについては、戦争を引き起こし遂行している支配層や軍部と区別する意味で、“people”ということばを使って、一般の人びとに対して何度も訴えを繰り返している。またアメリカ国内については、階級により対立する諸集団や人種の違いによって分かれた諸集団への対概念として、すべての人びとを包摂することばとして“people”を使っている。Arthur Walworth, *op. cit.*, pp. 108, 174. したがって、複数形を用いているとはいえ、“peoples”によって民族諸集団を意識的に意味していたかどうかは疑問が残る。なおロイド・ジョージも、ドイツについて、指導者たちと“people”とを区別して、後者に対する侵略戦争を戦っているのではないとしている。*FRUS, 1918, Supplement 1, vol. I*, p. 5.

(66) Alan Sharp, *op. cit.*, p. 156.

(67) Sarah Wambaugh, *op. cit.*, p. 30.

(68) したがって、一九一八年初頭は「民族自決」が受け入れられて行く始まりにすぎず、メイアのように、「民族自決」がすでに、「クレマンソー内閣が推す唯一の原則とな」り、「連合国の新たな戦争目的」にもなった、というのは一面的な解釈である。アルノ・J・メイア、前掲書、二三三―二三六頁。

(69) Arthur S. Link, *Woodrow Wilson, Revolution, War, and Peace*, Harlan Davidson, 1979, p. 79.

(70) *FRUS, op. cit.*, p. 801.

(71) Robert Lansing, *War Memoirs of Robert Lansing*, Bobbs-Merrill, 1935, p. 269.

(72) *Ibid.*, pp. 267-269. ジュスランによると、ランシング国務長官も明らかに、障壁としては反独の政策を採るオーストリア＝ハンガリーが望ましいと考えていたようだが、一九一八年一〇月一五日の時点では、それはもはや問題になりえないと語っていた。*MAE, Série Ambassade Londres*, 38, cit. in Louis-Pierre Laroche, *op. cit.*, p. 55.

（73） *FRUS*, *op. cit.*, pp. 808-809, 815-816.

（74） Vitor S. Mamatey, *op. cit.*, p. 269. 国内で彼はすでに、五月一八日の赤十字における講演で、分離講和を模索したことについて、不誠実であったと述べ、帝国の解体の必要性をほのめかしていた。Ray Stannard Baker, *op. cit.*, *vol.* 8, p. 149.

（75） *PWW*, *vol. 51*, pp. 106-107.

（76） Vitor S. Mamatey, *op. cit.*, p. 271. 帝国内の諸民族に対する英国の態度も同じであった。たとえば一九一八年四月四日のノースクリフ・メモでは、「われわれに関する限り、オーストリア＝ハンガリー帝国内の諸民族による独立宣言を喜んで認めよう。それを確保するように約束することはできないけれども」、となっている。Zbynek A. B. Zeman, *op. cit.*, p. 356.

（77） David Lloyd George, *op. cit.*, pp. 260-261. ロイド・ジョージが閣議でこの電報を読み上げるのが、一〇月一五日である。その後ウイルソンは、「オーストリアの一二〇〇万のドイツ人は、ドイツの一部となるのが正義にかなっている」と述べたので、仏英ともに強く反発する。*MdÄ. P. A. I. Karton 524 : Télégramme du comte Skrzyński n° 727*, cit. in Louis-Pierre Laroche, *op. cit.*, p. 65.

第二節　諸民族の主張とフランスの対応

ボルシェヴィキとウイルソンが提示した「民族自決」という理念に、独立をめざす諸民族の指導者たちは敏感に反応した。彼らの要求を正統化する新たな原則を、そこに見たからである。また一九一八年になると、一方は単独講和を結んで戦線から離脱したが、前年に参戦した他方の大国は、ヨーロッパに派遣する軍隊の規模を加速度をつけて増強し、膠着状態にあった西部戦線に決定的な影響を及ぼす見通しが出てきた。理念のレベルにおいても、戦場においても大きな変化が起こりつつあった。この新しい事態に直面したフランスは、積極的な政策を展開するというよりも、その変化への対応に追われることになった。

１．ブレスト＝リトフスク条約の影響

ウイルソン大統領の「新外交」とともに大きな影響を与えたのは、ブレスト＝リトフスクでソヴェトと独墺が三月三日に結んだ講和条約であった。リップマンが書いているように、「おずおずと、しかし熱心に人びとは東方に目を向けだした。彼らは問いを発した。交渉ではなぜいけないのか」[1]。前年から、政治休戦が崩れ始めていただけに、このニュースは人びとに大きなインパクトを与えた。

しかし、独墺両国がソヴェトに押し付けた過酷な講和条約の内容を見た政治家たちは、まったく別の反応を示した。ウイルソンは、「ロシアに駐屯するドイツの司令官たちによる、講和提案への回答の意味を、取り違えることはありえません」と述べて、有名な "Force, Force to the utmost" という名文句を語り、もはや勝利なき平和はありえないと演説した[2]。フランスもブレスト＝リトフスク条約を受けて、ようやくロシアを戦争に引き戻す望みを捨て、ポーランド国家を、単に正義の問題としてだけではなく、利益の問題とみなすようになった[3]。ただし、フランス政府は同時に、非ボルシェヴィキ政権が再建されることに期待をつないでおり[4]、内戦でボルシェヴィキが敗北すれば、再びドイツの向こう側に強力な同盟国ロシアが復活することに、望みをかけていた。したがって、次第にポーランド国家建設にコミットするようになるにせよ、ドイツの東部国境については、ロシアでの情勢をにらみながら、なお曖昧なままであり、これは講和会議でのフランスおよび英国の態度にも反映されることになる。

ソヴェトとのブレスト＝リトフスク条約第三条は、「かつてロシアに属していた領域で、条約締約国が合意した境界線より西の部分については、もはやロシアの主権に属さず、ドイツとオーストリア＝ハンガリーが、その地域の住民との合意により、将来の地位を決定するものとする」とし、かつてクールランドと呼ばれていた地域やリトワニアに関しては、今後独墺両国にゆだねられることになった[5]。また独墺列強は、二月九日にウクライナ人たちと講和条約を結び、一月二二日に独立宣言をしていたウクライナ人民共和国を承認するが[6]、その条約の中で、多数のポーランド人が居住しているヘウム地方をウクライナ領として認めていた。そもそも、東部戦線の休戦は独露による再分割だととらえて不安を抱えていたポーランド人たち[7]は、これらの条約の内容を知り、猛反発し、反独墺の態度をとるようになる[8]。さらに、この講和条約が大きなきっかけとなって、のちに領域画定で激しく争うことになるウクライナ人との対立も始まった[9]。もはや独墺にもロシアにも期待できないと判断し、なすすべもなく失望したポーランド人たちは、連合国に期待するほかなく、この点に関する限り、結果的にフランスにとって、有利な状況が生まれた。クレマンソーが回想録において誇張して書くように、「ロシアの降伏によって、……ツァーの存在とは相容れなかった、諸国民を回復しようとする（réparation nationale）諸力が、われわれの周辺に結集し、問題の与件を変えた[10]」のである。

しかし対独戦遂行という観点からは、ボルシェヴィキが単独講和を締結してしまうのを阻止するために申し出ていた協力が功を奏さず、東部戦線が完全に消滅してしまうという不利な状況にフランスは直面することになった。そのため、新たな政策といっても、戦略上の考慮から、ポーランド人の存在に期待せざるをえなくなったにすぎなかった。しかもそれは、強力な独立国家が再建されるように支援する政策を模索するというだけで、じつは、戦争遂行上の具体的利点は何もなかった。それでもフランスは三月五日に、ドイツの東方拡大とドイツによるロシアの搾取に対する緩衝国として、ポーランド独立を支持する共同宣言を、同盟諸国に提案する。状況の産物とはいえ、ド・マルジュリーが主張してきた政策が、ついにフランス外交の主流となった。しかし、ドイツに対する「障壁」といったところで、それはあくまでも仮定の話であり、独墺軍がその地域を支配している現実に変わりはなく、それに対する有効な手段は何もなかった。また呼びかけられた同盟諸国も、海へのアクセスを持った一七七二年の国境線によるポーランド復興に、英伊とも反対し、ポーランド再建を共通の戦争目的にするというフランスの提案は受け入れられなかった。[11]

このように、ブレスト＝リトフスク条約以後フランスは、かえって手詰まり状態に陥った結果として、独立国家ポーランドに「賭ける」政策を採った。そのフランスからの働きかけを受けて、一九一八年六月三日になってようやく仏英伊は、統一独立ポーランド国家の創設を謳った共同宣言を出す。同月二二日には、ポワンカレ大統領が、海へと達する、独立し、統一したポーランドがフランスの戦争目的に含まれていることを確認する。ただしポーランド国民委員会への対応は以前のままであった。[12] 委員会を「将来の主権・独立国家の組織を準備する団体」というかなり持って回った表現でフランスが承認するのは、戦争の帰趨が明らかになった九月二〇日になってからであり、二八日には、フランスがポーランド人部隊を連合軍の交戦部隊として承認し、英伊米もそのあとに続いた。このような政策の進展を、フランスと「ポーランドとの最初の戦略的同盟」ととらえる考え方[13]があるけれども、まだ国家もなく実効的に支配する地域もないポーランドとの「同盟」というのは、いささか誇張しすぎた表現であるといわざるをえない。フランスは、対独戦略上の考慮から、ポーランド人の主張に応えるかのように、他の国に率先してコミットメントを強め始めただけであった。

2．ポーランド人指導者の主張

ポーランド独立国家を目指すポーランド人指導者たちの活動は、アメリカへの移民から、英仏への亡命者たち、あるいは現地にとどまり独墺支配下で戦う集団から、ロシアに期待を寄せる者たちまで多地域に及んだ。ここでは、戦後、独立ポーランドで指導的役割を担うリーダーたちの、領域に関する構想に注目することで、民族問題と国家との関係を整理してみよう。

二〇世紀初頭、独立ポーランド国家という構想は、まして三列強に分割された地域を統一した独立国家などは、ユートピアにすぎなかった⑭。一九世紀を通じて幾度も反乱が起こったように、国家再建を目指した愛国主義者と呼びうる人びとは多かったにせよ、ドモフスキとピウスツキという二人のライバルが二〇世紀になって登場するまで、独立に向けて現実性を持った政策は具体化しなかった⑮。

ポーランドに特徴的なことは、すでに触れたように、過去に強大な国家が存在したことであり、これは、ほかの民族集団とは際立った相違点であった。過去の国家に言及できることは、三分割地域の統一と独立を目指す人びとにとって大きな利点であったけれども、それはまた足かせでもあった。なぜならば、三度の分割が始まる前のポーランド国家は、あくまでも貴族たちの「共和国」であったが、国家が消滅していた一九世紀の間に、分割前の国家に住んでいる人びとの間にも、かなりの程度差があるとはいえ、いわゆる民族意識が芽生えており、彼らのアイデンティティは大きく変化し、多様化していたからである。つまり、意識に着目して考えた場合、ポーランド人の範囲はきわめて狭まってしまう。他方で、「エスニック」な基準によるとしても、その範囲は、次第にポーランド語を話すカトリック教徒を核とする集団に限定されてきていた⑯。そのため、分割前の国家に言及することは一七七二年当時の国境線を意味するが、その領域にはポーランド人とは異なる意識を持つようになった人びとが含まれていただけでなく、言語や宗教といった観点からしても多様性が指摘され、これらの人びとをどのように扱うかということは、簡単には解決できない問題を突きつけていたのである。

開戦直後はロシアに期待をかけ、ロシアの崩壊後は西欧に活動の拠点を移し、パリでポーランド国民委員会を創設したドモフスキは、かつての貴族による「国民」集団を否定し、新たに農民から国民像を創り出そうとした[17]。彼は、国民を文化共同体ととらえ、将来のポーランド国家にとっては、文化的な均質さこそが重要だと考えていたからである[18]。このような彼の考えは、その共同体から除外される人びとへの差別的取り扱い、特に反ユダヤ的主張[19]につながり、そのため英国はドモフスキとポーランド国民委員会に対して疑念を抱き続ける[20]。しかしドモフスキは、文化共同体的な観点を強調するからといって、分割前の領域が大きく縮小することを認めようとはしなかった。それは、広い領土と大きな人口、その凝集力、侵略に対する安全保障を確保できるような国境を、新国家に欠かせない条件だと考えていたからである[21]。具体的には、パリ講和会議開始直後の要求にもほぼ同じ内容が見られるように[22]、東部国境は一七七二年国境に若干の修正を加えて第二次分割ラインとするが、シレジアについては拡大することを求め、ポーゼンと西プロイセンの全域、北部を除く東プロイセン、ポメラニアの一部を要求していた[23]。このような領域構想は、彼の文化共同体を基盤としたエスニックな国民理解と相容れない。そのような場合に彼は、一種の社会ダーウィニズム的考えを持ち出し、彼が必要と考える領域内に居住するいわゆるウクライナ人、リトワニア人、ベロルシア人たちはポーランド人に同化すべしと主張した[24]。民族集団を実体として前提にする場合に逢着する問題点が、すでに現れていた。

他方ピウスツキは、戦前にはポーランド社会党を結成し、開戦後はオーストリア＝ハンガリー帝国軍の統制下で「軍団」を指揮していた。この名称はナポレオン時代のポーランド軍団“legion”からとったもので、ポーランド人の間に根強く残っていたナポレオン伝説を利用するために、注意深く命名された[25]。しかしフランスは、敵国の一部隊であったという経緯から、疑惑の念を持ってピウスツキ指揮下の部隊をみていた[26]。また、「社会主義者」を自称するピウスツキへの疑念もあった。しかし彼にとっての社会主義とは、労働者大衆を動員するための道具にすぎず、祖国の独立こそが至上命題であった。だからこそローザ・ルクセンブルクとは、ポーランドの将来について激しく対立したのである[27]。さらに、オーストリア＝ハンガリー帝国との連携も戦術的なものにすぎず、ピウスツキは、戦争によって独墺露は三国とも弱体化するという予測から、小規模であってもポーランド人の部隊は、やがて規模に不釣合いなほど大きな力を発揮できるであろうと考え、部隊編成が可能な地域で「軍団」を組織したにすぎなかった[28]。

そのピウスツキもまた、独立ポーランド国家については分割前の国境線を主張していた。ただし、その国境線内に含まれることになるポーランド人以外と考えられる人びとについては、多民族連邦を構想する。けれども、戦争中から明らかになったように、ウクライナ人、リトワニア人、ベロルシア人たちの民族意識の高まりがみられた。そのため彼の連邦構想は非常に微妙な主張となり、具体的にどのような制度となるかは結局明らかにされることはなかった[29]。つまるところ東部国境については、「開いたり、閉じたりするいくつかの扉があり、誰が、いかなる力を用いてそれを行うかを知ることが重要である」として、国境画定には戦闘こそが決定的になるだろうと考えていた。他方で西部国境については、英仏の意向次第で決定される「贈り物」にすぎないだろうと考え、それほど関心を示さなかった[30]。じっさい、独立後ピウスツキは、武力によって東部国境の問題に自ら解答を与えることになる。彼は、ドモフスキと違って文化共同体的な観点から国民について語ることはなかったが、それは「国民を創り出すのは国家であって、国民が国家を創り出すのではない[31]」と考えていたからである。この発言についてエルメは、「ピウスツキは、フランス流の抽象的国民モデルを体現していた」と述べているが[32]、ピウスツキの主張は民主主義を含意していたのではなく、国家によるかなり強引な「国民の創出」に該当するので、エルメのこの指摘は過大評価である。

この二人の指導者の主張をみていくと、一方で、独立後のポーランドを強力な国家とするために、分割前の国境線を重要な要素とみなす点では一致しているが、他方では、「エスニック」な集団という視点を取り入れるかどうかについては、考え方が大きく異なっている[33]。ここでは、ドモフスキに倣って「エスニック」ということばを用いているが、その内容が定義されていたわけではなく、具体的な国境画定に当たって誰がどのエスニック集団に属するかという問題について詳細に議論されたわけではない。また、どちらの指導者も、ウイルソンが重視していた民主主義をその主張に取り込まなかったことは重要である。ただウイルソン本人も、十四カ条の中で「紛うことなきポーランド人（indisputably Polish populations）が居住する領域」と表現している。これは、あらかじめ独立ポーランド国家の領域を明確に述べることが困難であり、具体的な約束を避ける狙いがあったと考えられるが、このような表現を用いることで、ポーランド人はあたかもア・プリオリに決定されており、その居住地域も簡単に特定できるかのような印象を与えてしまった[34]。スティーヴンソンはこの表現について、「ポーランドを、そのエスニックな境界に限定しようとした[35]」と指摘しているけれども、ウイルソンが「ポーランド人」を具体的にどのように理解していたのか、またエスニックな理解であったとして、そのエスニックな集団はいかにして決定されると考えていたのかは、明確ではない。そのうえウイルソン自身も、少なくともポーランドに関する限り、自らの信念の根幹にあった民主主義に基づく「民族自決」という主張を、十分に展開していないのは明らかであった。

3．チェコスロヴァキア人たちの活動

ブレスト＝リトフスク条約の結果として、ルーマニアの敗北がすぐ後に続き、東部戦線から移送されたドイツ兵が西部戦線に到着し始めたころ、墺外相チェルニーンが四月二日の演説で、クレマンソーから講和交渉の申し出が行われたこと、しかしそれはすぐに行き詰まったことを発表した。これは、あたかもフランスが同盟関係を無視して、一方的に講和を模索していたかのような印象を与えた。そのため、アルマン＝レヴェルテラ交渉にコミットしていなかったクレマンソーは激怒し、それ以前に両国間で行われた秘密交渉の過程でフランスが保持していたすべての文書をカール皇帝の親書を含めて、四月一二日に公表した。[36] シクストを通した交渉では、皇帝の親書の中で、アルザス・ロレーヌをフランスに返還することや、ベルギーからの撤退[37]について取り上げられていただけに、オーストリア＝ハンガリーがドイツを裏切ったと理解される内容が含まれていた。そのため、チェルニーンは四月一五日に辞職せざるをえなくなり、ドイツとの同盟を捨て去ることができないカール皇帝は、五月にスパ会議でドイツに陳謝し、これ以後ドイツの軍門に下ることになる。[38]

クレマンソーがこのような行動をとったことについて、「オーストリアをドイツの懐中に追いやってしまった」衝動的な行動だと厳しく批判したのは、政敵のブリアン[39]だけではなかった。ランシングもまた同様に、オーストリアをドイツの手中に投げ込む「驚くべき愚考であり」、オーストリア皇帝が示していた講和への明らかな望みから発する可能性を破壊してしまった、と批判した。[40] たしかに、この一件以後、帝国と交渉できる可能性は、きわめて低くなってしまった。しかもベネシュの回想によると、これと同じ時期にあたる四月と五月に、クレマンソーは「私的に」チェコスロヴァキアの独立を保証したとされる。[41] こうして、一九一八年春を境としてフラン

スは、オーストリア＝ハンガリーを見限り、諸民族の独立運動を支援するように方針転換したと考える研究が多い[42]。これは、チェコスロヴァキア人たちにとっては、好都合な環境が整ったことを意味した。

前章で取り上げたように、パリに亡命した活動家たちは、すでにチェコスロヴァキア国民会議を設立して、特に英仏政府に対する水面下の訴えかけをしていたし、アメリカ在住の移民たちもボヘミア地域とスロヴァキア地域の統一について活動を始めていた。この後者の動きを加速させたのが、チェコ人とスロヴァキア人双方の移民団体による一九一八年五月三〇日の会合である。これを機にそれぞれの代表者と会談したマサリックは、将来のチェコスロヴァキアは民主主義に基づく共和国となり、スロヴァキアは自治とする旨の約束を取り交わした[43]。このピッツバーグ協定によって、スロヴァキア民族の三分の一をなすとされる在米移民が、チェコ人とスロヴァキア人とが一体となった独立運動に積極的に参加し始めた[44]。こうして、チェコ人とスロヴァキア人が統一した国家を作ることについては、パリの国民会議もその目標として掲げていたものの、その動きをさらに加速させたのが、アメリカ内の移民集団の動きであった。

こうした海外移民の動きは、戦争初期にいわゆるチェコ・マフィアが発達させた地下通信網のおかげで現地にも逐一伝えられており[45]、そのプラハでは、ちょうど同じころにクラマーシュを議長に諸民族が集まって、彼らの共通の敵であるオーストリアとドイツに対して統一して戦うことが決まった[46]。七月になると、プラハでもようやくチェコ国民委員会が設立された[47]。ポーランド人の場合とは異なり、ロシアに期待を寄せる集団は当初より少なかったが、ボルシェヴィキ革命以後、親露路線は実際的ではなくなった[48]。また、戦前からオーストリア＝ハンガリーの領土であったことから、ドイツ軍による支配を受けることもなかったのとは大きなちがいである。そのため、独立を目指す以上、帝国を分解させせなければならないという政治目標は明確であり、その活動の、あるいは依存の対象は、もっぱら英米仏に対して向けられていた。

その対象になった諸国のなかで、英米はなお慎重な態度を保った。[49] たとえば六月三日の仏英伊による共同宣言は、ポーランドの独立を支持することだけに触れており、チェコスロヴァキアとユーゴスラヴィアについては、彼らの民族的な希望に対する真摯な共感という友好的な態度を保証したにすぎなかった。[50] つまり、後二者の独立については帝国の解体が前提となるだけに、この時点でもなおその解体への躊躇があったことが読み取れる。そこでフランスは、六月三〇日に率先して、チェコスロヴァキア国民会議を、チェコスロヴァキア運動の最高機関として承認した。[51] もっとも、オーストリア＝ハンガリー帝国への信頼は大きく揺らいでいたとはいえ、ドイツ軍が持ちこたえていた初夏の時点では、まだ戦局の行方は必ずしも明らかではなかった。[53] しかし独墺側の勝利の可能性がなくなってきた九月になると、アメリカは国民会議を「事実上の」政府として承認し、それを各国が追認したことを受けて、国民会議はパリで暫定政府の樹立を宣言した。[54] これに対してフランスは、同月二八日に締結した国民会議との協定により、チェコスロヴァキア国家を歴史的国境線内に建国することを約束するに至った。[55]

ポーランドとは異なり、百数十年前まで存続していた国家という過去の参照基準がなかったために、チェコスロヴァキア人たちは、国家を再建するという論理をとることはできなかった。それでも、以前に遡ってボヘミア王国の領域を持ち出してくるにせよ、オーストリア＝ハンガリー帝国の国境線を援用するにせよ、その境界内に居住するドイツ人やマジャール人の問題は、ポーランドの場合と同じように存在していた。さらに、「民族自決」という格好の概念を用いるために、チェコ人やスロヴァキア人という民族集団を実体として想定するに当たっては、さまざまな基準を持ち出してその存在の正統化を試みようとした点もまた、同じであった。

第二節　諸民族の主張とフランスの対応

(1) ウォルタ・リップマン、前掲書、三三頁。
(2) Ray Stannard Baker, *op. cit., vol. 8*, pp. 75-76.
(3) Georges-Henri Soutou, *op. cit.*, p. 14; Piotr S. Wandycz, *The Price of Freedom*, *op. cit.*, p. 199.
(4) Kay Lundgreen-Nielsen, *op. cit.*, p. 71. だからこそ、フランスは英国とともに、この条約調印後、ロシアに軍を派遣して、内戦の行方に干渉しようとした。David Stevenson, *op. cit.*, p. 105.
(5) John W. Wheeler-Bennett, *op. cit.*, p. 271.
(6) このときもボルシェヴィキは、その主張においては、旧ロシア帝国内の非ロシア人たちに認めていた分離の権利とは裏腹に、ウクライナ人たちを攻撃しており、どこであれ可能なところでは、武力で自治や独立を目指す運動を抑圧していた。Vitor S. Mamatey, *op. cit.*, pp. 190-191. 他方、この時点でのフランスは、ロシア領土への侵略と受け取られかねず、ボルシェヴィキを講和交渉から引き離すことができなくなるがゆえに、ウクライナの承認はすべきでないという見解であった。しかしフランスにとっては困ったことに、ボルシェヴィキの攻撃を受けたウクライナの中央ラーダ政権はドイツを頼るようになった。Georges-Henri Soutou, *op. cit.*, pp. 31, 32.
(7) Ghislain de Castelbajac, *op. cit.*, p. 84.
(8) Aviel Roshwald, *op. cit.*, p. 151.
(9) Ghislain de Castelbajac, *op. cit.*, p. 90. フランスはこの時点で、ポーランド人たちの激しい怒りに満ちた反応から、この地方の領有問題について、ポーランド人たちがいかに敏感であるかを理解した。
(10) Georges Clemenceau, *op. cit.*, p. 159.
(11) この時点でピション外相は、海へのアクセスは必ずしも海に面した領土を意味せず、ドナウ河のように、ヴィスワ河の国際化でも達成しうると返答している。アメリカは秘密条約の存在を疑い、それに縛られることになるのを拒否して、反対を表明した。Kalervo Hovi, *op. cit.*, pp. 106-108.
(12) *Ibid.*, p. 126.
(13) Ghislain de Castelbajac, *op. cit.*, p. 95.

(14) ルネ・ジロー、前掲書、二五六頁。

(15) Norman Davies, *op. cit.*, pp. 237-238. ただし、戦争が始まってもなお「亡命者たちは、解放を待ち望む住民を自分たちが代表して発言していると主張していたが、初期の東欧の様子はこれが偽りのものであることを示していた」と指摘されるように、彼らの見解が現地で圧倒的支持を得ていたわけではないことに注意しなければならない。ロビン・オーキー、前掲書、二二七頁。

(16) *Ibid.*, p. 221. 第二章第一節注(17)、(18)参照。

(17) Piotr S. Wandycz, *The Price of Freedom*, *op. cit.*, pp. 191-192.

(18) Guy Hermet, *Histoire des nations et du nationalisme en Europe*, Seuil, 1996, p. 38; Aviel Roshwald, *op. cit.*, p. 40.

(19) *Ibid.*, p. 41.

(20) Paul Latawski, *op. cit.*, pp. 4-5, 10-11.

(21) ピーター・ブロック、前掲論文、一〇四―一〇五頁。ドモフスキが、一九一七年二月に英国外務省に提出した「ポーランド国家の領域に関するメモランダム」でも同じ主張が見られる。Paul Latawski ed., *op. cit.*, pp. 196-199.

(22) *FRUS, PPC, vol. III*, pp. 774-782.

(23) Aviel Roshwald, *op. cit.*, p. 248; Piotr S. Wandycz, *The Price of Freedom*, *op. cit.*, p. 202; Ghislain de Castelbajac, *op. cit.*, p. 96.

(24) Norman Davies, *op. cit.*, p. 120; Piotr S. Wandycz, *op. cit.*, p. 192. ピーター・ブロック、前掲論文、一〇六頁。

(25) Harold B Segel, *op. cit.*, pp. 62, 86.

(26) 特に外務省は反ピウスツキ、親ドモフスキであった。Pierre Miquel, *op. cit.*, p. 149. ピウスツキもまたフランスに対する不信感を抱いていた。Norman Davies, *op. cit.*, p. 127.

(27) ピーター・ブロック、前掲論文、一〇〇頁。Aviel Roshwald, *op. cit.*, p. 37.

(28) *Ibid.*, p. 150; Piotr S. Wandycz, *op. cit.*, p. 198.

(29) *Ibid.*, p. 193; Aviel Roshwald, *op. cit.*, p. 37. ピーター・ブロック、前掲論文、一〇七頁。

(30) Władysław Baranowski, *Rozmowy z Piłsudskim*, Warszawa, 1938, p. 123, cit. in Jozef Buszko, *op. cit.*, p. 184; Antoni

Czubinski, "Les frontiers de l'état polonais 1914-1990", Christian Baechler et Carole Fink dir., *op. cit.*, p. 415.

（31）Hans Roos, *A History of Modern Poland*, Eyre & Spottiswoode, 1966, p. 48, cit. in Eric J. Hobsbawm, *op. cit.*, 1990, pp. 44-45.

（32）Guy Hermet, *op. cit.*, p. 40.

（33）シートン＝ワトソンは、一方で社会主義者とブルジョワ民主主義者という対立と、他方でロシアとの協力が可能であるとする集団と、ロシアを不倶戴天の敵だとしてドイツをより少ない悪であるとみなす集団との対立を指摘し、それぞれの対立関係が組み合わさるマトリックスを考え、四つの集団があったと整理する。ここで取り上げたドモフスキを代表とする集団は、ブルジョワ民主主義者かつ親露派であり、ピウスツキを代表とする集団は、社会主義者かつ反露派ということになる。したがって、それ以外にも、社会主義者の中で、帝政ロシアではなく一九〇五年革命後のロシア政府との協力を主張する集団、および、特にガリツィアの保守派のように、ブルジョワ民主主義者であり反露の集団が存在したとする。Hugh Seton-Watson, *op. cit.*, pp. 128-129.

（34）ロイド・ジョージもまた、独立ポーランドについて、その「一部を構成することを望む、あらゆる純粋にポーランド的要素からなる独立ポーランド」と表現している。*FRUS, 1918, Supplement 1, vol. I*, p. 9. ただしアメリカは、同年一〇月に出した十四カ条に関する公式注釈において、「国境画定前に公平な国勢調査をする」可能性に言及している。*The Intimate Papers of Colonel House, vol. IV*, p. 209. しかしこれでは、戦後の混乱時に「公平な」調査などそもそも可能であるか、という別の問題に置き換わっただけである。

（35）David Stevenson, *op. cit.*, p. 101.

（36）Georges Clemenceau, *Discours de Guerre*, Presses Universitaires de France, 1968, pp. 178-186.

（37）チェルニーン自身は、一月二四日の演説で、ベルギー問題については、同盟の義務に忠実にドイツを支持すると述べていた。*FRUS*, *op. cit.*, p. 57.

（38）István Deák, *op. cit.*, p. 199.

（39）Georges Suarez, *op. cit.*, pp. 356-357.

（40）Robert Lansing, *op. cit.*, p. 265.

（41） David Stevenson, *op. cit.*, p. 107.

（42） たとえば、スパ会議でオーストリア＝ハンガリーが自らの非を認めて、ドイツのいいなりになったことを理由に挙げるもの。Zbynek A. B. Zeman, *op. cit.*, pp. 352-353. このクレマンソーによる秘密交渉暴露とともに、ブレスト＝リトフスク条約への対抗という理由を挙げるもの。David Stevenson, *op. cit.*, pp. 105-106. ブレスト＝リトフスク条約の結果として、補強されたドイツ軍により西部戦線が危機に瀕したという軍事的理由を挙げるもの。Zbynek A. B. Zeman, *The Break-up of the Habsburg Empire 1914-1918*, *op. cit.*, pp. x, 248. カール皇帝が帝国内の諸民族の要求を拒否したという理由を挙げるもの。René Girault, Robert Frank, *op. cit.*, p. 57. ボルシェヴィキ化の恐れという理由を挙げるもの。Alan J. P. Taylor, *op. cit.*, pp. 264-265. ただし、一九一八年春はなお西部戦線の帰趨が不明であった時期であり、六月一〇日にはラシニィが陥落したために、ドイツ軍はパリから七〇キロの地点にまで迫っていたことを忘れるべきではない。そのためジョッフルも、「昨年にオーストリア＝ハンガリー帝国と折り合いをつけておくべきだった」と嘆いたほどである。Georges de Manteyer ed., *op. cit.*, p. 302.

（43） Vitor S. Mamatey, *op. cit.*, pp. 282-283.

（44） Josef Kalvoda, *op. cit.*, p. 284.

（45） Zbynek A. B. Zeman, *op. cit.*, p. 248.

（46） *FRUS*, *op. cit.*, p. 806.

（47） *Ibid.*, p. 386.

（48） Aviel Roshwald, *op. cit.*, p. 131.

（49） アメリカの姿勢については、彼らを鼓舞することは必要だけれども、具体的なコミットメントを避けるように、という駐伊大使の意見に代表されている。*Ibid.*, pp. 805-806.

（50） *FRUS*, *op. cit.*, pp. 809-810.

（51） Aviel Roshwald, *op. cit.*, pp. 816-817. なおカルヴォダは六月一五日付けのフランス駐米大使の文書を引用しているが（Josef Kalvoda, *op. cit.*, p. 353）、これはアメリカの見解を打診したものであって、この日に承認したのではない。*FRUS*, *op. cit.*, pp. 813-814.

(52)　三月七日の *The Nation* 誌の記事によると、「ハプスブルクからコンスタンチノープルにかけて発行された通貨や債券への信頼がなくなり、……多くの人びとは絵画に投資する方を好んだ。つまり中欧においては、君主の署名よりも芸術家の署名の方が、より潜在力があることになったのである」という事態が生じていた。Peter G. Meyer ed., *Brushes with History*, Thunder's Mouth Press, 2001, p. 124.

(53)　Georges-Henri Soutou, *op. cit.*, pp. 32, 34. 英国は八月九日にチェコ人たちを同盟側の交戦国民と認め、引き続いてアメリカが九月三日に、チェコスロヴァキア国民会議について事実上の政府承認を行っていた。*Ibid.*, pp. 824-825, 844-845.

(54)　*FRUS*, *op. cit.*, pp. 846-847. 政府承認が問題となるのは、既存国家の政府に関してであるので、なお国家として存在していないチェコスロヴァキアについて政府承認をすることは、たとえ事実上の承認であったにせよ、きわめて異例なケースである。

(55)　David Stevenson, *op. cit.*, p. 112; Josef Kalvoda, *op. cit.*, p. 421; D. Perman, *The Shaping of the Czechoslovak State: Diplomatic History of the Boundaries of Czechoslovakia, 1914-1920*, E. J. Brill, 1962, p. 47.

第三節　休戦と民族問題

次第に増強されるアメリカの軍事力によって西部戦線でドイツ軍が崩れ始め、八月には、遠からず開かれる講和会議について真剣に考慮しなければならなくなった[1]。ドイツはアメリカに対して一〇月三日に休戦交渉を要求し、翌日にはオーストリア＝ハンガリーが休戦要求に踏み切った。後者に対してウイルソンが一九日に、もはや十四カ条では不十分と返答したことで、ほとんど帝国存続の見込みは絶たれた[2]。戦争の勝敗は明らかとなったが、戦後秩序については、この時点で一致した構想があったわけではなく、むしろ戦勝諸国の戦後構想には多くの対立点があった。

1．諸民族に対するフランスの曖昧な政策

帝国領のチェコ人たちは、一〇月九日にウィーンの議会を去り、帝国との絆を断ち切ることを宣言し、パリの暫定政府は一八日に独立宣言を出して、二重帝国の瓦解はもはや止められない情勢となった。[3] ところが、この一〇月の時点でもなおフランスは、ウィーンとの交渉を試みていた。同年四月にクレマンソーが、それまでオーストリアと続けてきた秘密交渉の記録を暴露したことからすると、いささか奇妙に聞こえるかもしれないが、ベルン駐在の大使デュタスタが、同じベルンの墺大使館の参事官スクルチンスキー伯を通じて一連の非公式協議を続けたのである。[4]

「オーストリア人はとても慎重である。彼らは今までのところ、わずかに七名のフランス人を殺したにすぎない」[5]というクレマンソーの表現に見られるように、フランスはこの帝国と直接戦火を交えていたわけではなく、強い反感があったわけでもない。またこの交渉は、単に親ハプスブルク派の一部の人びとが政府の方針にそむいて突出した行動をとったともいえない。それは、クレマンソーがパリ講和会議におけるフランス外交団の代表に、この交渉に当たったデュタスタを指名した[6]ことからも窺うことができるし、オーストリア側の史料によると、そのクレマンソー自身一〇月末になっても、「もしオーストリアのドイツ人がドイツに加わることがないという保証が得られるのであれば、連邦国家を形成するために君主制の消滅を避けることを望んでいた」と伝えられる。[7] なぜならこの交渉の背景として、以下のようなより根本的な理由が存在したからである。

それは、帝国内の諸民族がそれぞれ独立して帝国が解体してしまうことで引き起こされうる、潜在的な危険性がより現実味を帯びてきたことである。この危険性に注目することは、すでに指摘してきたように、ヨーロッパ

の秩序維持と安定にとって帝国の存在を重視する見解と同じ趣旨であり、戦争末期になってもなおフランスの指導者たちがこの考えに立ち戻ったことを示している。なぜなら、諸民族が独立するために援用していた「民族自決」原則をこの地域に単純に適用すると、帝国内のドイツ人がすべてドイツに加わる可能性を否定できないからであった。それが実現した場合にドイツは、領土も拡大し人口も増加して戦前よりも強大になってしまうが、そのことは、独立を目指す諸民族にとって悪夢となるだけではなく、対独考慮を最も重視してきたフランスにとっても大きな脅威であった。そこで、フランスにとって戦略的に不可欠なヨーロッパの均衡を救うためには、ハプスブルクの王冠を救うことがよりよい方策、あるいは少なくとも、よりましな方策であり、そのために最後の交渉を試みようとしたのである。(8) ウイルソンが、連合諸国の意見を聞くことなくウィーンからの休戦要求を拒否した直後に、フランス外相ピションが駐米大使に宛てた一〇月二九日付けの電報の中で、こうした考え方を的確に表現している。

オーストリア問題の解決は、この戦争の最も重要な問題のひとつ——おそらく最も重要な問題——であるので、オーストリア＝ハンガリーの解体を原則として提示し、既成事実としてそれを宣言するだけでは、十分ではない。そのことから生じるすべてのことを真剣に検討し、危険なことにはあらかじめそなえる必要がある。……オーストリア＝ハンガリー問題は、オーストリア・ドイツ問題であり、それはヨーロッパ諸国のもっとも重大な利益にかかわるのであるから、最大の注意を払いつつ、すべての側面から考慮する必要がある。(9)

しかし、デュタスタたちの努力にもかかわらず、オーストリア＝ハンガリー帝国はドイツとの同盟関係を破棄しようとせず、国内の情勢は自己崩壊へと向かいつつあった。戦争継続はおろか、各民族集団がウィーンの支配を脱し、それぞれの望む道に進むのを阻止することもできなかった。そのため、原則としては「民族自決」に反対しないけれども、それを実現する場合にもたらされる危険を承知していたジュスランは、一〇月三一日に、次のような結論を出さざるをえなかった。つまり、帝国の分解は不可避であって後戻りは困難であろう。その帝国をあくまでも保持しようとすると、「二兎を追う者、一兎をも得ず」になる危険性が高い。とするならば、帝国の領土保全の努力をするよりも、ドイツが弱体化してしまうまで戦い続けることの方が重要である[10]。

休戦直前まで試みられたこの交渉だけで、フランスが諸民族への約束をすべて破棄してしまったと結論するのは、いささか性急にすぎよう。というのも、外務省の本省にいたベルトロは、すでに一〇月半ばに、オーストリア゠ハンガリーは消滅すべき運命にあり分離講和は問題外であると、ベネシュに語っていたからである[11]。したがって、特にドイツ強大化の可能性に直面して、戦後ヨーロッパの均衡を考えた場合、諸民族を支援して独立させるだけでは危険なのではないか、という懸念が根強く残っていたのであり、そのために、中東欧に関しては一致した見解に基づく確固たる方針を打ち立てることができず、フランスは明確な政策を採ることができなかったと理解すべきであろう。

帝国領のポーランド人たちは、オーストリア゠ハンガリーが十四カ条を受け入れた一〇月四日の覚書によって、ポーランド人は帝国から解放されたと理解していた[12]。その十四カ条で独立が謳われていたポーランド国家を目指して、ワルシャワで摂政会議が一〇月七日に独立を宣言し、クラクフでは一〇月二七日に、ルブリンでは一一月七日にそれぞれ地方政府が設立された。一一月一〇日にドイツから釈放されたピウスツキは、すでに成立していた軍隊および行政組織を掌握して一二日に共和国の設立を宣言した[13]。それぞれ別の組織がばらばらに行動していた[14]けれども、英米仏と独墺との間で休戦交渉が進められるのと並行して、ポーランドは独立国家樹立に向けて急速に動き出した。

フランス外交にとっては、対独障壁をいかに作り上げるかが最も重要な課題であることに変わりはなかった。だからこそ、休戦直後の一一月一五日にフランスは、他国の同意が得られず単独でも、パリのポーランド国民委員会を「事実上の（de facto）」政府として承認し[15]、成立しつつある独立ポーランドとの関係を少しでも強化しようとしたのである。その基本姿勢は、「フランソワ一世以来フランスは、安全保障上の要請から、ドイツの反対側に位置する大国との同盟を常に模索してきた」と、外務省メモが明確に述べている[16]。しかし、その「大国との同盟」とは、具体的に何を意味するのであろうか。

一二月二〇日のメモでは、できる限り迅速に強力なポーランドを建設すべきだとして、その「大国」を作り上げることを目指す。そのメモは以下の四つの理由を列挙している。第一に、ポーランド地方を喪失して初めて、ドイツは本当に敗北にしたことになる。第二に、ラインにおけるフランスの安全は、ドイツの反対側にある強力な国家を必要としている。第三に、ドイツの犠牲においてポーランドを強化すればするほど、ポーランドはドイツの敵国となることがより確実となる。そして最後に、ポーランドは、ロシアのボルシェヴィキとドイツの革命との間の必要な障壁となる、と述べていた[17]。この最後の点については、ピション外相が年末の議会において、次の点を指摘して再び確認している。つまり、ドイツがボルシェヴィキと折り合いをつけて、膨張に好都合な土地を東方に見出すようなことになれば、われわれの勝利の利点は失われてしまうので、その危険をかわす必要があると[18]。具体的には、リトワニア部分を除いて旧ロシア領ポーランドをすべて含み、ガリツィアもその東部には自治権を与えるという条件でポーランド領に、そして上部シレジア、ポーゼン、西プロイセンの大部分とダンツィヒ、さらに東プロイセンの一部もポーランド領とすべきだと主張していた。ただし、その四日後のメモが示すように、これらの地域がかかえる多くの問題は十分に認識されており、必ずしもポーランド人たちが一七七二年国境を一致して要求していないことも指摘されている。[19] そしてこのとき最大の懸案事項は、今後ロシアをどのように考えるかであった。パリにいたポーランド代表団の書記は、フランスの態度を以下のようにまとめている。

ロシアの崩壊を出発点としてとらえ、その代替物としてポーランドに期待する人びとがいる反面、かつての統一ロシアの復活にまだ期待をつなぎ、ロシアの不利になるようにポーランドを支持することで（仏露）関係を損ないたくないと考える人びとがいた。

だからこそ外務省メモも、新たに独立しようとしていた諸国を戦略上・安全保障上の期待を込めて眺めながらも、[20] ロシアへの配慮からポーランドの東部国境については明確にしなかった。[21] したがって「大国との同盟」が具体的に何を意味するのかについては、それがポーランドを意味するのか、ロシアを意味するのか、なお曖昧さが残っていたのである。

すでに述べたように、ピウスツキは西側諸国を当てにしていなかったので、自らの軍事力で新たな政府を樹立し、望ましい国境を確保しようとしていた。他方、パリのポーランド国民委員会はピウスツキ政権を嫌悪していたが、現地で実効支配する政権を無視するわけにもいかず、一九一八年末から翌年初頭にかけてワルシャワと交渉を始めた。ピウスツキにとっても、講和会議のことを考えると戦勝国と強いつながりのある国民委員会と妥協する必要があり、双方が歩み寄る形で、パデレフスキが一月一六日に組閣することが決まった。その結果、ドモフスキが率いる国民委員会が講和会議における正式なポーランド代表となる[22]。彼らは西側諸国の決定を重視していたので、パリでの交渉に全力を注ぎ、ボルシェヴィキの脅威を煽り立ててでも、何とか自らに有利な決定を引き出そうとした[23]。講和会議が始まるときには、ポーランド独立国家の成立は既成事実であったけれども、支配していた領域はまだ旧会議王国と西ガリツィアのみであって、彼らの要求する国境線はほとんどすべてにおいて、困難な問題にぶつかっていたからである。それらはどのように解決されたのであろうか。

2．戦勝諸国間の関係

個別の国境問題を検討する前に、休戦交渉から講和会議が始まるまでの戦勝諸国の関係を見ておこう。

そもそも休戦協定[24]とは、講和条約が発効して戦争に終止符が打たれるまでの間の暫定的状態にすぎず、重大な協定違反がなければ定期的に更新されるが、問題があれば再び戦闘行為が始まるという性格のものであり、このときの休戦協定も約一カ月で更新され続けた。フランスはこうした休戦協定の性格をそのまま解釈して、来るべき講和条約の重要な部分に関してドイツが満足な回答を寄せてこないのであれば、戦闘行為を再開する可能性があると考えていた[25]。これに対してロイド・ジョージは、いったん戦闘行為が中断した以上、再び武器を取ることは「不可能ではないかもしれないが困難」であろうと考えており、「あまりに多くを要求することで、有利な立場を失うような危険」は避けるべきだと主張し、早くも両国の立場は微妙に食い違っていた[26]。

ヨーロッパの戦後構想について一一月一九日に覚書を提出したヘッドラム＝モーリーは、大陸を一カ国だけが支配するのを阻止すべしという伝統的な勢力均衡の理解に立って、各民族集団が主張しているような国民国家の樹立こそが、英国外交の目的であるとの結論を導き出していた。なぜなら、そのような国家こそ、歴史的偶然によってできあがった旧来の諸国よりも永続性があるからで、したがって、勢力均衡という目的は自決原則と完全に一致すると主張した。戦争中英国政府には、オーストリア＝ハンガリー帝国を改革して維持すべしとする主張と、独立を目指す諸民族運動を支持する主張とがみられ、これはフランスと同じであった。しかし戦争末期にオーストリア＝ハンガリー帝国が崩壊してしまったため、権力の真空を避けるべきであるとのコンセンサスから、独立を宣言した諸国家を支持すべきだという主張が大勢を占めた。したがって政策の基本としては、独立ポーランド国家や独立チェコスロヴァキア国家の樹立を支持することは明らかであったけれども、多くの問題を抱えるそれぞれの国境画定については、英国政府内部でもさまざまな見解があり[27]、ポーランド新政権やフランス政府の主張と必ずしも一致するとは限らなかった。

他方、そのフランス政府の政策もいまだに模索段階であった。戦争末期にクレマンソー[28]が、領土問題に関する委員会と経済問題に関する委員会を立ち上げていたけれども、それらは外務省とは別に活動しており、タルディユーが両組織を統合して、会議に提出するフランス案の基礎となるテクスト作成を始めたのは一九一八年末になってからであった[29]。したがって、翌年初頭に講和会議が始まったとき、中東欧に関する包括的なプランはまだできておらず、講和への準備が整っているとはいえない状態であった[30]。そのため、駐英大使カンボンが書いているように、講和会議が始まるまでに、戦勝国間で講和の諸条件について合意すべきであるにもかかわらず[31]、基本的な合意なしに会議が始まろうとしていた。

その基本的な合意について、戦勝国相互で最大の懸案事項となったのが、ウイルソンの十四カ条をどのように取り扱うかという問題であった。敗戦国は、それまでのウイルソンの主張、すなわち「民族自決」の原則が独墺にも公平に適用されることを期待し、それを条件として、アメリカに休戦を申し出ており、それに対する返答が、一九一八年一一月五日付けのドイツ政府へのランシング国務長官名の覚書であった。その覚書では、英仏の主張に配慮して公海自由の原則についての解釈と賠償についてはは留保をつけていたが、「一九一八年一月の議会演説で提示された講和の諸条件と、ならびにそれ以降の諸演説で公表された諸原則に基づいて、連合国諸国はドイツ政府との講和を締結する意思を宣言する」と明記してあった[32]。したがって、ニコルソンが指摘しているように、十四カ条が両交戦諸国において、理論的には交渉の基礎として受け入れられていた、と理解できる[33]。

予想される英仏の反対にもかかわらず、ヨーロッパにおける旧来の勢力均衡や権力政治に変わる新たな国際関係を築き上げることを目指していたウイルソンは、十四カ条の扱いについて譲歩するつもりはなかったし、その考えは、参戦直後からずっと一貫していた。たとえば一九一七年七月に、「戦争が終われば、彼ら（英仏）をわれわれの考え方に従わせることができましょう。なぜなら、そのときまでに彼らは、ほかのことと並んで、財政的にわれわれの手中にはいることになるでしょうから」と、ハウスに書き送っていた[34]。しかし、戦争の帰趨を決したアメリカの軍事力の重要性と、英仏の戦費をまかなったアメリカへの依存は明らかであったにもかかわらず、両国はウイルソンの主張、特に十四カ条について留保なく認めようとはしなかった。クレマンソーがハウスの面前で、ロイド・ジョージに対して、「ウイルソン大統領から、十四カ条を受け入れるかどうか尋ねられたことがありますか。私は一度もありません」と問い、それに対して英国首相は、「私も尋ねられたことはありません」と答えたように[35]、ウイルソンの主張はあくまでもアメリカの考えであり、それに対して英仏が同意を与えたことはないという立場であった[36]。

そのようなフランスの態度は、ウィーン会議に倣って、講和会議の始まる前に他の戦勝国に提案した会議の諸原則にも示されている。その諸原則は、「自由かつ秘密投票により自らの運命を決定する権利」に言及して、住民投票による国境画定という方法を認めているようである。しかしながら、「諸国家のある均質さの原則とともに」であるとか、「民族的・宗教的諸集団の混在と、平等かつ秘密投票という基準を適用する困難さを考慮して」などの但し書きがついており、会議においてフランスの主張を実現させるための道が開かれていたし、「マイノリティの諸権利の保護という原則」も付け加えられた。そして「ウイルソン大統領の十四カ条は、議論の出発点としては採用されえない。なぜならそれは、交渉の原動力となる公的正義についての諸原則であるけれども、具体的な諸条項を正確に規定するために不可欠な、具体的性格を欠いているからである」として、十四カ条を交渉の基礎とする考え方を明確に退けていた[37]。

そのため、一九一八年一〇月末からパリで交渉を始めたハウスの最大の任務は、十四カ条を受け入れさせることであり、彼も十分にそのことを認識していた[38]。ウイルソンは、アメリカの講和会議への参加は十四カ条の受け入れ次第であると述べていたがゆえに、ハウスの役割はいっそう重大であった。そこでハウスは、十四カ条とその後のウイルソンの主張を受け入れないのであれば、現在の休戦交渉は終わりを告げ、アメリカは独自に決定を下すと通告し、単独講和も辞さないと圧力をかけた。その効果は絶大であり、英仏伊は十四カ条受け入れに同意を表明した[39]。こうしてハウスは見事にその役割を果たしたようであったし、たしかに休戦協定は十四カ条の内容を反映していた。しかし、それでもなお英仏両国は講和会議においてそれに縛られるつもりはなかったのであり[40]、そのため講和会議が始まると、十四カ条の曖昧さも手伝って、多くの争点で対立が見られることになる。それは、ランシングも指摘しているように、「十四カ条も、一九一八年二月一一日の四原則も、交渉のための十分なプログラムではなく、個別の適用においてはあまりに不明瞭であった」うえに、法律家たちがこれらの原則に基づいて具体的な条約案を作成することを大統領自身が認めなかったからである[41]。さらに、ロイド・ジョージが回想しているように、ウイルソン自身も具体的なプランを持っていたわけではなく、個別具体的な事例については曖昧だったからである[42]。

それらの原則の中でも「民族自決」原則は、特にオーストリア＝ハンガリー帝国が崩壊してしまっていたがゆえに、もはやこの原則に依拠するしかないと考えられるような雰囲気が生まれていた[43]けれども、この原則こそ、その具体的な意味内容が最も不明確なものであった。ランシングの回想にあるように、このことばは諸集団や非公式代表によって頻繁に言及されており、報道でも頻繁に言及されているけれども、自決の主体はいったいどのような集団を指すのか明らかではなく、特に自決が権利として際限なく主張され始めると国際秩序が破壊されてしまうことになるだけに、これは危険な概念なのであった[44]。

3．休戦とポーランドの領域問題

では具体的に、ポーランド問題についてどのような議論が展開されたのであろうか。「歴史的にポーランドは、フランス、スペインあるいはイングランドに匹敵するような、国民国家であったことは一度もなかった[45]」ため、過去の国家領域はそのまま参考にはならなかった。民主主義的理念をよりどころとする講和会議の首脳たちは、検討も加えずに一八世紀末までの国家を再建することはできなかったからである。シートン＝ワトソンが指摘するように、ポーランドの独立は事実となったけれども、ポーランド国民と歴史的なポーランド国家との差が鋭い形でつきつけられることになった[46]。

一一月初旬の休戦交渉で、フランスの要求が入れられ、ブレスト＝リトフスク講和条約の失効が休戦協定締結の条件として盛り込まれた[47]。しかしそれは、独墺がボルシェヴィキに放棄させた領域移転を認めないことを意味するにすぎず、はたして独墺の新たな国境線はどこになるのか、すでに政権が樹立されている独立国家ポーランドの領域画定はどうなるのかについては、まったく予断を許さない状況であった。特に、戦争後半からその地を占領し実効支配していたドイツ軍が休戦によってどこまで撤退すべきかという争点は、ポーランドの領域をどのように考えるかをめぐって各国の思惑が交錯する場となった。フランスは、フォッシュもピションも、第一次分割以前の境界線までドイツ軍が撤退すべきことを主張していた。ただしこの案を実現すると、リトワニアはもちろんのこと、ベロルシアからウクライナの一部もポーランド領になる可能性が出てくるために、上述したようにロシアの弱体化を招くような政策を慎んでいたフランスの政策とは矛盾するという難点があった。他方でパリのポーランド国民委員会は、東プロイセン南部やシレジアを含む地域からドイツ軍が撤退することも主張していたので、一七七二年国境への撤退という案は、このポーランド人集団の要求を十分に満たすこともできなかった[48]。

これに対してバルフォア英外相が、連合国は分割前の領土を持ったポーランドの再建に同意したことは一度もなかったはずだと反論し、フランスはそれを受け入れる形で主張を取り下げた。その結果、休戦条約第一二条では、ドイツ軍は一九一四年国境まで撤退することが定められた。ただし休戦交渉の最終段階で、ボルシェヴィキの影響を強調するエルツベルガーの主張が考慮され、連合諸国が撤退時期を決定するまでドイツ軍は占領地にとどまることとなった[49]。この争点は、単にドイツ軍の撤退ラインを決めるだけなく、その背後には、広大な領域を持つ強力なポーランド国家を望むかどうか、ひいては戦後の東欧秩序をどのように再編するのかという問題が横たわっていた。

この問題については、現地のピウスツキ政権が一九一八年末にドイツに対して撤退を要求したため[50]、ドイツ軍は連合国の決定を待たずに撤退を始めた。このときドイツ国内では反乱があいつぎ、ドイツ軍は占領地にとどまって、ボルシェヴィキの西進を食い止める働きをしているわけにはいかなかったのである。両国間の条約は翌年二月五日に正式に調印されるが、事実上は、独軍撤退時からそれにとってかわったポーランド軍が、西進しつつあったボルシェヴィキの赤軍と戦っていた。こうした情勢の変化に関連して、ドイツとボルシェヴィキとの接触情報が次々と入ってきていたフランスは、フランス内のポーランド人部隊を現地に派遣するなどの軍事支援を主張した。フランスが自国軍をこの地域に派遣してボルシェヴィキと戦い、ポーランドを守ることは、無理だったからである。しかし英米はこれに反対したため、ハルレル将軍が指揮するポーランド人の部隊派遣は、数カ月先まで延期されることになった[51]。

これと同じころ、ドイツ人とポーランド人の間で重大な事件が勃発した。パデレフスキがピウスツキ政権と交渉するため、一二月二六日にダンツィヒに上陸し、ポーゼンに向かったのをきっかけとして、その翌日から、独立を目指すポーランド人のデモがおこった。上述のようにピウスツキは西側国境には関心がなかったので、指令を出したりコミットすることはなかったけれども、現地で採用されたポーランド人義勇兵が独自に行動を起こし[52]、それを鎮圧しようとしたドイツ軍との間で衝突が始まった。まるで一八四八年にポーゼン大公国の復活をプロイセン王が約束した直後と同じ状況であった[53]。

当初の休戦協定に規定された一九一四年の国境線で考えると、この地は戦前のドイツ領内となるので、最終的な講和条約を待たず、この問題だけに決着をつけることはできなかった。そのため一九一九年になると、連合国間でこの問題は何度も議論され、敵対行為の中止を双方に命じた上で、暫定境界線を提案すべきかどうかについて話し合われた。しかし七〇年前と同様に、ドイツの西側に位置する諸国にとって、この地の紛争に対して影響力を行使するには極めて限られた手段しかなかった。つまり、休戦協定違反として、西部戦線でドイツに対する戦闘行為を再開するしかなかったのであり、そこまでしてポーランドを支援する価値があるかどうかについて英仏は激しく対立した[54]。他方現地では、一月末から二月にかけて、ポーランド人たちがポーゼンをほぼ手中に収めていた。そこで、ドイツが次第に抵抗を強め反撃に出ようとしているのを見たポーランドは、奪取した地域を確保する政策に切り替え、連合国への働きかけを強めた[55]。ポーランドからの訴えを受けた連合国は、双方に向かって敵対行動の中止を命じるが、この時点における中止命令は明らかに、ポーランドによるポーゼン支配を事実上認める効果を及ぼす命令であった。だからこそ、ポーランドはこの命令に従って敵対行動を中止したのに対して、ドイツは、一一月の休戦協定は一九一四年国境までの撤退しか命じていないことを根拠に、ポーゼンの帰属は未定であるとして、敵対行動中止命令を拒否した。そこで戦勝国がさらに態度を硬化させ、この中止命令を休戦協定更新の前提条件とすることで、ようやくこの問題は収まった[56]。

強国の建設を支持し、ポーランドによるポーゼン領有を主張するフランス[57]に対して、英米は武力衝突の結果をそのまま事後的に追認することには抵抗があった。しかし、ポーゼンはポーランド人が住む地域であると考えていたため、ここをポーランド領にすることについては、英米にも異論はなく、二月一七日に更新される休戦協定の第一条は、講和会議における国境画定には影響を与えないものとして、ポーゼンをポーランド領とする暫定的な境界線を画定した[58]。その後開かれた講和会議で、ロイド・ジョージが「敵対行為は中止されているので、(ポーゼン問題には)緊急性がない」と答え、以後この問題は四首脳の会談でも議題にならずに終わった[59]。こうして一七九三年の第二次分割でプロイセン領となったポーゼンの帰属は、両当事国の武力衝突によって決定され、戦勝諸国によって承認された。

その承認を正統化するために主張された根拠は、そこに誰が住んでいるかという基準であり、その「誰」を決定する際に用いられたのが、戦前や戦時中に公表されていた各種統計や分布地図[60]であった。つまり、統計で「住民の大半がポーランド人」とされていた地域をポーランド領として認めるという見解が、すでに戦勝国間で共有されていたことがわかる。しかし、どのようにして、「ポーランド人が住む」かどうかを決定するのか、という解きがたい難問は迂回され、単に自決という大原則が確認されたにすぎなかった。もし、言語という基準によるのであれば、この時点でドイツ固有の領土とされた地域にも、ポーランド語と同じ西スラヴ語派に属するソルブ語を話す人びとが住んでいたのであり、純粋に言語の違いで決定されたわけではない。むしろ、第二回分割でプロイセンが領有することになった地域を、元に戻すという考慮が背後で働いていたことは否定できず、過去の国境線が少なからず影響を及ぼしたことが理解できよう。

第三節　休戦と民族問題

（1） Arthur Walworth, *op. cit.*, p. 178.

（2） Vitor S. Mamatey, *op. cit.*, pp. 340-341. その理由についてウイルソンは、J・S・ウイリアムズ上院議員に対して以下のように説明している。「チェコスロヴァキアを承認し、ユーゴ・スラブ人たちの国民的抱負を公式に鼓舞したことによって、オーストリア＝ハンガリーの処遇にかかる諸条件は根本的に変化しました」。Ray Stannard Baker, *op. cit.*, vol. 8, p. 485. ただし、オーストリア＝ハンガリーへの「ウイルソンの返答は、マサリックに吹き込まれたものであり、（それによって帝国の）全般的崩壊を不可避にしてしまった」という見解もある。Georges de Manteyer ed., *op. cit.*, p. 307. また、帝国内の諸民族とのあらゆる約束や共感の声明にもかかわらず、連合国は一〇月三一日にハプスブルクの政府と休戦協定の交渉をしていたため、ベネシュが抗議し、英国外務省は陳謝している。Zbynek A. B. Zeman, *A Diplomatic History of the First World War*, *op. cit.*, p. 359.

（3） *FRUS, op. cit.*, pp. 847-849.
（4） 一〇月六日に、デュタスタからの申し出をスクルチンスキーが報告したことに端を発する交渉は、一六日に仏墺両国がそれぞれの代表の非公式会談に合意するところまで進むが、アメリカに支持されたイタリアの反対によってその会談は実現しなかった。ドイツの勢力拡大を憂慮するフランスに対してオーストリアの善意を示すため、ドイツとの同盟解消をスクルチンスキーは本国に進言し続けるが、カール皇帝がドイツとの断絶を発表するのは二六日になってからであり、休戦を目前にしていた状況では、ときすでに遅かった。そのため、デュタスタはなおも交渉を続けようとするが、一〇月末には本国の支持を得られず、一一月になるとオーストリアとの接触はもはや許可されなくなった。Louis-Pierre Laroche, *op. cit.*, pp. 59-75.
（5） *Ibid.*, pp. 58-59.
（6） ジュール・ラロッシュは、この決定の背後には、ベルトロとド・マルジュリーの確執があり、さらに、クレマンソーに抵抗しそうにないデュタスタであれば、クレマンソーは自らが望むように会議を取り仕切ることができるだろうという判断があったと指摘する。Jules Laroche, *op. cit.*, p. 66.
（7） *MdÄ. PA.I. Karton 966 : Télégramme du baron Chumecki N° 765*, cit. in Louis-Pierre Laroche, *op. cit.*, p. 69.
（8） *Ibid.*, p. 52. ルイ＝ピエール・ラロッシュは、それまで諸民族を支持する政策をとってきた政治家たちの中にも、ドイツ強大化の危険を見てそれを避けるために、カール皇帝の権力を確保しその王冠の下でドナウ諸国連合を形成することを目指した政治家たちがいたことを指摘し、彼らのことを「戦術的」親オーストリア派と呼んでいる。
（9） *MAE, Série A Paix, 57*, cit. in *ibid.*, p. 55.
（10） *MAE, Série A Paix 102*, cit. in *ibid.*, pp. 56-57.
（11） Auguste Bréal, *op. cit.*, p. 149. ただしこの逸話もベネシュの回想録にのみよっている。
（12） Vitor S. Mamatey, *op. cit.*, p. 327.
（13） Joseph Blociszewski, "La restauration de la Pologne et la diplomatie européenne", *Revue générale de Droit International Public, tome* 33, 1926, pp. 387, 390-391.
（14） Kalervo Hovi, *op. cit.*, p. 172.

(15)　国際法主体としての国家がまだ承認もなされていない段階で、たとえ事実上の承認であっても、その国家の領域一般を実効的に支配していない政府を承認することは、本末転倒ではなかろうか。チェコスロヴァキアのケースも同じ過程をたどるが、これらは国際法の想定していない限界的な事例であったと理解すべきなのであろうか。

(16)　*Ibid.*, p. 154.

(17)　Piotr S. Wandycz, *France and her Eastern Allies*, *op. cit.*, p. 22.

(18)　Georges Bonnefous, *op. cit.*, p. 440.

(19)　Kay Lundgreen-Nielsen, *op. cit.*, p. 75-78.

(20)　Arno J. Mayer, *op. cit.*, p. 181.

(21)　Piotr S. Wandycz, "The Polish Question", *op. cit.*, pp. 330-331, 323.

(22)　Joseph Blociszewski, *op. cit.*, pp. 394-398. 米英仏伊日波の代表が一九一九年一月二九日に集まった会談でも、ピウスツキは社会主義者であり、その政権は社会主義政権であると表現されており、ピウスツキの評価にさいして、彼に関する情報が十分ではなかったか、かなりバイアスがかかっていたことが窺える。*FRUS, PPC, vol. III*, pp. 773-774.

(23)　Aviel Roshwald, *op. cit.*, p. 163. たとえば一月二九日の最高会議において、ドイツとボルシェヴィキとの協力を指摘した上で、すぐにポーランドを援助しなければ、ポーランドはボルシェヴィキに併呑される、とドモフスキは訴えている。*FRUS*, *op. cit.*, pp. 776-777.

(24)　一九一九年一一月七日に設置された戦争最高会議は、当初は窮状が伝えられたイタリア戦線での軍事協力を主たる目的とするものであり、ランシングが明言しているように、講和の条件や講和条約の内容を話し合うためのものではなかった。ハウスはこの会議への合衆国代表としてヨーロッパに渡った。*FRUS, 1917, Supplement 2, vol. I*, pp. 281-284, 286-289, 292, 296-299. その後、英仏軍と米軍との協力を促す場として用いられるとともに、政治的性格を持つようになり、休戦協定の内容もここで議論され、決定された。

(25)　*Ibid.*, p. 903.

(26)　Bullitt Lowry, *op. cit.*, pp. 17, 49.

(27) Erik Goldstein, *Winning the Peace, British Diplomatic Strategy, Peace Planning, and the Paris Peace Conference, 1916-1920*, Clarendon Press, 1991, pp. 124-127, 131, 144-146.

(28) 回想録においてポワンカレが、一〇月二一日付けの記述で批判しているように、クレマンソーはその見解を局面によって変化させており「中欧の将来についてなんの見解も持っていなかった」という政敵の評価がある。Raymond Poincaré, *Au service de la France, vol. X, Victoire et Armistice 1918*, Plon, 1933, p. 399.

(29) Jules Laroche, *op. cit.*, pp. 57-62. André Tardieu, *La Paix*, Payot, 1921, p. 95.

(30) Piotr S. Wandycz, *France and her Eastern Allies*, p. 26. 他方アメリカでも、代表団が講和会議への詳細な準備をしていないと心配する声があった。Haward Elcock, *op. cit.*, p. 53.

(31) Paul Cambon, *op. cit.*, p. 279. 同様の懸念は、弟のジュール・カンボンにも見られ、彼はイアン・マルコムに「この会議の結果がどうなるか知っていますか。即興演奏ですよ」と語っていた。Harold Nicolson, *Peacemaking 1919*, Oxford University Press, 1934, p. 242.

(32) *FRUS, 1918, Supplement 1*, pp. 468-469.

(33) Harold Nicolson, *op. cit.*, p. 83.

(34) Ray Stannard Baker, *op. cit.*, vol. 7, p. 180.

(35) *The Intimate Papers of Colonel House*, *op. cit.*, p. 167.

(36) そのアメリカでも、後に、ヴェルサイユ条約が批准されずに終わることを考えると興味深いことに、この時点ですでにウイルソンの反対派であったセオドア・ローズヴェルト元大統領は、十四カ条やその後ウイルソンが表明した立場について、それはもはやアメリカ人の意志を代表しているものではないと主張していた。さらに彼は、この忌まわしい災難を引き起こした国民に対して、連合諸国が、彼らの共有する考え方を、押し付けるがままに任せておけばよい、とまで述べていた。*Ibid.*, pp. 155-156.

(37) *FRUS, PPC, vol. I*, pp. 349, 353, 368.「民族自決権」を認めることは、その後も繰り返し指摘されている。*Ibid.*, pp. 370, 388.

(38) *The Intimate Papers of Colonel House*, *op. cit.*, p. 155.

（39）　*PWW, op. cit.*, pp. 513-517, 594; *The Intimate Papers of Colonel House, op. cit.*, pp. 173-174. ハウスの圧力以外に、ロイド・ジョージが十四カ条を受け入れた理由について、ムーアは以下の六点をあげている。自国におけるストライキと社会不安、十四カ条を交渉の基礎として要求する戦闘的労働者たちの圧力、ロイド・ジョージ自身が十四カ条にかなりの共感を抱いていたこと、がしかし彼は機を見るに敏な日和見主義者だったこと、ウイルソンの諸原則やウイルソン自身を十分評価していなかったこと、ヘイグ将軍が紛争を続けることに反対したこと、である。Sara Moore, *Peace without Victory for the Allies 1918-1932*, Berg, 1994, pp. 39-41.

（40）　Bullitt Lowry, *op. cit.*, p. 163.

（41）　Robert Lansing, *The Peace Negotiations, A Personal Narrative*, Greenwood Press, 1971, pp. 191, 199-200. ランシングは、講和の進め方についてウイルソンと意見が合わず、後に辞職することになるので、彼の回想録はウイルソン批判の色彩が強く、その点を考慮して読む必要がある。ただしロイド・ジョージも、ウイルソンがすべてを自分一人で取り仕切ろうとし、国際連盟に関する委員会のすべての会合に出席したと指摘していることからして、ここでのランシングのウイルソン評価は妥当なものであろう。なおロイド・ジョージは、ウイルソンが講和会議中にとった行動は、一人の人間の能力を超えており、それが会議後ウイルソンの健康を悪化させた原因であると考えている。David Lloyd George, *The Truth about the Peace Treaties, vol. I*, Victor Gollancz, 1938, pp. 281-282.

（42）　*Ibid.*, p. 273.

（43）　Alan Sharp, *op. cit.*, p. 131. さらに、多民族帝国の崩壊によって、民族誌学的なアプローチの代わりになるような諸原則は、なくなったと理解するものもある。Aviel Roshwald, *op. cit.*, p. 161.

（44）　Robert Lansing, *op. cit.*, pp. 96-97.

（45）　Andrzej Korbonski, “Poland, 1918-1939”, in Joseph Held ed., *The Columbia History of Eastern Europe in the Twentieth Century*, Columbia University Press, 1992, p. 231.

（46）　Hugh Seton-Watson, *op. cit.*, p. 129.

（47）　Kalervo Hovi, *op. cit.*, p. 147.

（48）　Piotr S. Wandycz, *op. cit.*, pp. 17-18.

(49) *Ibid.*, p. 17. Bullitt Lowry, *op. cit.*, pp. 133-134, 139-140, 161.

(50) したがって、一月二九日にドモフスキが、「ドイツにおける革命のため休戦条約の諸条項を実現することができず、ドイツ軍は、連合諸国が要求する前に、無秩序に撤退しました」と述べているのは、事実に基づかない非難である。*FRUS, op. cit.*, p. 773.

(51) Kalervo Hovi, *op. cit.*, pp. 172, 169-170, 173-174. ホヴィは、このようなフランスの認識に関して、一月から二月にかけてフランスは静かに政策を変化させ、いわゆる防疫線政策に移行したとする。ただしその変化は、対ドイツ考慮に由来する戦術的変化であった点を強調している。*Ibid.*, p. 171. 戦前はオーストリア軍の軍人であったハルレルは、開戦後はピウスツキ指揮下のポーランド人部隊の第二旅団を指揮した。一九一八年にロシア領に入り、そこからフランスにまで移動し、フランス内でポーランド軍を指揮していた。

(52) Antoni Czubinski, *op. cit.*, p. 415.

(53) Alphonse de Lamartine, *op. cit.*, pp. 243-245.

(54) *FRUS, PPC, vol. III*, pp. 903-904, 906, 976, *vol. IV*, pp. 38-39. ドイツ代表エルツベルガーも、ポーランドの野心について抗議した。

(55) 一月二三日にクレマンソーが報告しているように、「スパルクス団の壊滅後ドイツ軍の将校たちは再び傲慢な態度をとり始め、以前にも増してきわめて扱いにくくなって」きた。*FRUS, PPC, vol. III*, p. 695.

(56) *Ibid.*, pp. 774-775, 924-925, 932-933, 949, 981-982, 987-988, 1005.

(57) クレマンソーは、「フランスが西側における緩衝となるように、ポーランドは東側における緩衝として最も重要であります」と主張している。*Ibid.*, p. 904.

(58) *FRUS, PPC, vol. III*, p. 1008, *vol. IV*, p. 42; Kay Lundgreen-Nielsen, *op. cit.*, pp. 178-179.

(59) Paul Mantoux, *Les délibérations du Conseil des Quatre, vol. I*, Éditions du Centre National de la Recherche Scientifique, 1955, p. 118.

(60) これらの統計は、その政治的必要性と重要性にもかかわらず、大きく異なる結論に達していた。そもそも基準についての不一致や方法上の問題があり、推定に頼らざるをえないものであった。そして、それに基づく分布図は

「視覚的な虚構に他ならなかった」。野田宣雄編著『よみがえる帝国』所収、植村和秀「『ドイツ』東方をめぐるネイション意識と『学問』」ミネルヴァ書房、一九九八年、四九―五四頁。たとえば、ポーゼンを支配していたドイツの戦前の統計は、当然のことながら、ポーランド人に不利なようになっていた。逆に、シートン＝ワトソン、ウィッカム・スティード、マサリックらが中心となり、中部東部ヨーロッパで独立を目指す諸民族集団を支援していた *The New Europe* のような週刊誌は、諸民族に有利な分布図を載せていた。ポーランドについては、「人種分布図」がある。*The New Europe, vol. III*, No. 34, 7 June 1917, Supplement. こうして「人口調査」に基づいた「地図」が作成されることは、アンダーソンが、植民地国家がその支配領域を想像する仕方として指摘したものであるが、次章で検討するように、パリ講和会議の諸決定でも、まさに同じ効果がみられる。ベネディクト・アンダーソン、前掲書、二七四―三〇一頁。

第四章　講和会議の諸決定

一九一九年一月一八日、それはちょうど四八年前にドイツ帝国の誕生がヴェルサイユ宮殿において宣言された日であるが、ポワンカレ大統領が講和会議の開会を宣言した[1]。その会議には、二七カ国という多数の参加国があったため、予備会議を開いていた英米仏伊に、日本を加えた五カ国から二人ずつ参加する一〇人からなる委員会[2]が最終決定を下す権限を持ち、その下部組織として、五二の特別委員会を設置して個別の問題を検討することが決められた。しかし、決定機関をわずか五カ国の代表に絞ったにもかかわらず、それぞれの代表は専門家や秘書を伴って会議に臨んだため、総勢は常に三〇有余名になった。そのような多数が参加する会議では、率直に意見を開陳することはためらわれたし、意見が公然と対立するのを避けようとしたために、議事は遅々として進行しなかった。そのうえ、二月中旬には英米伊の首脳がそれぞれの国内事情から帰国し、クレマンソーは襲われて負傷したため、果たして条約は成立するのだろうか、という不安が広がった。そこで、三月七日にロイド・ジョージがハウスおよびクレマンソーと主要な諸問題について広範な意見交換のため私的に会談を行ったのがきっかけとなり、その後ウイルソンがパリに戻ってハウスと交代し、二四日にオルランドが参加したことによって、四人による会議のスタイルが出来上がった。[3] ちょうど三月末には、諸委員会の報告もほぼ完成したことをうけて、[4] 英米仏伊の首脳四人だけでほぼ毎日会議を開き、重要な懸案事項はすべてここで決定することになったのである。[5]

この講和会議の印象を、当時軍需大臣であったチャーチルが次のように回想している。

勝者と敗者の別なく、貴族的な政治家や外交官が一堂に会して、儀礼も正しく宮廷風な論議を交わし、デモクラシー特有のおしゃべりや騒々しさもなく、全員が一致した原則の上に立って諸制度の建て直しができた、かつてのユトレヒト条約や、ウィーン条約の時代は、すでに過ぎ去っていた。[6]

艶やかな色彩の衣装を身にまとった王族・貴顕が集った一〇〇年前と違って、フロックコートを着た黒ずくめ[7]のジェントルマンの時代にあっては、もはや会議が「踊る」[8]ことはなかった。しかし、全参加国による全体会議で戦後構想を話し合い、決定することは不可能であったし、一〇人による決定という方法でも、なおうまく進行しなかった。そのため、しだいに四大国の首脳たちが、当初は「私的に」集まって話し合うようになり、それが発展する形で四人だけの会議に至ったのである。いくら秘密外交を声高に非難していたウイルソンであっても、実質的な討議をして決定を下すためには、このような方式に同意せざるをえなかった。

（1）講和会議は、中立国のスイスで開催する案があったけれども、スイスにおけるボルシェヴィキの影響が報告されたため、ウイルソンはヴェルサイユが最善の場所であるとハウスに返信している。*PWW, vol. 51*, pp. 622-623, 617.

（2）一九一七年一一月に設置された戦争最高会議が、講和会議の最高会議となり、いわゆる一〇人委員会となった。Howard Elcock, *op. cit.*, p. 62.

（3）Alan Sharp, *op. cit.*, p. 29.

（4）André Tardieu, *op. cit.*, p. 128.

（5）Pierre Renouvin, *op. cit.*, p. 46. 安全保障問題、賠償問題、および国際連盟の問題と関連した米仏対立とともに英仏間の衝突が、最高会議が首脳だけのいわゆる四人委員会に変化することにつながったという指摘もある。Piotr S. Wandycz, *France and her Eastern Allies*, p. 40. ローマ大学の憲法の教授でもあったオルランド首相は、イタリアの要求が拒否されたのを受けて四月末から五月初旬の二週間帰国しただけでなく、その他の会議にも欠席する場合があり、また出席しても特に意見を述べずに終わっていることが多い。したがって、イタリアに関する諸問題を除けば、主として三人で決定されたといえる。また日本の代表は、直接関係する議題に限って参加しているので、この会議の恒常的な構成員ではなかった。ここでは、正式名称ではないが、俗に四人委員会と称されたこの会議のことを「首脳会議」と呼ぶことにする。

（6）ウィンストン・S・チャーチル、佐藤亮一訳『第二次世界大戦（I）』河出文庫、一九八四年、一四頁。

（7）バルジーニによると、「ヨーロッパ大陸で、黒が男の服装の色の主流を占めるようになったのは、一八三〇年以降のことである。この『葬式ファッション』はイギリスからやってきた。……それが、ゆっくりと、しかし必然的に、あの陰鬱な黒色が、尊敬のしるしとして、上から下へ、つまり中流から中流の下の階級にまで浸透してしまったのである」。ルイジ・バルジーニ、浅井泰範訳『ヨーロッパ人』みすず書房、一九八七年、三六頁。

（8）ウィーン会議がなぜ踊りつづけたかについては、以下を参照。高坂正堯『古典外交の成熟と崩壊』中央公論社、一九八四年、第三章。パリの講和会議が開催されたときは、もはやホモ・ファーベルの時代ではなくなっていたが、それでも「政治、外交上の『複雑で微妙な問題を、お互いにつながりのない四、五〇人の大臣とより多くの代議員の集まりに提出してなにが得られるであろうか』」というメッテルニッヒの疑念は、このときもなお妥当していた。

同書、一四八頁。

第一節　「民族自決」原則のフランス領への影響

民族問題が焦点となる中東欧の問題を取り上げる前に、フランスの領土決定と「民族自決」原則との関係について見ておこう。この原則は、何も新国家の承認やドイツと新オーストリア共和国との関係だけに影響を及ぼしたのではなかったからである。

1．アルザス・ロレーヌ問題

普仏戦争の結果ドイツ領となった両国国境にある地域が、第一次大戦により再びフランス領に「復帰」したことは、今となっては当然のことのように考えられている。しかしこの問題はそう単純ではなかった。フランスの国民概念に照らしながら、次節以下で取り上げる講和会議における「民族自決」と比較するためにも、この「復帰」の経緯と、そのとき展開された議論をここで検討してみよう。

フランスが強力な王権の下で、次第に中央集権的な領域国家の体裁を整えて行ったとき、これらの地域はフランス領となった。具体的には、アルザスの大部分はウエストファリア条約の結果としてフランスに編入されたし、ロレーヌは、ポーランド継承戦争の結果としてルイ一五世の岳父の領土となった後、王自身の手に帰した。しかし、普仏戦争によりドイツ帝国領となったことに抗議するため、フランス人が言及したのは、一七、一八世紀のこれらの歴史的経緯ではなかった。

普仏戦争当時ストラスブール大学の歴史の教授であり、戦後ドイツ領となったために職を失ったフュステル・

ド・クーランジュは、アルザス・ロレーヌの併合を人種的、言語的原則により正統化するモムゼン[1]に対して、次のように述べている。

アルザスをフランスにしたのは何かご存知でしょうか？　それはルイ一四世ではありません。それは、我々の一七八九年の革命であります。そのときからアルザスは、われわれの運命をたどってきたのです[2]。

この主張は、モムゼンに反論するだけでなく、歴史的経緯として軍事力によってフランスに統合されたことによる正統化も退け、これらの地方の住民が、その「意志」の現れとして革命中にその代表をパリに派遣したことを重視しているのである。彼もまた、第一章で指摘した憲法制定国民議会での議論をそのまま受け継ぎ、人びとの同意という根拠を持ち出しており、フランスの伝統的な国民概念によっていることが理解できよう。人文地理学の創始者の一人に数えられるヴィダル・ド・ラ・ブランシュも一九二〇年の著書で、革命前は王国の他の地域と幾分弛緩した関係にあったけれども、革命こそアルザス・ロレーヌをフランスのほかの部分としっかりと結びつけた、と主張している[3]。

これらの主張の背景には、ルナンがかの有名な講演をしたときと同じ動機が働いていた。それは、人種や言語を重視すると、フランス領としての正統性を主張することが困難になるからである[4]。では、大戦中から戦後にかけてフランスは、意志による国民概念という主張に則って、じっさいに当該地域の住民の声を聞くことを重視したのかというと、そうではなかった。それとは逆に、休戦後に下院議長デシャネルが述べた次の演説が示しているように、この領域問題については非常に断定的で一方的な主張をつねに堅持し、一歩も譲ろうとはしなかったのである。

もちろん、我々は人民投票についてなんら恐れることはありません。しかし我々は人民投票を認めません。というのもそれは、ビスマルクの誤った犯罪の結果であるフランクフルト条約を、間接的に承認することになるからであります。⑤

この演説を支えている過去の過ちを正す必要があるという主張は、講和会議における他の国境画定に関する議論でも、繰り返して登場することになる。

この主張だけをとってみると、不正の是正という前提を認めるのであれば、反論の余地のない議論のように聞こえるかもしれない。しかしそれは複雑な考慮に基づいていたのである。フランス革命中から明らかであったように、概念としての国民を主権者として考える限り民主主義の理念に基づき意志を重視していればよかった。しかし、じっさいにその概念を現実の領域画定に用いようとすると、さまざまな都合の悪い問題が生じかねないのであった。このときの最も重大な点は、戦争が終結した時点で住民投票を行えば、フランスに不利な結果が出るだろうと予測されていたことである。とくに、半世紀近くドイツ領となっていた間に、大量の人口移動があったことは、その予測をほぼ間違いないものにしていた。約五〇万のアルザス人とロレーヌ人がこれらの地を離れ、それは同地域の人口の四分の一以上に相当していた。他方ドイツ人の流入については正確な数字が測れないが、数十万の人びとが移り住んだとされている。⑥

これだけ多くの人びとが移動したことは、二つの点で重要である。第一に、少なくともこの地域においては、一九世紀末に、住民の間に国家への帰属意識がかなり強く根付いていたといえることである。だからこそ、隣国の「国民」となるのを嫌う人びとが移住したのである。[7] たとえこの時期の交通の急速な発達と、人びとの頻繁な移動を考えに入れてもなお、その数は著しいものであって、こうしたことは同世紀初頭以前では考えられないことであった。そして『最後の授業』に代表されるような、ドイツへの併合に反対する政治的主張を支える言説が、こうした人びとの気持ちを代弁していた。その点では、人びとの意志を基礎とする抽象的な国民概念も、かなり現実味を持つようになっていたといえよう。第二に、大戦中に「民族自決」の主張を始めたウイルソンは、民主主義的理念と結びつけて理解していたけれども、それに則って、ある地域に住んでいる人びとの意志を尊重し、投票を行って国境画定を行おうとしても、その方法をじっさいに適用するとなると、大きな困難を伴うことが示されたことである。とくに、過去の正統ならざる支配という主張を始めるならば、何が正統な支配かについての議論がどこまでも遡って行き、特定の時点を決定することがそもそも困難になるだけでなく、現在の住民の意志は重要でなくなってしまう。[8] たしかに、この地域における一九世紀後半の住民の移動は、二〇世紀半ばにヨーロッパで始まりその後世界的規模で見られたような、組織的かつ過剰な暴力を伴ったものではなかった。しかし、国家によって強力な同化政策や強制移住が行われた場合に、それをどう評価するかという問題は、果てしない議論を呼び起こすことになるのであって、仏独国境問題がその最初の事例となった。

フランスの立場は、戦前から明らかであったように、アルザス・ロレーヌを取り戻すことであって、戦争が始まったときの唯一の明確な戦争目的は、この領土問題であった。[9] それは戦時中も同じであって、一九一七年中に四内閣の交代をもたらした国内外の危機のときですら、アルザス・ロレーヌを「奪還」せずに講和の可能性を模索しようとする者は誰もいなかった[10]。ところが、大戦開始前に行われた最後の選挙において、アルザス・ロレーヌの住民たちは、ドイツ残留を主張する議員を多数選出しており、その事実から英米両政府は、これらの地域に対するフランス政府の主張を全面的に支持することについては慎重であった[11]。たしかに、バルフォア外相のように、一九一八年における民族分布からするとフランスへの帰属を主張できるかどうか疑問であるとしながらも、一八七一年の不正を正すためには、これらの地域はフランスに返還されなければならないと考える者もいた[12]。しかしロイド・ジョージが一九一八年の年頭に行った演説に見られるように、英国政府の公式の立場はこれとは微妙に異なっており、一八七一年の不正を再考することには同意しながらも、被治者の同意という原則によって、この領土問題の解決を図るべしとする立場であった[13]。それは、ロイド・ジョージがこれらの地域のために戦争が長期化することを危惧したからであり[14]、フランスの駐英大使カンボンが報告していたように、公式には「英国はベルギーを救うために参戦したのであって、アルザス・ロレーヌのためではない」という理由を挙げていた[15]。

ウイルソンもまた、十四カ条の中でこの問題を提起した。アメリカの駐仏大使シャープが観察したように、フランスでは、この条項はアルザス・ロレーヌのフランスへの返還を謳ったものであると受けとめられ、広範な満足が広がった[16]。しかし、アメリカ政府の立場は、フランスの主張を全面的に支持するものではなかった。十四カ条の起草に参加したリップマンが解説しているように、「この条項の言葉使いは、複雑で広がりのある関心事を数語に圧縮しなければならない公式文の特徴を余すところなく表し」た微妙な言い回しをしていた。すなわち、一八七一年の権利侵害の是正と述べているだけで、「返還されねばならない」とはしていない。これは、上述したように、当時の住民の「意志」が明確に返還を志向していたわけではないことを知っていたからであり、これらの地方をフランス領とするために他の国々が最後まで戦い続けるかどうか、はっきりしなかったからでもあった。

さらに、一八七一年と明示することによって、ザール渓谷を含む一八一四年の条約による国境は認めないことを、明確に伝えていたのである。[17] というのも、ザール渓谷は、一八一四年の条約ではフランス領とされたけれども、ナポレオンの「百日天下」の後に締結された一八一五年の条約では、領土として認められなかったため、フランスは、単に一八七一年の状態に戻るのではなく、ザール渓谷も含む一八一四年の領土要求を繰り返していたからである。[18] 十四カ条の文言は、このフランスの要求に対するアメリカの返答であった。講和会議においてこのザールの帰属問題は、タルディユーが、ライン左岸および賠償の問題と並んで、最も紛糾した三つの議題のひとつにあげているように、[19] ドイツの賠償支払い履行の担保として占領し、ドイツからの切り離しを狙うクレマンソーと、独立国家創設に強硬に反対しドイツの主権を認めるべきだとするウイルソンが、三月末に激しく対立することになる。[20] ザール渓谷領有を要求する理由として、首脳会議に参加したタルディユーは、フランスの伝統的な国民概念に忠実に、これらの地域が革命に参加し、単一の国民を形成するために、自発的に統一することをその代表たちが誓った経緯を指摘していた。[21] 結局四月になって、クレマンソーが態度を軟化させ、領土要求を取り下げた。その結果、経済的な考慮からザールで産出される石炭をフランスが処分できるように決まったけれども、ドイツの主権については、一五年間停止されるだけで、その間国際連盟が統治権を行使し、一五年後に住民投票によって領域主権を決定することになった。五月二二日の会議でクレマンソーは、人びとの自由を債務支払いの担保にすることはできないと述べて、いわば英米の正論に同意を示し、六月二日に上記の決定が再確認されて最終合意に至った。[22]

ところでフランス国内でも、社会主義者たちの中には、アルザス・ロレーヌのフランスへの復帰後に、住民投票をすべきだという主張があった。武力による併合でないことを示すためにも投票が必要であるという理由を述

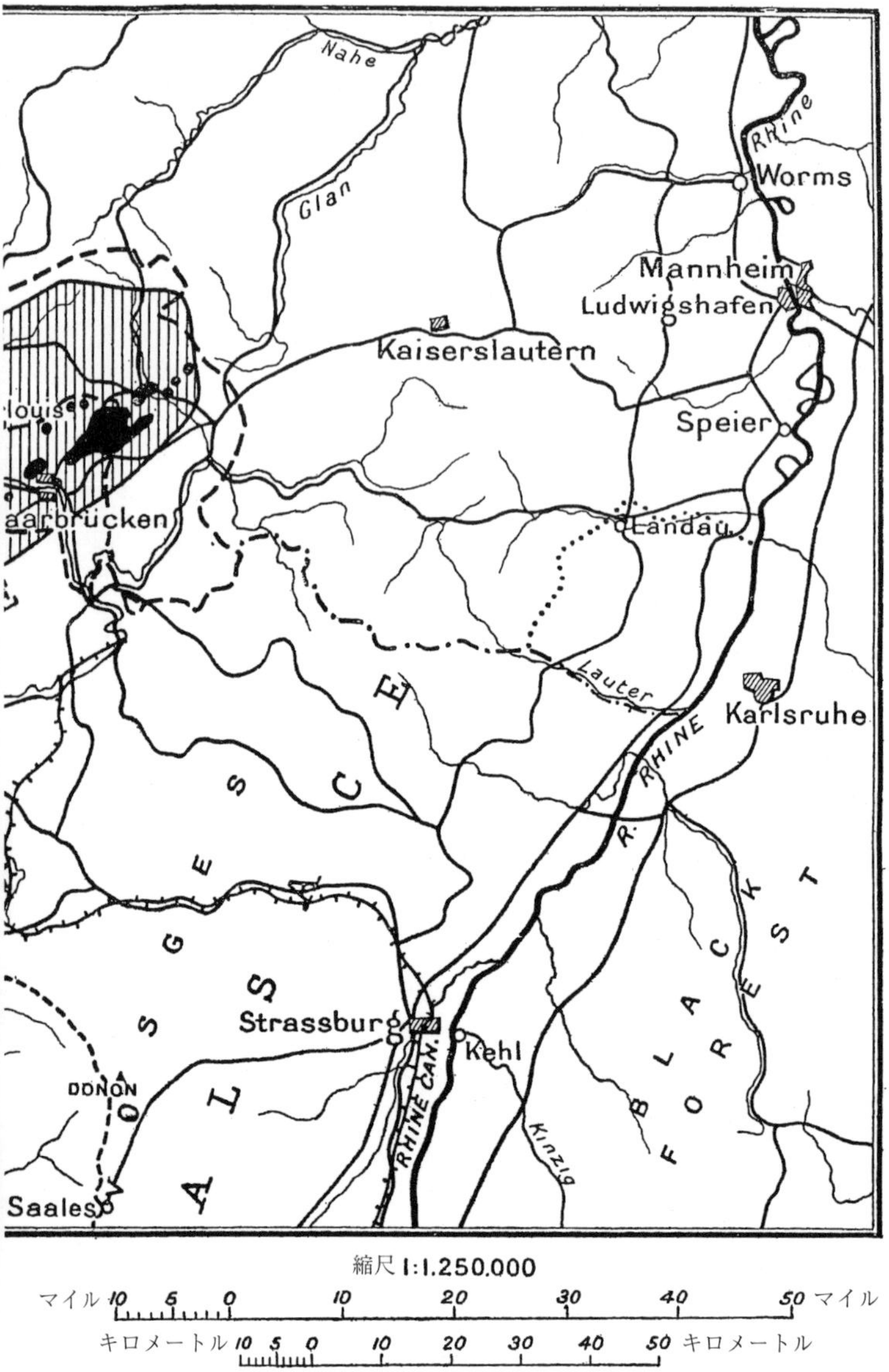

（出典）　Harold.W.V. Temperley, *A History of the Peace Conference of Paris*, vol.Ⅲ

図1　アルザス・ロレーヌ

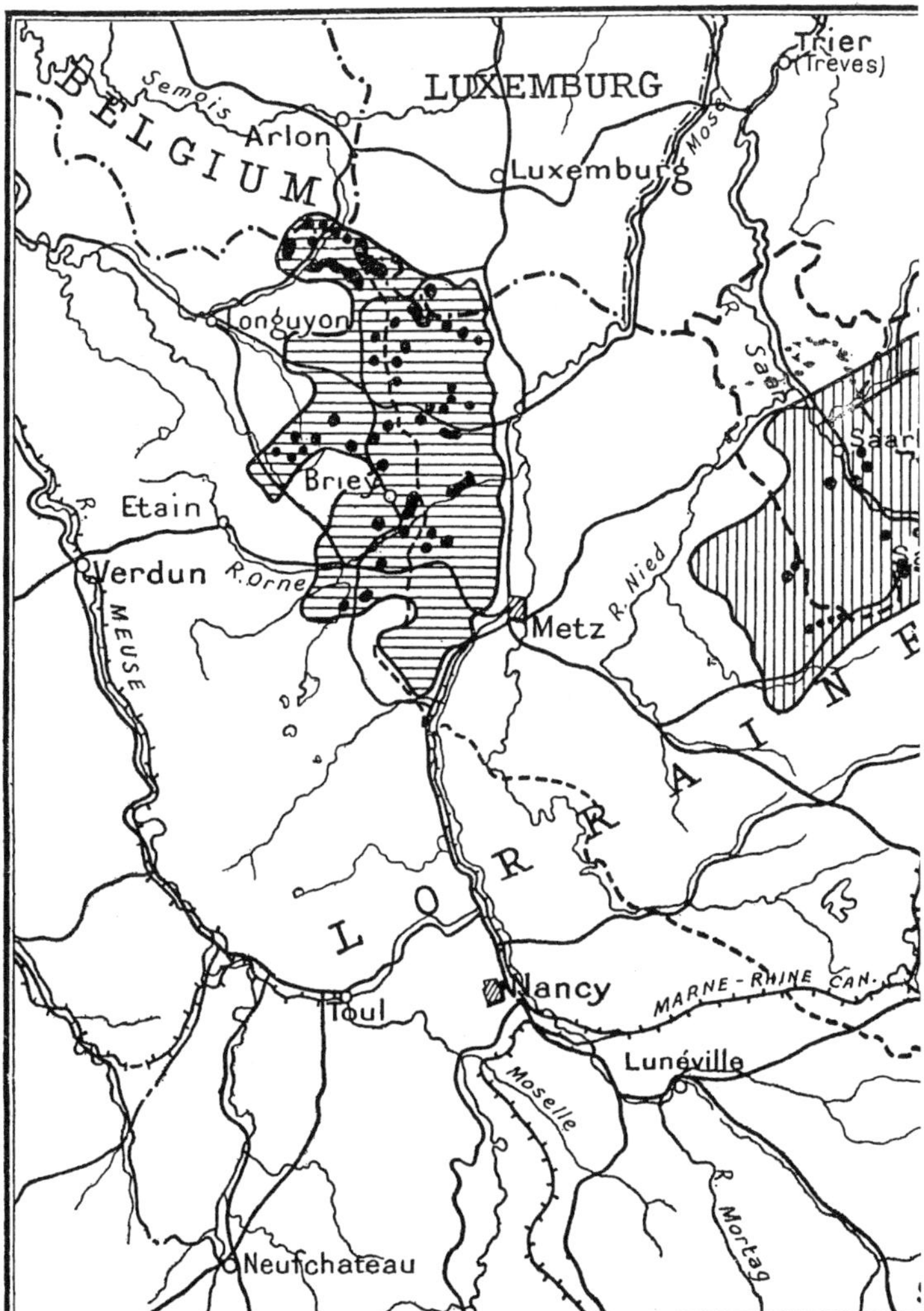

凡例

国境……………………………

ザール…………………………

1871年仏独国境………………

1814－1815年のみフランス領……

鉄道……………………………

運河……………………………

石炭……………

鉄鉱石…………

鉱業中心地……

べていたが、政府はこれを拒否し続ける。それは、英米政府が考えていたように、その結果に不安があったからである。[23]だからこそ、ウイルソン大統領の十四カ条に応える形で、一月一一日にピション外相が下院で演説し、「一八七一年に犯された不正を正すこと、それは住民の意見を聞くという不誠実と、腐敗した住民投票とに勝る権利であります」と述べて、[24]投票をせずにフランス領に編入することを主張したのである。

このように、アルザス・ロレーヌについては、住民の意志を問うことをかたくなに拒否し続けたフランス政府であったが、隣接するルクセンブルク大公国についてはまったく異なる主張を展開した。この国は、普仏戦争前に中立国となっていたとはいえ、神聖ローマ帝国およびドイツ連邦の一部であった経緯から、ドイツと密接な関係があり、大戦中は「対独協力」せざるをえなかった。ベルギーは、そうした戦中の経緯を理由として、さらにベルギーとの歴史的つながりや、休戦時のルクセンブルクが無政府状態であることも指摘して、ドイツ領であったオイペン・マルメディとともに自国に併合することを二月一一日に講和会議で要求し、[25]ルクセンブルク政府とも交渉を始めていた。

これに対して、ドイツ軍の撤退後この国を占領していたフランスは、自ら併合する意図はないと繰り返し言明しながらも、フランスの国内世論を理由にして、ベルギーにこの国を謹呈するかのような印象を与える決定には反対し、独立を維持するかベルギー領となるかという争点については、あくまでもルクセンブルク人たちが決めることであると繰り返し主張した。これに対して、ハイマンス外相とともにベルギー王もパリまで出向き、戦時中にポワンカレやリボをはじめとするフランスの政治家たちが、ベルギーによるルクセンブルク併合を約束した旨を訴えた。その指摘を受けたクレマンソーは、ベルギーによる併合に反対しているわけではないとしながらも、講和会議が併合を命ずることはできないのであって、大公国の人びとの意見によりその帰属は決定されるべきであると主張して譲らなかった[26]。こうしたフランスの態度に意を強くしたルクセンブルクは、五月二七日に議会が満場一致で独立を望むと表明し、住民投票によって政治体制と王朝を問うことを決めて、翌日そのことを首脳会議に報告した[27]。これによって、ベルギーとの併合案は実質的に消滅し、両国間の経済的協力に関する協議だけが残った。これは、大戦後の国境画定に当たって、フランスが住民投票による決定を、留保をつけずに持ち出したほぼ唯一の例[28]であり、アルザス・ロレーヌとは歴史的経緯が異なるとはいえ、原則の恣意的な利用が明らかな一例となった。

他方で、アルザス・ロレーヌの帰属問題は、具体的にどのような過程をたどったのであろうか。

一九一八年の夏から西部戦線のドイツ軍は総崩れとなったため、一〇月半ばには、デシャネル議長が語ったように、ドイツ軍がアルザス・ロレーヌから撤退するのも、時間の問題となった[29]。一一月一一日の休戦を受けて正式にフランス軍がアルザス・ロレーヌを占領し、事実上この地域がフランスに「復帰」することが明らかとなった。帰属についての最終決定は講和会議にゆだねられていたが、一二月になると、ロレーヌ地方出身のポワンカレ大統領を初めとして国会議員たちがこれらの地域を訪問し、地元の大歓迎を受けていた。その歓待に応えて、一二月九日ストラスブールの市庁舎においてポワンカレは、次の一文で演説を始めた。「住民投票はなされました[30]」。クレマンソーによると、四月まで英国陸相であったダービー卿もまた、フランスの政治家たちを歓迎する群集を目の当たりにしながら、「住民投票のことを話してきましたが、これこそまさにそのものです」と語り[31]、フランス領への「復帰」に賛意を示す住民の様子を住民投票の結果とみなそうとするポワンカレの主張を認めていた。ポワンカレはメッツでもふたたび、住民投票は既成事実だと演説し、随行していたアメリカのシャープ駐仏大使いた。

も「これらの都市の人びとのフランスへの忠誠心の確たる現れ」を見て[32]、これまたポワンカレの主張を追認して

これらは、講和会議が始まる前のことであったが、フランスは休戦条約の規定を無視して、これらの地域のフランス化を進めて行った。具体的に住民の意志を問うこともなければ、もちろん人種や文化に基づく国民観を持ち出すわけでもなかった。そこで援用された根拠とは、約半世紀に及ぶ不正を是正することであり、その理由だけによって、国家による統合が進められた。しかもそれは、アルザス・ロレーヌの自治感情が再燃して、パリとの間で政治問題が持ち上がるのではないかと、指導者自身が恐れるほどの速さで進んでいったのである[33]。

この問題についても、あとで取り上げるほかの多くの場合と同様に、講和会議が開始されたときには既成事実が先行していた。その会議は四月三〇日に、英米のそれまでの主張どおり一八一四年国境を意味するザール渓谷のフランス領化は認めないものの、住民投票をせずにアルザス・ロレーヌを「復帰」させるというフランスの要求を承認した[34]。これに対してドイツは、五月二九日の反論のなかで、一八七一年の不正を正すという十四カ条の文言を受け入れたことは、しかし、「アルザス・ロレーヌ住民の自決権を放棄することを決して意味するものではない（傍点筆者）」と述べて、関係住民の意志を問わないことは、新たな不正になると批判した[35]。これに対する六月一二日の返答は、講和会議の決定は十四カ条の第八条の適用にすぎず、そもそも一八七一年に住民の意見を問うことなく併合したところに不正が生じた、と指摘する。そのうえで、不正を正すとは、ものごとをその不正がなされる前の状態に戻すことであるから、住民投票を受け入れることはできない、と反論して、ドイツの主張を受け入れなかった[36]。

この一連の帰属問題の取り扱いを見てくると、アルザス・ロレーヌの帰属に関する決定は「なんら問題を引き

起こさなかった」かのように見えるかもしれないが、問題はもっと複雑であったことが理解できよう。フランスは、アルザス・ロレーヌにおける住民投票を決して認めようとしなかったのに対して、ルクセンブルクの独立維持問題については異なる立場をとったのであり、それに対するハイマンス外相の批判はもっともなものであった。この批判に対してフランスは、「一八七一年の不正」を正すという論拠を持ち出したが、それは、民主主義原則を適用して投票によって決定するという原則を排除することであった。関係住民の「意志」を問い、その「同意」に基づいた国民というフランスの伝統的な理念は、具体化されることなく終わった。国民国家を正統化する理念を現実に適用しようとしても、それはうまくいかなかったのである。ただし、その理念が正統化根拠である以上、「過去の過ちを是正する」と主張するだけでは不十分であると考えられ、ポワンカレの演説にあるように、行われてもいない住民投票がすでになされた、という言説が必要であった。

２．フランスの不安感とライン左岸の領土問題

半世紀の間に二度もドイツ軍の侵略を受けたフランスが講和会議で目指したのは、ルヌーヴァンが指摘するように、なによりも自国の安全保障であった。戦略上有利な国境を獲得することがそのために最も重要なことであり、たとえその結果として、いわゆる「民族自決」の原則に反することになっても厭わないという態度であった。ライン河左岸をドイツ領から切り離して中立で非武装の独立国家にする案は、その具体的要求である。すでに検討した一九一七年のドゥーメルグ合意で、ブリアンがロシアから了解を取り付けようとしたのもこのプランであったし、同年六月四日にリボが下院の秘密委員会で明らかにした領土要求もまた同じプランであった。したがって、休戦時にフォッシュが、ライン河左岸領域について強硬な意見を述べたのも、唐突に提案された軍部強硬派

の特殊な主張ではなく、以前からフランスの政治家たちが繰り返してきた要求に沿っていたのであり、しかもそれは自国の安全に不安感を抱く広範な世論の支持に基づいた主張であった。

休戦時には、以下のような理由からフランスの対独脆弱感はさらに強まっていただけに、ライン左岸領域の帰属はいちだんと重視されていた。ドイツは、頼りない同盟国があったとはいえ、主要な大国のほとんどを敵に回して、四年に及ぶ戦争を実質的にはほとんど一国で戦い抜き、すんでのところで勝利を収めるところであった。他方で、フランスが大陸における均衡に不可欠であるとみなしていたロシアは、すでに国際舞台から退場しており、内戦状態のために今後の見通しはまったく立っておらず、中東欧の新興諸国がロシアの代わりになりうるかどうかについては、疑問の余地が大きかった。さらに、戦争の大半を自国領土で戦ったフランスは、約一四〇万の人命を失っていたうえに、四二〇〇万の人口で、六五〇〇万の人口を抱えるドイツに直面していた[41]。しかも出生率の違いから、人口差はさらに拡大することが知られていたし、北部から東北部の産業地帯が戦場になり、また占領されたために、主要産業は破壊され荒廃したフランスに較べて、国内が戦場にならなかったドイツの産業は、やはりフランスをしのぐと考えられていた。

講和会議では、ライン左岸の問題と、上述したザール渓谷に関するフランスの要求がきっかけとなって、クレマンソーと英米首脳、特にウイルソンとの対立が激しくなった。三月二〇日にロイド・ジョージおよびウイルソンと会談したクレマンソーは、その会談の直後ハウスに、「すばらしい。私たちはすべてについて意見が異なりました」と述べたほどである。

具体的には、まず三月二六日にロイド・ジョージが覚書を提出して、フランスの対独要求を批判した。それに対してフランスは、ロイド・ジョージはドイツの大陸での立場にしか言及していないが、植民地についてはどのように考えるのかと問い、「もしイギリスの帝国としての地位が保護されなければならないとするならば、大陸フランスと中欧の新興諸国にとっても、同じことが当てはまるのではないでしょうか」と抗議した[42]。そして二八日にはウイルソンが、どの国の戦争目的ともまったく関係のない領土問題を持ち出していると批判したのに対して、クレマンソーは怒って、ウイルソンはドイツ人の味方をしていると応酬する。するとウイルソンは、フランスがわれわれとともに行動することを拒むのは、私に帰国してほしいという意味なのか、と詰め寄ったのに対してクレマンソーは、「あなたに帰国してほしいとは思わない、私自身がそうするまでだ」と返答して部屋を立ち去ったのである。この話をロイド・ジョージから聞いたハウスが書いているように、ウイルソンが怒ったときには「誰よりも手に負えない男になり、その怒りはずっと消えずに残る性格であったので、今朝の対立を彼は決して忘れ去ることはないであろう」から、首脳会議の存続自体が危ぶまれる様相を呈してきた[43]。ロイド・ジョージもまた四月二日に、当時交渉中であったフランスとの安全保障条約の撤回をちらつかせてフランスに圧力をかけている[44]。

こうして、ラインラントとザールの帰属をめぐって、周知のフランスの強硬な主張と、それに反対する英米両首脳という対立の構造が出来上がりつつあった[45]。ドイツの西側国境と東側国境の問題は、対ドイツの安全保障、したがってヨーロッパ全体の安全保障問題と密接に結びついていたし、対独講和条約の重要議題として会議開始直後の同じ時期に話し合われていたことから、この問題と次節以下で検討するドイツとポーランドの国境問題は結合して、英米対フランスの激しい対立を引き起こしたのである[46]。

会議の議長であったクレマンソーは、フランスの対独劣勢をよく認識していたから、この講和会議をフランスの安全を確保するために十分に利用しようとした[47]ために、会議開始直後は強硬な主張を繰り返した。しかし彼は、その安全の確保を、ライン左岸に固執したフォッシュのように、軍事的観点からだけ考えることはなかった。フランスは、同盟諸国の支援がなければ、確実に戦争に敗れていたと理解していた[48]クレマンソーは、すでに一一月六日、下院がオーストリア＝ハンガリーが要求した休戦の諸条件を討議したときに、次のように述べていた。

われわれは、この戦争において同盟国がなければ、勝利することができなかったでありましょう。……この戦時における同盟は、平時においても衰えることのない同盟として続くべきであります[49]。

したがって、三月から四月にかけてウイルソンと激しい衝突を繰り返したとはいえ、ライン左岸の緩衝国家建設やザール渓谷の領有にあくまでもこだわることによって、英米との関係を決裂させてしまうつもりはなかった。たとえドイツの西側国境をライン河にまで移動させることができたとしても、英米との良好な関係が破綻すれば、孤立したフランスはドイツに対して脆弱だったからである。だからこそ、三月一四日にロイド・ジョージが提案し、ウイルソンも同意した対独安全保障条約[50]まで廃案にしてしまうことは、避けなければならないと結論付けた。大戦までの英米の外交政策を考えた場合、両国が平時における永続的な安全保障条約を提案し、それに同意することは非常に特異なことであっただけに、いつ撤回されてもおかしくはなかったからなおさらであった。

これに対してフォッシュは、安保条約があったとしても、地理的に近い英軍が効果的に介入しうるまでに独軍はロワール河まで攻め込むことができようし、米軍が到着するまでに英仏を敗北させうるに足る時間があるとドイツは考えるであろうことを理由に、ライン河国境こそ重要であると主張していた[51]。しかし、この問題で会議を行き詰まらせてはならないと考えるクレマンソーは、四月一四日ハウスに対して、フランスの希望とは異なるけれども、ウイルソン提案に同意することを伝えた。つまり、英米との安保条約締結を前提として、ライン左岸とその橋頭堡を一五年間占領するという案である。それによると、ドイツの条約履行状況を見極めながら、五年ごとに撤退していくことが予定されていた[52]。このクレマンソーの譲歩をウイルソンが受け入れたことによって、この難題は一気に決着し、首脳間の対立も和らいで、ラインラントの非武装化とドイツの軍備制限と合わせて、その西側国境問題が解決された。フォッシュが自らの安全保障について見解を述べたときにも、軍人の政治への介入とみなして、クレマンソーはこれを取り上げなかった[53]。戦争が結びつけた諸大国との協調関係のために「あらゆる犠牲を払うでしょう」と、一九一八年末に議会で答弁していたように[54]、ライン河左岸の領土問題よりも英米との協調を優先したのである。その結果、対独講和条約と同時に、米仏間、英仏間で、それぞれ安全保障条約を調印することを謳った合意文書に調印することになった[55]。

このライン左岸の地位は、フランスにとって死活問題とみなされたけれども、ナポレオンがしたように、ライン左岸全体をフランス領に併合する案は一度も主張されなかったことには注意を要する。ウイルソンもロイド・ジョージも、フォッシュの主張は、「いささか偽装されたライン左岸の併合」と考えたかもしれないが[56]、フォッシュは、普仏戦争後のフランクフルト条約との違いを強調して、ライン左岸は独自の行政単位となるべきであると述べて、併合とは異なると強調している[57]。このときフランスは、地理的な限界を前提としない、普遍的な国民概念をもちだして、併合主張を根拠付けることはなかったのである。フォッシュの胸のうち[58]はともかくとして、講和会議においては、歴史的な経緯を考えても、あるいは、被治者の同意によるのであれ文化や人種を前提とした「エスニックな」民族観によるのであれ、いわゆる「民族自決」原則を考えても、併合案は決して受け入れられないことが明らかであったから、そうした主張を試みることすらしなかったのであろう。最大の懸案となった仏独国境がこのように決着したことによって、たとえ戦争の勝者といえども、好きなように国境線を書き換えることはもはやできないと考えられるようになった。そして、国境画定に当たっては、勢力均衡概念だけによるのではなく、民主主義を理念とする正統化根拠が必要であるという考え方が、さらに広まるきっかけとなった。アルザス・ロレーヌの領有を主張したときと同様に、フランスはそのことばを援用することは決してなかったが、講和会議でこのあと何度も援用されるように、国境画定の正統化根拠に名前を与えたのが「民族自決」という新しい概念であった。

第一節　「民族自決」原則のフランス領への影響

（1）トライチュケも、自然国境線という概念を援用したあとで、以下のように書いている。「ドイツとフランスの双方を知っているわれわれドイツ人は、なにがアルザス人のためになるかということを、それらの不幸な人びと自身よりもよく知っている。……われわれは、彼らの意志に反してでも、彼らを本来の姿に回復させるよう望んでいる」。したがって「今生きている人びとの誤った意志に対して、彼ら以前に生きていた人びとの意志を援用する」として、その時点での「レファレンダムの絶対的価値を信じることはできない」と説く。それはまさに、過去における不正の是正という主張と同じであった。さらに彼は、経済的資源の重要性を指摘したあとで、ベルフォールとメッツは完全にフランス人の街であるけれども、軍事的理由から併合が不可欠であるとする結論を正統化するために、政治的境界と人種的境界との一致という一般原則はあまりに押し進めすぎてはならないと述べている。ここに至ると、もはや単に人種的主張が貫かれているわけでもなく、戦勝国による、軍事的、経済的利益のための国境線の押し付けになっている。Henry W. C. Davis, *The Political Thought of Heinrich von Treitschke*, Constable, 1914, pp. 110-113. 他方、このときドイツにおいても、たとえばヨハン・ヤコビーは、「『民族自決権』の名においてエルザス・ロートリンゲン地方併合に反対し」たが、「フォーゲル・フォン・ファルケンシュタイン将軍に逮捕されて、軍の要塞監獄にぶち込まれた」。エーリッヒ・アイク、救仁郷繁訳『ワイマル共和国史　Ⅰ』ぺりかん社、一九八三年、二一四頁。

（2）Jean René Suratteau, *L'idée nationale de la Révolution à nos jours*, Presses Universitaires de France, 1972, p. 17.

（3）Paul Vidal de la Blanche, *La France de l'est (Lorraine-Alsace) 1917*, Éditions la découverte, 1994, p. 79.

（4）エルネスト・ルナン／ヨハン・G・フィヒテ他、前掲書所収、ジョエル・ロマン、大西雅一郎訳「二つの国民概念」二五—二六頁。

（5）Georges Clemenceau, *op. cit.*, p. 230.

（6）Paul Vidal de la Blanche, *op. cit.*, p. 184.

（7）フランクフルト条約の規定では、ドイツ領となる地域の住民で、フランス国籍を維持することを望む者は、その地を離れてフランス領に移り住まなければならなかった。Paul Mantoux, *vol. II*, p. 329. もちろん、ドイツ領となったこれらの地方にとどまったフランス「愛国者」も数多くいた。たとえば、一九〇三年から始まったトゥール・ド・フランスのルートは、一九〇六年からの五年間は、ドイツ領であった「アルザス地方を含んでいた。ところが道ばたの観衆がフランス国歌『ラ・マルセイエーズ』を歌うようになって、ドイツ政府はレースの許可を取り消」したほどであった。ノーマン・デイヴィス、前掲書、四八二頁。その「トゥール・ド・フランスほど、かくもあふれんばかりの一国ショーヴィニズムの発露の例は、スポーツ競技では、いまだかつてなかったと思う」と、創設者デグランジュは書いていた。ルネ・ジロー、前掲書、二一一頁。

（8）この議論は、実効的支配を正統化するためのご都合主義の論理として、繰り返し登場する。普仏戦争後には、上記注（1）にあるようにドイツで同様の議論が見られたし、以下で検討する講和会議における国境決定でも、何度も用いられるであろう。

（9）Michel Leymarie, *op. cit.*, p. 292.

（10）Jean-Jacques Becker, *op. cit.*, p. 164.

（11）David Stevenson, *The First World War and International Politics*, Oxford University Press, 1988, p. 114.

（12）Howard Elcock, *op. cit.*, p. 44.

（13）*FRUS, 1918, Supplement 1, vol. I*, p. 9.

（14）David Stevenson, *French War Aims against Germany*, *op. cit.*, p. 101.

(15) Paul Cambon, *op. cit.*, p. 213.

(16) *FRUS*, *op. cit.*, p. 19.

(17) ウォルタ・リップマン、前掲書、三六―三八頁。一八八四年国境でフランス領であった地域とは、ザールルイやザールブリュッケンといった町を含むザール川沿いの部分と、ランダウ一帯のライン河沿いの部分を指す。図1参照。

(18) たとえば、一九一七年六月二日に下院の秘密委員会で戦争目的が議論されたときのリボの答弁については、Georges Bonnefous, *op. cit.*, p. 253. 終戦直後のカンボン大使からロイド・ジョージ首相への要求については、Paul Cambon, *op. cit.*, p. 282.

(19) André Tardieu, *op. cit.*, p. 128.

(20) Paul Mantoux, *op. cit.*, pp. 89-90, 193-194, 196. アメリカはすでに前年一〇月に出した十四カ条に関する公式注釈において、一八一四年の国境は民族原則では正統化されず、賠償の代わりに領土を獲得するという議論は、ウイルソンの提案に明白に違反していると主張していた。*The Intimate Papers of Colonel House*, *op. cit.*, p. 205. 英米間では、ザール渓谷の炭鉱の所有権をすべてフランスに譲渡することについては、三月二九日に合意が成立していた。*PWW*, *vol. 56*, p. 420.

(21) Paul Mantoux, *vol. I*, p. 63.

(22) Paul Mantoux, *op. cit.*, pp. 203-206, 209-210, *vol. II*, pp. 166, 267, 270. ザール渓谷についての四月九日の草案は、*PWW*, *vol. 57*, pp. 196-199. 五月一三日と一六日のドイツの抗議に対する二四日の返答は、*PWW*, *vol. 59*, pp. 458-460.

(23) David Stevenson, *French War Aims against Germany*, pp. 18-19.

(24) Pierre Renouvin, "Les buts de guerre du gouvernement français, 1914-1918", *Revue historique*, T.CCXXXV, Janvier-Mars 1966, p. 34.

(25) *FRUS*, *PPC*, *vol. III*, pp. 966-969.

(26) Paul Mantoux, *vol. I*, pp. 72, 139-148, 238, 246-247.

(27) Paul Mantoux, *vol. II*, p. 245. なお議論においては、論者によって、住民投票ということばが使われることもあれば、ルクセンブルクの場合は一国全体における選挙となることから、レファレンダムということばが使われる場合もあった。

(28) 第六章の注(57)にあるように、委員会が提案したシュレスヴィッヒについての住民投票にも、英米と並んでフランスも賛成している。

(29) Georges Clemenceau, *op. cit.*, p. 223.

(30) Georges Bonnefous, *op. cit.*, p. 428.

(31) Georges Clemenceau, *Grandeurs et misères d'une victoire*, *op. cit.*, p. 158.

(32) *FRUS, PPC*, *vol. I*, pp. 378-379.

(33) David Stevenson, *op. cit.*, p. 140.

(34) *FRUS, PPC*, *vol. V*, pp. 373-386.

(35) *FRUS, PPC*, *vol. VI*, p. 815.

(36) 六月八日の草案については、*ibid.*, pp. 356-357. 一二日の承認については、*ibid.*, p. 350.

(37) Henry Blumenthal, *op. cit.*, p. 80.

(38) Howard Elcock, *op. cit.*, p. 111.

(39) Pierre Renouvin, *Le traité de Versailles*, *op. cit.*, pp. 12-13.

(40) Georges Bonnefous, *op. cit.*, p. 260.

(41) Jean Doise et Maurice Vaïsse, *Diplomatie et outil militaire 1871-1969*, Imprimerie nationale, 1987, p. 263. 第一次大戦がフランスにもたらした人口上の問題については、以下を参照。Alfred Sauvy, *Histoire économique de la France entre les deux guerres*, *vol. 1*, Economica, 1984, pp. 6-9, *vol. 2*, p. 7-22. 軍事的な問題との関連では特に、Judith M. Hughes, *To the Maginot Line : The Politics of French Military Preparation in the 1920's*, Harvard University Press, 1971, p. 7-21. より深刻な精神面への影響については、ヒューズが次のように指摘する。「戦争そのものの傷——それはフランスでは、青年の死傷が償いえぬほどのものだったのだから他のどこよりもひどかったのだが——のほかに、流血の四年間は、伝統的なフランスの価値への広範な疑問をかき立てることになった」。スチュアート・ヒューズ、荒川幾雄・生松

敬三訳『ふさがれた道』みすず書房、一九八四年、四八一頁。

（42） *The Intimate Papers of Colonel House*, *op. cit*., pp. 405, 407. 三月七日にロイド・ジョージは、クレマンソーに対して、ラインラントの無期限占領には反対であると伝え、フォッシュの計画は具体的に何を意味しているか十分に説明されていないと批判していた。David Lloyd George, *op. cit*., p. 287.

（43） *PWW, vol. 56*, pp. 349-350. さらに四日後、ザール問題でクレマンソーと対立したウイルソンは、ベーカーにも怒りをぶちまけ、それを受けたベーカーは、「講和会議はますますより深く沈んでいく」と日記に書いている。*Ibid*., pp. 353-354.

（44） Howard Elcock, *op. cit*., p. 176.

（45） Arthur Walworth, *op. cit*., p. 280; Paul Mantoux, *op. cit*., pp. 67-75. 興味深いことに、「インクワイアリー」は、石炭の重要性を強調して、ザール問題についてはフランスの主張に近い答申をしていた。Lawrence E. Gelfand, *op. cit*., pp. 195-197.

（46） Piotr S. Wandycz, *op. cit*., p. 29; Anna M. Cienciala, "The Battle of Danzig and the Polish Corridor at the Paris peace Conference of 1919", Paul Latawski ed., *op. cit*., p. 81; Kay Lundgreen-Nielsen, *op. cit*., p. 74.

（47） René Albrecht-Carrié, *op. cit*., p. 367. 講和会議に参加していたケインズは「カルタゴの平和」として、こうしたクレマンソーの強硬な態度を、厳しく非難することになる。しかし、長く駐英大使を務め、外務省幹部であったポール・カンボンは、講和会議におけるクレマンソーの態度を頼りないものとみていた。ジョン・メイナード・ケインズ、救仁郷繁訳『講和の経済的帰結』ぺりかん社、一九七二年、四二―四七頁。Paul Cambon, *op. cit*., p. 312.

（48） Pierre Renouvin, *op. cit*., p. 40; Richard D. Challener, "The French Foreign Office: The Era of Philippe Berthelot", in Gordon A. Caig, Felix Gilbert eds., *The Diplomats 1919-1939*, Princeton University Press, 1953, p. 50.

（49） Georges Bonnefous, *op. cit*., p. 416.

（50） Howard Elcock, *op. cit*., p. 149. ただし、フランスが主張していたラインラントの恒久的占領にかわって、期間を限定した占領と一緒になった提案であった。

（51） Paul Mantoux, *vol. I*, p. 93.

(52) *The Intimate Papers of Colonel House*, *op. cit.*, p. 422.

(53) Jean Feller, *Le dossier de l'armée française, la guerre de « cinquante ans » 1914-1962*, Perrin, 1966, pp. 136-137.

(54) Georges Bonnefous, *op. cit.*, p. 442.

(55) この合意文書は、*PWW*, *vol. 61*, pp. 311-313. 周知のように、英国下院は全会一致でこの条約を批准したけれども、アメリカでは上院がヴェルサイユ条約を批准しなかった結果として、この条約は票決に付せられることすらなく、成立せずに終わってしまう。そのため、英仏間と米仏間相互の条約の成立が、各条約の発効の要件になっていたことから、英仏間の条約も無効となった。こうした展開について、クレマンソー自身は回想録で不満を述べている。Georges Clemenceau, *op. cit.*, p. 162. しかしそれに対して、講和会議中からすでに、米上院の批准拒否の見通しがあったにもかかわらず、この安全保障条約を過度に重視したとして、クレマンソーを批判する関係者が少なくない。Paul Cambon, *op. cit.*, pp. 312, 366; Bertrand de Jouvenel, *D'une guerre à l'autre I, De Versailles à Locarno*, Calmann-Levy, 1940, p. 80.

(56) エーベルハルト・コルプ、柴田敬二訳『ワイマル共和国史　研究の現状』刀水書房、一九九二年、四七頁。

(57) Paul Mantoux, *vol. I*, p. 92.

(58) しかしフォッシュは、ライン左岸への提案をクレマンソーが退けたことを受け入れたわけではなかった。だから彼は、ヴェルサイユ条約調印の知らせを聞いたとき、「これは平和ではない。これはただ二十年間の休戦だ」と断言したという。ウィンストン・S・チャーチル、前掲書、一七頁。

第二節　講和会議によるポーランド国境の決定

新国家ポーランドとドイツとの国境については、実質的にはすでに決着していたポーゼン地域を除いて、講和会議が画定することになる。この問題においてこそ、国境地帯のそれぞれの部分においてさまざまな解釈が提示され、さまざまな意味が付与された「民族自決」原則が援用されて決定が下されるであろう。

1．ポーランドの海へのアクセス

「ポーランド回廊」として後に重大な政治問題となる領土の帰属について、戦勝国間で最も激しい対立が引き起こされた。バルト諸国の独立を承認し東プロイセンの存続を認めるのであれば、ヴィスワ河からダンツィヒ港に抜ける方法しか、ウイルソンが十四カ条で明言していた海へのアクセスをポーランドに確保する手段は残っていなかった。

この地域についてまず歴史的事実を確認しておくべきであろう。一四六六年の第二回トルンの和約によって、ヴィスワ河以西の「西プロイセン」は完全にポーランド領となり、以後一七七二年の第一次分割までその状態が続いた。ダンツィヒも一七九三年の第二次分割まではポーランド領であった。したがって、ロイド・ジョージが四月九日に、ダンツィヒおよびその近郊について、「ポーランド独立時にあっても、常に東プロイセンの一部であった」と述べている[1]のは、事実誤認の発言か、あるいはみずからの主張を補強するために意図的に誤ったことを述べたと理解しなければならない。ただし、分割以後の百数十年間は継続して、プロイセン王国およびドイツ帝国の領土であったのは事実である。一八〇七年に締結されたティルジットの和約のあと、ナポレオンの肝煎りで作られたワルシャワ公国ですらも海に面することはなかったし[2]、後に「回廊」と呼ばれることになるこの地域は、ウィーン体制下で再びプロイセン王国領の一部として認められたからである[3]。

講和会議が始まったときから、ウイルソンが十四カ条で「約束」していた海へのアクセスをどのように実現するかが、大きな論争点となった。そのとき、新国家ポーランドが海へのアクセスをもつべきか否か、については戦勝諸国によってすでに黙示的合意が成立していた。十四カ条で具体的に述べられていたこの「海へのアクセス」

という部分は、そのことばの重みによって、議論の前提として扱われることになったのである。したがって問題は如何にしてそれを与えるか、という点にあった。海へのアクセスとは、必ずしもポーランド領が海に面することを意味するとは限らなかったからである。

最初に議論になったのは、港湾都市ダンツィヒとともにヴィスワ河流域をポーランド領とすることによって、どのくらいのドイツ人がポーランド領に居住することになるか、という疑問点であった。その数については、二〇〇万人という主張[4]から一六〇万人という主張までかなり差があったが、具体的な人口数が言及されていた。それに対して、もしこの地域がドイツ領にとどまるなら六〇万のポーランド人がそこに含まれることになるし、二〇〇〇万のポーランド人が内陸国に押し込められてしまう、と指摘された。[5]それぞれの主張を補強するための数字であるから、差があるのはやむをえないとはいえ、[6]ドイツ人が何人、ポーランド人が何人という具体的な数字を出して議論されたことは、検討対象となっている地域について、どこに、誰が、どれだけ住んでいるのかは、明確であるはずだという前提に立っていたことが窺われる。ドイツ人とポーランド人の違いは明白であり、あとは、どのような線引きをするかという技術的問題が残るだけである、と考えられていた。それは、言語や宗教などの基準により、人びとを問題なく分類することができるということを意味していた。アンダーソンが指摘した植民地の例だけでなく、従来からある隣接諸国の国境紛争[7]についても、さらに新興国の国境線を諸大国が決定する場合にも、人口調査が重要な働きをしたのである。[8]

十四カ条の文言決定について述べたように、ポーランドの海へのアクセスという表現については、必ずしもダンツィヒ港およびヴィスワ河岸をポーランド領とするとの了解がこめられていたわけではない。そのような可能性が排除されていたわけでもなかったが、ウイルソンが言及していたヴィスワ河を国際化する案のほかにも、ダンツィヒ以外のバルト海岸沿いの部分だけをポーランド領とし、その部分とポーゼンの間はドイツ領とすることによって東プロイセンを飛び地にはしない案（その場合はバルト海岸沿いのポーランド領が飛び地となる）もあったし、領域画定は一時的に棚上げにして、のちに設立される国際連盟にゆだねる案まで、さまざまな考え方があった。

国境線の画定についての議論が始まると、今度はクレマンソーとロイド・ジョージが激しく対立し、ウイルソンの態度はかなり揺れ動いていた。三月七日にハウスは、ダンツィヒはポーランド領とし、ドイツの犠牲の上でポーランドとの国境を西寄りに画定すべしとするフランス案に賛意を示し、ロイド・ジョージと対立したように[9]、当初アメリカの主張はどちらかといえばフランスに近かった。この間、ジュール・カンボンを委員長とするポーランド問題委員会[10]は、この領土問題のみを扱うワーキング・グループとなる下部委員会を、二月二〇日に設置して検討を続けていた。この委員会で各国がどの程度対立したかについての評価は分かれるが[11]、三月一二日にはダンツィヒをポーランド領とすることで一致した。

そこで委員会は三月一九日にこの決定を提出したが、これに対してロイド・ジョージは激しく反発した。二〇〇万のドイツ人がポーランド領に住むということは、一八七〇年にアルザス・ロレーヌに住んでいたフランス人より多い数ではないか、と批判し、ダンツィヒと、その南部にあたるヴィスワ河東岸から東プロイセンにかけてのマリエンヴェルダーを、ポーランド領とすることに反対した。それに対してウイルソンは、この地域に住むドイツ人は、ドイツの植民政策の結果にすぎないとして委員会の決定を擁護した。このウイルソンの議論を東欧地域に当てはめると、歴史的に際限なく遡及することになってしまい、何も主張していないのと同じことになってしまうが、ここでウイルソンは、許しがたい行為とみなしていたポーランド分割とそれ以後の経緯を念頭においいていたのであろう。「一九一四年以前のポーランド人に対するプロイセン化の悪名高い努力も、戦時中ドイツが占領した領域でドイツ語を広めるためにとられた諸政策も」よく知られており、ドイツの評判を貶めていたからである。[12]

それに対してロイド・ジョージは、戦略的に根本的な問題点を指摘する。もしポーランド領となった地方に住むドイツ人がポーランド支配に抵抗し、ドイツ領内のドイツ人たちがそれを支援しようとした場合、英米仏はポーランド領を擁護するために対独戦争に訴えるのかという疑問である。二〇年後のことを予見したような指摘であるが、ポーランドの歴史的経緯に鑑みて、ロイド・ジョージの問いかけはもっともなものであった。これに対してウイルソンは、答えに窮する質問であると心情を吐露した上で、それでも経済的・戦略的な必要性を考慮しなければならないと述べる。論点はすりかえられているが、続けてウイルソンは、どのように導き出された数字であれ、単純な人口数によってのみ国境を画定することはできないと述べる。投票結果による単純な決定でもなく、言語や宗教に基づく統計による決定というエスニックな原則でもなく、新国家が存立するための条件整備をしなければ（自決することには）ならない、と考えたからである。しかし、ロイド・ジョージの強硬な反対によって、委員会に再考を促すことで一九日の議論は終わった。[13]

再考を促されたにもかかわらず、委員会が二二日に再び同じ案を提出したためにロイド・ジョージは怒り、決定は再び延期された。[14] 延期されている間にロイド・ジョージは、反論のためのかなり長文の覚書を用意し、いわゆるフォンテヌブロー・メモランダムを二五日に提出する。その中で彼は、多数のドイツ人がポーランド領に住むことになる決定に断固として反対し、ダンツィヒとポーゼンからそこに至る地域の帰属は「エスノグラフィックな境界線」によるべきだと主張した。[15] ここで彼は、人口調査による統計にあったドイツ人とポーランド人とい

図2　東プロイセンおよびダンツィヒの境界

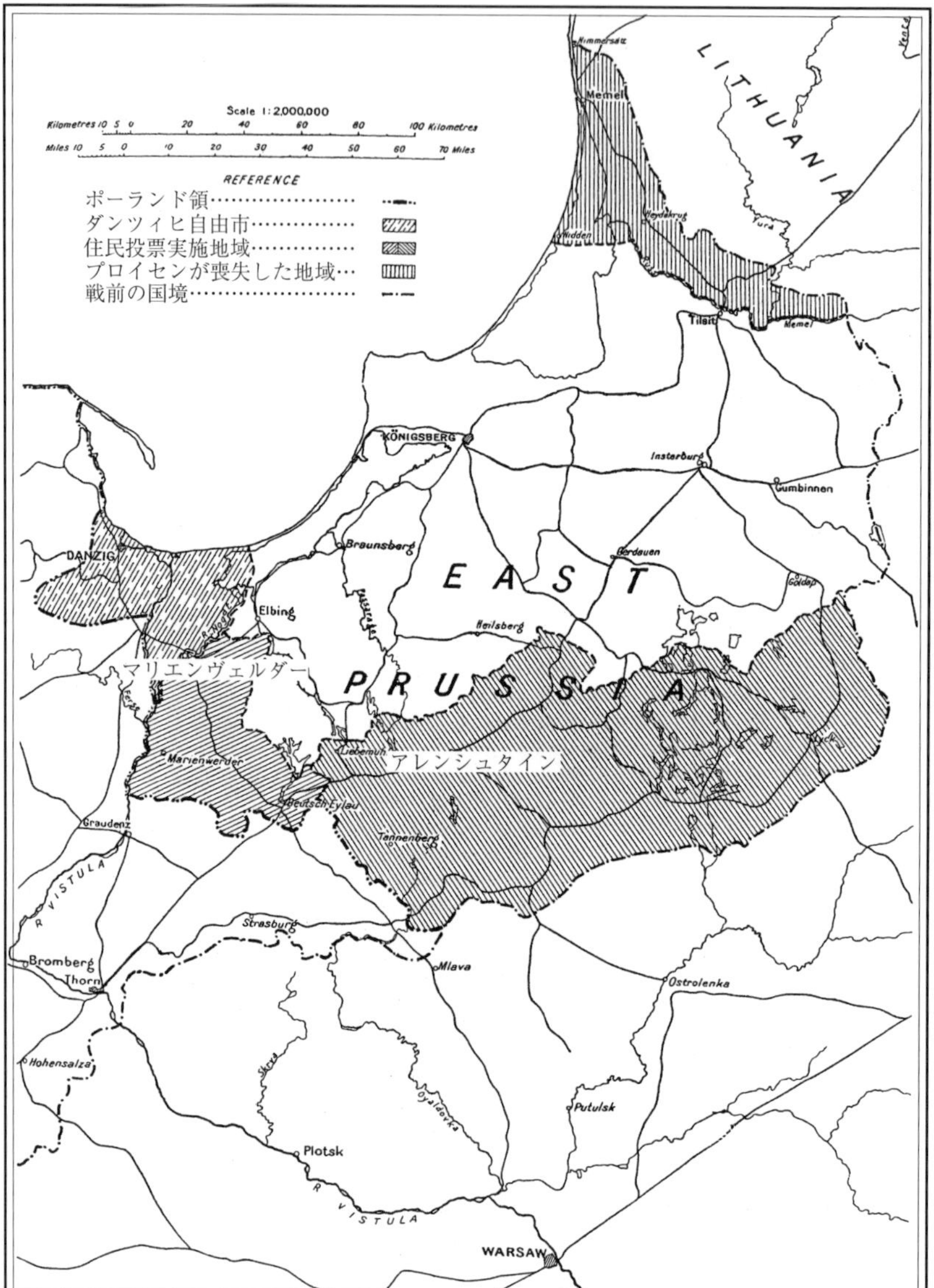

出典）　Harold W.V. Temeperley. *A History of the Peace Conference of Paris*, vol. Ⅲ.

う区別を前提として、それを「エスノグラフィックな境界線」と呼んだのである。続けて二七日にロイド・ジョージは、ダンツィヒは自由港にするという対案を主張する。これに対してクレマンソーは、分割後の一九世紀にドイツがポーランド人に行った歴史的犯罪を是正するためには、ポーランドに生存手段を与えなければならない、と反論した[16]。この反論は、一九日のウイルソンの主張にも通ずるものであり、アルザス・ロレーヌについてフランスが展開したのとまったく同じ論法である。こうして、この議題についても各首脳の主張内容の隔たりは大きく、行き詰まってしまった。

議論が大きく転換したのは四月一日の午後の会議で、領土問題中央委員会へのアメリカ代表から報告を受けたウイルソンが、四つのプランを提案したときである[17]。第一案はダンツィヒをその後背地とともに自由都市とし、ヴィスワ河西岸をポーランド領にするが東岸はドイツ領とする。第二案はダンツィヒをポーランド領とし、東岸は第一案と同じとする。第三案は委員会原案であって、ダンツィヒとヴィスワ河西岸をポーランド領とし、東岸（マリエンヴェルダー）をドイツ領とする。そして第四に、これらの地域を連盟に移譲した上で、ダンツィヒと西岸を自由港としてポーランドに、東岸は後ほど決定するという案であった。この日ウイルソンは、「約束したのは海へのアクセスだけである」と述べ、ダンツィヒをポーランド領とすることまでは含んでいなかった、と自らの主張を後退させただけでなく、「エスノグラフィックな境界線を尊重すべし」とロイド・ジョージの主張に同調するようになった[18]。

おなじとき首脳たちは、前章で触れたハルレル軍の派遣問題も検討していた。それは、革命の輸出を狙うボルシェヴィキへの対応という関心に端を発していたが、ダンツィヒの領有問題がその決定に影を落とすようになった。三月二九日にウイルソンは、休戦協定に規定されている権利の行使なのでこの軍全体をダンツィヒ経由で派遣すべしと述べていたが[19]、四月一日には、戦勝国の権利を主張するために少人数の部隊だけをダンツィヒ経由で派遣し、残りは鉄道でドイツを横断させる方法を提案し、ロイド・ジョージは後者を支持した。ハルレル軍をダンツィヒに上陸させることによって、ポーランド人たちが武力でダンツィヒを占領してしまうのではないかと懸念したからである。他方クレマンソーは、速やかにハルレル軍を派遣するには鉄道の方が良いとの判断から、ここでもフォッシュの反論があったにもかかわらず、ダンツィヒ港を使用する権利を留保しながら鉄道輸送に賛成した。この問題は、国境画定問題とは切り離すとされていたが、両者は微妙に関連しあっていたのである[20]。

こうして四月になると、ウイルソンとロイド・ジョージの二人の意見が、ダンツィヒとその後背地を自由都市にすること、西岸はポーランド領とする（したがって「回廊」は認める）こと、東岸のマリエンヴェルダーについては住民投票も考慮することでほぼ一致し、これによって会議の流れは大きく決まった[21]。二日後には、東岸のマリエンヴェルダーの帰属を住民投票にゆだねることが決まり、もしその結果がドイツ領となった場合は、ポーランドの海へのアクセスを保障するため、ヴィスワ河を国際化することになった[22]。四月九日にこれが再確認されたとき、オルランドがヴィスワ河西岸をポーランド領とすることで、一八〇万のドイツ人がポーランド領に居住することになるとして疑問を呈したが、これに対してウイルソンは、それは仕方がないとしてその異議を退けた[23]。

ダンツィヒに劣らず重大な論点は、東プロイセンの南部であったアレンシュタインの帰属であった。ここは歴史的にプロイセン王国の一部であったけれども、住民の多数はポーランド語を話し、他方で宗教的にはプロテスタントであることが知られていた[24]。フランスもポーランドも、住民投票をすればポーランドに有利な結果が出るのではないかとの見込みから、英国提案を受け入れたため激しい議論にはならず、住民投票により帰属を決することで合意した。その後この問題は首脳会議でも取り上げられた形跡もなく、投票方法については国際連盟の委員会にゆだねることになった[25]。この地域については、言語と宗教という要素がそれぞれ別々に両国との近似性を示していたがゆえに、次善の策として投票により決定するという手段が採られることになったのである。

ウイルソンやロイド・ジョージは、ダンツィヒの帰属については人口調査による「エスノグラフィックな境界線」をその主張の根拠にあげ、それに則った決定が下された。ここでは、「エスニック」や「エスノグラフィック」ということばが漠然と意味していた、住民の言語と宗教によって、領土の帰属を決定しようとする態度がみてとれる。しかし、少なくとも百数十万のドイツ人が居住すると考えられていた、いわゆる「回廊」のポーランドへの帰属を認めたことは、過去の経緯のためか、新国家に経済的・戦略的配慮をしたためか、あるいはその両方であるかは明らかでないが、少なくとも「エスノグラフィック」な考慮には反する決定であった。とすると、一方で、ダンツィヒのポーランド帰属に反対するためにエスノグラフィックという基準を持ち出したが、他方で、明らかにその主張に反して「回廊」と呼ばれる地域を生み出し、さらに重要性が低い地域については住民投票にゆだねることで決定を回避した、と理解されてもやむをえない議論の過程であった。

九日には、パデレフスキが首脳会議に招かれ、ポーランドの要求を切々と訴えるが、ウイルソンとロイド・ジョージの意見は変わらなかった[26]。一二日にはクレマンソーが、数日前のパデレフスキの困窮した様子に言及して、巻き返そうとしたけれども、ウイルソンは、ダンツィヒをポーランド領にしないのはポーランド人を将来の危険から守るためであると反論し[27]、一八日には最終的な決定が下された[28]。

首脳たちの議論を見る限り、クレマンソーは、ポーランドの要求を支持しながらも特に強い態度に出なかったことが理解できる。それはダンツィヒの問題が、他の議題から独立して議論されていたのではなかったからである。たとえば四月七日ウイルソンは、「ポーランドにおけるフランスの唯一の真の利益は、ポーランドに権利のない領域を与えることで、ドイツを弱体化することにある」と、激しく批判したが[29]、これは、ドイツからの直接の脅威にどう対応するかについて首脳たちが厳しく対立し、フランスと英米との関係が紛糾していたことを背景としていた。議論の行われた日付が示唆しているように、最大の懸案事項であった仏独国境問題が、ダンツィヒ帰属問題にも影を落としていたのである。だからこそ、フランスが直面していたより重大な問題について、英米との協調による対独安全保障の確保をより重視するクレマンソーは、ダンツィヒに関しては消極的な態度をとったのである。

その後、条約案がドイツに提示されたのを受けて、五月二九日にドイツが反論を試みるが、まったく功を奏さずに終わる。ウイルソンがその著書の中で、西プロイセンの一部ネッツェ地方は完全にドイツ的であると記述していた事実を、ドイツに指摘されたことは[30]、ウイルソンにとってはおもしろくないことであったに違いない。また、そのドイツの反論で興味深いことは、西プロイセンにおいてドイツが行ってきた経済的・文化的・社会的重要性を指摘し、ポーランド領になるのは「エスニックな」正義に反するという議論を展開したことである[31]。これは、過去のドイツの政策を植民化であり不正であると非難する立場とまったく逆である。ドイツは、住民の性質という基準ではなく、自国の政策を正統化する文脈で「エスニック」ということばを使っている。それはつまり、これまでの議論でも明らかなように、「エスノグラフィック」であれ「エスニック」であれ、それが意味するところはさまざまであって、それぞれの主張を根拠付けるためにあたかも呪文のように用いられたことの現れである。こうしたことが、どのような根拠に基づいた決定であれ、ことばの上では、「エスニック」な観点から見て正統化される決定である、という理解を生み出し広めていくことに寄与するのである。

2．上部（高地）シレジアの帰属問題

かつてボヘミア王国の一地方であったシレジアの大半は、一八世紀半ばのオーストリア継承戦争でプロイセンが獲得し、分割前でもポーランドの領土であったことはない。その戦争の時代からすでに経済の中心地であったシレジアは、織物産業と冶金生産でもって、ハンガリーを除くハプスブルク帝国の収入の二割を担っていた[32]。そして産業革命を経た第一次大戦のころには、豊富に産出する石炭を背景に大陸ヨーロッパの中でも有数の産業中心地になっていた。したがって、フリードリッヒ大王の時代にも増して、この地域が各国の垂涎の的となっていたことは想像に難くない。ところがこの地域の住民の多数はカトリックであり、ポーランド語を話していた[33]ことから、一九世紀末に民族運動が高揚する時代になると、それに呼応した政治的な社会基盤が拡大していた[34]。そのため講和会議でも、この地域の帰属問題を検討しなければならないことについては、おおよそ合意がみられた。

しかし休戦協定は、すでに指摘したように、一九一四年国境への撤退を定めていただけであったので、この地域からドイツ軍が撤退する必要はなかった。それに対してパリのポーランド国民委員会は、一九一八年一一月四日にフランス外務省に宛てた覚書で、アレンシュタインと並んでシレジアからもドイツ軍が撤退し、それに代わって連合国が占領するように要求していた。他方で、ドイツ帝国議会の議員であったポーランド人たちは、上部シレジアを含む地域を代表するものとして、ポーゼンに議会を設立していた。この地域についてポーランドは、領有を主張する歴史的な根拠は存在しないので、「エスニック」な理由を持ち出して、ポーランド国家の領土となるべきだと主張したのである[35]。

ダンツィヒと「回廊」の帰属問題が決着した後で、この問題は討議されたが、首脳たちの対立関係は類似しており、ロイド・ジョージとクレマンソーが激しく対立し、議論が進むにつれてウイルソンがロイド・ジョージの

意見を支持するようになったことも、予備折衝での合意とは異なる最終決定に至ったことも同じであった。[36] しかし、ポーランドの主張にも見られるように、この地域の帰属に関して各首脳が援用した根拠は、ダンツィヒや「回廊」の問題をめぐる議論で持ち出した根拠と同じではなかった。

さまざまな論点について講和会議の決定に反論を試みた五月二九日の講和条約草案に対する覚書において、今度はドイツが、上部シレジアについて住民投票の実施を要求した。[37] ポーランド問題委員会は、人口分布に基づきポーランド領とする提案をしていたからである。その委員会は偏っていると非難したロイド・ジョージは、ドイツの反論を受け入れる形で翌三〇日に、歴史的経緯や過去の選挙結果を持ち出してさらに検討することを主張した。それに対してウイルソンは、ダンツィヒについては、言語や「エスニック」な基準により決定したではないかと反論し、シレジアについても、歴史的経緯からではなく「エスニック」な考慮により決定すべきであると主張した。[38]「民族自決」とは、「エスニック」な考慮を優先させ、それまでの人口統計を基準にして戦勝国が国境を画定することなのか、それともその地方の住民に決定させるのか、がここでも対立点となった。ただし、それぞれの決定方法の主張者はダンツィヒの場合とまったく入れ替わっていた。その翌日、再びこの問題を持ち出したロイド・ジョージに対して、クレマンソーは、「ポーランドにおいては、歴史的犯罪を矯正するだけでなく、独露間の自然障壁として考慮しなければならない」と反論し、民族原則より重要な考慮がありうると主張した。[39] ロシアが同盟国として期待できず、ボルシェヴィキが勢力を固めつつあることから、ドイツの向こう側に同盟国を確保するというフランスの伝統的な戦略は、強力なポーランド国家への期待となり、政策に反映されたのである。

この帰属問題が大激論になったのは、六月三日であった。まずウイルソンは、政治・行政・産業すべての分野において長年ドイツ人が支配的立場を占めてきたし、それが続いている状況では、自由な意見の表明は期待できない、として住民投票には反対した。それに対してロイド・ジョージは、七〇〇年間ポーランド領ではなかった以上、将来ドイツがこの帰属の決定方法を批判して問題が生じないように決定を下すことが肝要であり、まさに十四カ条に述べられた原則と「民族自決」原則により、住民に決定権を与えるべきだと主張しているだけ、と応酬した。自らの諸原則を持ち出して反論されたウイルソンは、十四カ条ではポーランド人居住地域をポーランド領にすると主張しただけであり、投票を約束したものではないと激しく反発し、クレマンソーも、ドイツの統計においてすらここではポーランド人が多数派であることを指摘した。それでも、言語だけが基準となるべきではなく、「エスノグラフィー」だけで決めるべきではないと主張するロイド・ジョージは住民投票に固執した。そのため、果たして真に自由な意見表明を確保しうるのか、そしてそれはどのようにしてなされうるのか、という論点に議論は移っていった。この日の議論は、ほとんどロイド・ジョージとウイルソンの間で交わされ、クレマンソーはほとんど意見を述べず、むしろ二人の議論の流れに乗っているような印象である[40]。ポーランドの海へのアクセスに関する議論のときと同様に、たしかにクレマンソーはポーランドの要求を支持する意見を何度か表明するが、あくまでもその意見を貫くという姿勢は見られない。

結局この争点についても、ウイルソンがロイド・ジョージに「説得」される形で住民投票を受け入れ、五日にパデレフスキにこの決定を通告した。パデレフスキは、首脳会議ですでに議論の的になったことを繰り返した。つまり、住民構成やドイツの影響力について説明して住民投票に反対したが、ロイド・ジョージはドイツの反対提案を検討しているだけだとこれを突っぱねた。

ダンツィヒ帰属問題に続いてこのときも、ロイド・ジョージはドイツの主張を受け入れたとも理解でき、少なくともドイツの東部国境については、後にケインズが激しく批判するような「カルタゴの平和」を英国代表が押し付けたとは評価できない。こうしたロイド・ジョージの態度の背後には、ドイツに対する考慮のほかに、新興諸国の「過大な」要求に対する嫌悪があった。彼はパデレフスキに次のように述べている。

われわれは、ポーランド人、チェコスロヴァキア人、ユーゴスラヴィア人たちを解放しました。ところが、今度はその彼らが世界中で他の人種を抑圧しないように配慮しなければならないという困難に直面しているのです。私自身も小さな民族（"nation"）に属していますから、その独立のために戦う小さな諸民族に対して、暖かく深い同情を感じています。しかし、彼らが大民族たちよりもはるかに帝国主義的であるのを見るにつけ、絶望感に襲われるのです。

そして「帝国主義的」とは住民の意志に反して併合しようとすることを意味するとして、住民投票を根拠付けた[41]。彼は、ウェールズ出身であることから、「小さな民族」への同情を語っているが、ウェールズが独立するなど論外であると考えていた[42]。したがって、独立を果たしたうえに次々と要求を突きつけてくる諸民族に対して、反感を抱いていたことは間違いない。

一一日に再びこの問題が検討されたとき、クレマンソーがここでも譲歩して住民投票を受け入れたため、自由な意見表明を確保するために、いつドイツ軍が撤退すべきか、連合国の占領軍をいつ、いかにして派遣するか、ドイツ軍の撤退後どのくらいの期間をおいてから住民投票を実施するかなど、条件面での議論が中心になった[43]。一四日には、ドモフスキとパデレフスキが首脳会議に招かれ、ドイツ軍は三週間以内に撤退し、時間をおいて住民投票を行うという決定が告げられた。パデレフスキは、過去数世紀にわたる抑圧のあとに実施される住民投票

図3　上部シレジアと周辺地域

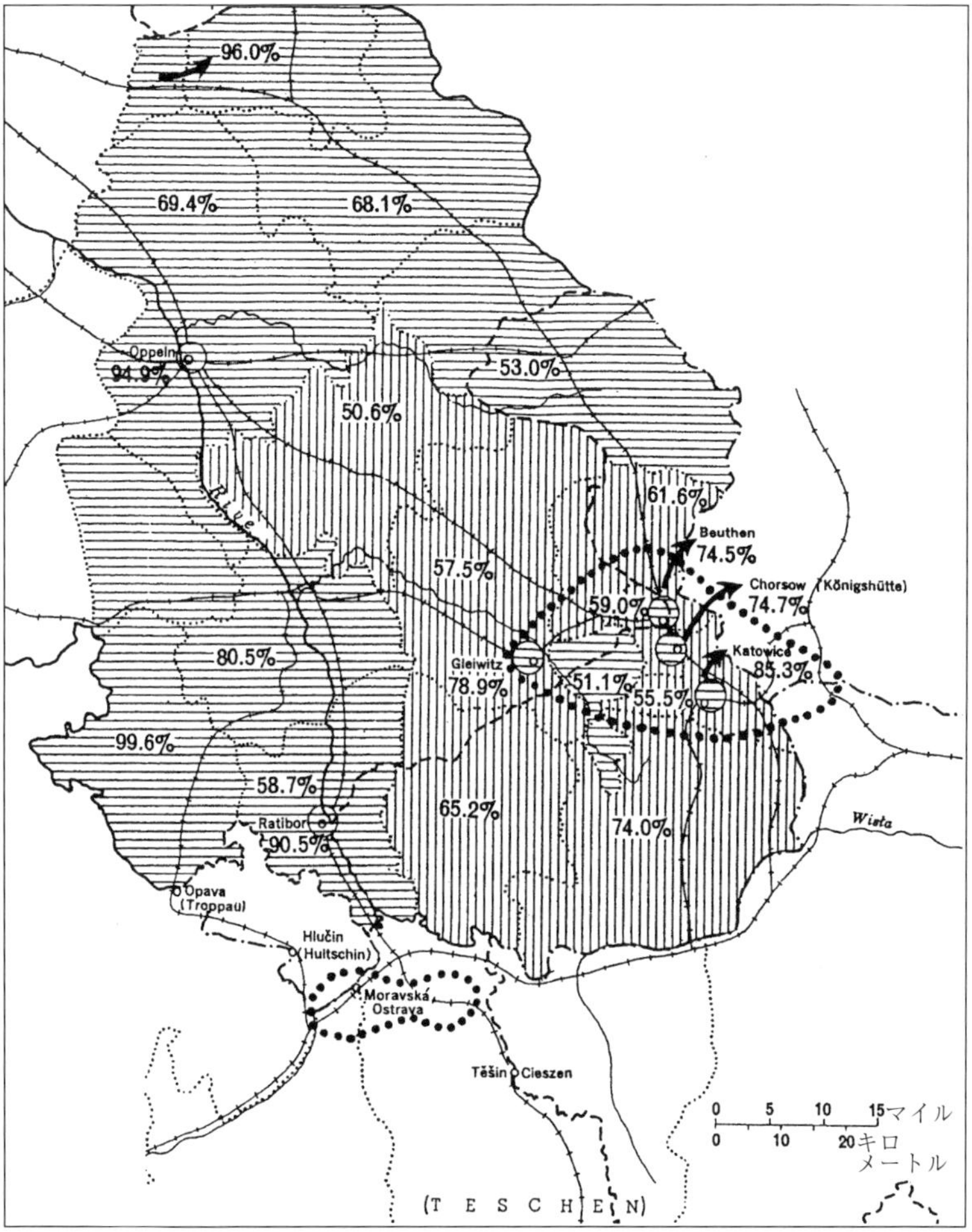

—— 維持された1914年国境
-·-·- 廃止された1914年国境
----- 1919年以後の新国境
······ 地方境界
●●●●●● 主要な鉱業・産業地帯
+-+-+ 主要幹線

住民投票（1921.3.20）の結果

（横線）多数派がドイツ領を選択した地区

（縦線）多数派がポーランド領を選択した地区

Numbers indicate percentage for the Majority

Complled and drawn Department of State, Division of Geography and Cartography. March. 1945 1655D

Based. in part. on a map in *Plebiscites Since the World War*. by Sarah Wambaugh. vol, I. p, 266. Drawn by the British Section of the Upper Silesia Inter-Allied Administrative and Plebiscite Commission.

（出典）　*FRUS, PPC, vol. XIII*

に対する疑義を表明しながらも、残念ながら受け入れるしかないと返答した。しかし彼は続けて、住民投票という決定方法がもつ根本的な問題点を指摘する。「ここで問題になっておりますのは、単に数年間の在職期間を持つ議員を選ぶ選挙ではなく、何世紀にも及ぶ国の運命を決める投票であります」と[44]。つまり、果たして一回の選挙だけで、しかもその公平性に異論がある選挙で、国境線の画定という決定的な問題を処理できるのか、ということである。たとえば議会の選挙において、例えばゲリマンダーなどの問題が起これば、後ほど修正することもできようし、選挙において違法行為が起これば再選挙も可能であろう。しかし、いったん画定してしまった国境線を後から修正することは、ほとんど不可能になってしまう。どの地域の、どのような区域を一単位として投票を行い、それをどのように評価するかについても、係争地を抱える諸国が同意するような公平さを実現することは期待できない。一見、民主主義の原則に則っているかのような住民投票という手段を、軽々に国家形成とその国境画定にまで適用しようとすると、解きがたい難問が生じるのである。しかし、こうした真摯な疑問に対する返答はなんら聞かれず、ロイド・ジョージは、シレジアの鉱山地帯での住民投票についてポーランドはなんら恐れることはないと確信していると慰藉し、ウイルソンも住民投票の結果についての楽観論を述べるが、彼らのことばは、パデレフスキやドモフスキには虚しく響いたに違いない。

周知のように、一九二一年三月二〇日に行われた住民投票の結果は、アレンシュタインと同様に、言語を基準とすればポーランド人が多数を占めると考えられたにもかかわらず、ポーランドの敗北に終わる。投票の対象となった地域全体では、多数派がドイツを選択したからである。ところが、東部の産業地域に限ってみれば、明らかにポーランドを選んだ人びとが多数であった[45]。ヴェルサイユ条約第八九条の規定が曖昧であったため、英国が支持したドイツの主張のように、その結果は全体として判断して選挙が実施された地域すべてをドイツ領とすべきなのか、フランスが支持したポーランドの主張のように、それぞれの地区ごとにもっと細かく投票結果をみて、どちらの国を選択したのが多数派であったかを考慮して分割すべきなのか、という論争が生じた[46]。結局、全体としてドイツ領とするという結果を受け入れがたいと考えたポーランドは、住民の蜂起を三度にわたって引き起こし、武力でこの地域を分割してポーランド寄りの一部をその領土としてしまう[47]。

こうして、いわゆる「エスニック」な基準により想定された境界線と、一度限りではあるが、住民投票の結果とが食い違う事態が生じた。その理由としては、アレンシュタインや上部シレジアのポーランド人と「本国」のポーランド人との間の意識のずれが指摘されている。前者は、自らをドイツ人と考えることはなかったけれども、ドイツ文化の受容こそが彼らに社会的・経済的成功の機会を提供していると考え、ポーランド領となることをあえて選ばなかったというのである[48]。

また、この投票結果はフランス議会でも重大な外交問題として検討され、政府の対応が問われた。一九二一年当時、外相を兼任していたブリアンは、選挙の結果はフランスの主張していた境界線とは異なるけれども、投票がなされた以上フランスはそれを尊重する旨の答弁をする。それに続けて彼は、英仏間の良好な関係継続に満足の意を表明し、大戦において英米がフランスを助けに来てくれたことを忘れないと付け加えて、ドイツとポーランドとの係争地問題の行方よりも、英米への配慮を優先した[49]。こうした外交姿勢は、講和会議に出席したクレマンソーから、一貫して続いていたものである。フランスにとっては、ライン河に関する問題に次いで、ポーランドの国境問題が第二の重要性を持っていたが[50]、それはやはり第二番目にすぎなかったのである。だからこそクレマンソーは、独仏国境についてフランスの主張が満たされれば、ポーランドに関する主張をとり下げる用意をしていた[51]。ラインラントの帰属問題に関して、クレマンソーが選択した英米との友好関係を重視する姿勢は、ポーランド国境について英米の主張と厳しく対立した場合にフランスがとったかなり消極的な姿勢につながり、そのことは上部シレジアの帰属問題でも示されていた。

こうして、ドイツとポーランドとの国境画定については、講和会議以前に既成事実が成立していたポーゼンを除いて、首脳会議が最終決定を下した。しかし、それぞれの地域の帰属決定について援用された根拠は、一貫していたとはいえない。決定する場合の基準は、過去の統計に依拠した「エスニック」な判断なのか、住民投票なのか明らかではなかったし、いわゆる「エスニック」な基準による決定と、住民の意志とが一致するとも限らなかった。そのことは上部シレジアに関するウイルソンの説明にも示されている。

ドイツ人は、その住民の大多数がポーランド人である事実に、異論を唱えているのではありません。彼らが問題視しているのは、その住民が祖国ポーランドと再統一される意志があるかどうかであります[52]。

こう述べて、ドイツが提出した反論の要旨を受け入れていることからも、二つの基準が一致した結果をもたらすとは限らないことを、首脳たちが理解していたことがわかる。じっさい、各地の住民投票の結果だけをとってみると、エスニックな基準による予想に反して、ポーランドにとってほぼ全面的敗北といえるものになった[53]。これは、国境画定が一筋縄ではいかなかったことを示すとともに、すべてに適用できる論理や一般原則が存在しないことを示している。

また、首脳会議の決定を批判したドイツも、一貫した主張を行ったわけではない。一方で、数世紀も前にポーランド領でなくなった地域を再びポーランドに与えるのは、過去の国境線にとらわれていると批判しながら、他方で、西プロイセンはドイツ騎士修道会領であって、そのころすでにドイツ的性格を帯びていた、と過去の経緯を持ち出しているからである。(54) つまり、反論をする側もまた、それぞれの地域について都合のよい理由付けをしていたし、それを可能にするさまざまな根拠がすでに援用されていたのである。

首脳会議の決定であれ、ドイツやポーランドの要求であれ、それぞれの主張を正統化するためにさまざまな根拠を持ち出していることが理解できるが、とくに講和会議は「一方的に」線引きをする以上、それを正統化する根拠が必要であった。そしてその根拠は、これまでの言説を反映して、場合によって、言語や宗教を基準とした統計による「エスニック」な正統性であったり、投票という一見民主主義的な正統性であったりしながら、「民族自決」ということばに収斂したのである。

第二節　講和会議によるポーランド国境の決定

（1）Paul Mantoux, *op. cit.*, p. 197.

（2）Norman Davies, *op. cit.*, p. 140. デイヴィスは、ポーランドの領土が一八世紀末から二〇世紀半ばにかけてどのように変遷したかを図案化した一覧を載せており、それは視覚的に非常にわかりやすいが、ワルシャワ公国の領土の部分については間違っている。

（3）一八二四年には、東西プロイセンは統一され単一の地方となった。

（4）*FRUS, PPC, vol. IV*, p. 414.

（5）Anna M. Cienciala, *op. cit.*, p. 71.

（6）「利用できる統計はプロイセン政府のものだけであるので、信用できない」という指摘があった。Robert Howard Lord, *op. cit.*, p. 73.

（7） 一八四八年からすでにドイツとデンマーク間で領土問題となっていたシュレスヴィッヒについても、言語による大まかな区分地図が少なくとも一八三八年にはできており、一九〇六年には、言語による世帯数をコミューンごとに調べた詳細な地図ができていた。Sarah Wambaugh, *op. cit.*, pp. 133（opposite）, 149（opposite）.

（8） 第三章第三節注（60）参照。

（9） Howard Elcock, *Portrait of a Decision, The Council of Four and the Treaty of Versailles*, Eyre Methuen, 1972, pp. 144-145. ただし、英国外務省内で必ずしも意見が一本化していたわけではない。ポーランドにバルト海岸の飛び地のみを与える案から、ダンツィヒはドイツ領とするけれども、ヴィスワ河西岸はポーランド領として、東プロイセンを飛び地にしてもよいとする案、とりあえずポーランドに通過の特別な権利だけを与えて帰属問題は一〇年以内に再検討する案、ダンツィヒをシュテッティンやハンブルクとともに国際自由港にする案まで、さまざまな考えがあり、英国代表の意見は分かれていた。Erik Goldstein, *op. cit.*, pp. 145-146. またスマッツは、チェコスロヴァキアがハンブルクに対して権利がないのと同様に、ポーランドはダンツィヒに対してなんら権利がないと厳しく抗議することになる。Antony Lentin, *op. cit.*, p. 63. 他方ハウスは七日の会談で、ダンツィヒがポーランド領となるべきだと主張するアメリカ代表団の見解を伝えたうえで、東プロイセンが本土から切り離されるのであれば、国際化するか、別の共和国にするという、かなり勇み足ともとれる意見を述べていた。David Lloyd George, *The Truth about the Peace Treaties*, *op. cit.*, p. 288.

（10） David Hunter Miller, *My Diary at the Conference of Paris*, *Vol. I*, New York, 1924, pp. 484-485.

（11） 英仏間の意見の対立は比較的小さかったという評価（Piotr S. Wandycz, *op. cit.*, p. 36）もあれば、ダンツィヒの帰属について英米間の激論で二転三転した点を強調する評価（Anna M. Cienciala, *op. cit.*, pp. 73-75）もある。

（12） Manley O. Hudson, "The Protection of Minorities and Natives in Transferred Territories", in Edward Mandell House and Charles Seymour eds., *op. cit.*, p. 204.

（13） *FRUS*, *op. cit.*, pp. 414-419.

（14） Piotr S. Wandycz, *op. cit.*, p. 40.

（15） Howard Elcock, *op. cit.*, p. 169.

(16)　Paul Mantoux, *vol. I*, pp. 43-44, 47-48. ロイド・ジョージは、「回廊」をポーランド領とすることにまで反対する意図があったかどうかは明らかではないが、少なくとも明示的に反対意見を述べることはなく、ダンツィヒのポーランド領化についてだけ反対していた。Anna M. Cienciala, *op. cit.*, p. 79.

(17)　この日のウイルソンの主張はこれまでとは大きく異なることから、三月二七日の会議の前に、ウイルソンとロイド・ジョージの間で手打ちがあったのではないかとする解釈がある。*Ibid.*, p. 78. すでに指摘したように三月中旬から四月にかけては、ウイルソンとクレマンソーがラインラントをめぐって激しく対立していただけに、それがウイルソンの立場の変化を引き起こしたという理解も可能である。

(18)　Paul Mantoux, *op. cit.*, pp. 109-110, 112.

(19)　*Ibid.*, pp. 77-78.

(20)　*Ibid.*, pp. 105-108

(21)　*Ibid.*, pp. 110-112.

(22)　*Ibid.*, pp. 125-126.

(23)　*Ibid.*, p. 197.

(24)　Robert Howard Lord, *op. cit.*, p. 74.

(25)　Paul Mantoux, *vol. II*, p. 279.

(26)　*Ibid.*, pp. 198-202.

(27)　*Ibid.*, pp. 231-232. 興味深いことに、フランスでも同年九月四日、ヴェルサイユ条約批准議会においてマルセル・サンバが、ダンツィヒはドイツ人の街であって、ポーランドに港を与えるためにその地位を変えることは、「条約の中に潜む、戦争の萌芽となる最も重大な問題である」と批判する。Emmanuel Beau de Loménie, *Le débat de ratification du Traité de Versailles, A la Chambre des Députes et dans la presse en 1919*, Editions Denoël, 1945, p. 77. 伝統的に親ポーランドであったフランスの社会主義者が、こうした批判をしたことは、ダンツィヒの帰属がいかに論争の的であったかを示している。

(28)　Paul Mantoux, *op. cit.*, pp. 271-273.

(29) *PWW, vol. 57*, p. 69.

(30) *FRUS, PPC, vol.VI*, p. 816.

(31) Harold M. V. Temperley, *vol. II*, p. 4.

(32) Piotr S. Wandycz, *The Price of Freedom*, *op. cit.*, p. 117.

(33) Jerzy Lukowski and Hubert Zawadzki, *op. cit.*, p. 129. そのため、ビスマルクの文化闘争によって、それに対抗しようとした人びとの間で宗教と民族性との結びつきが予期せず強化された。*Ibid.*, p. 157.

(34) Piotr S. Wandycz, *op. cit.*, p. 186. こうした歴史的経緯と経済的重要性から、アルマン＝レヴェルテラ交渉で、フランスがオーストリアに分離講和の代償として提示した領土の中にも、シレジアが含まれていたのである。

(35) Piotr S. Wandycz, *France and her Eastern Allies*, *op. cit.*, pp. 17, 30, 35-36.

(36) ハワードとロードの間で二月六日に結ばれた英米間の合意では、オーデル河に至る上部シレジアをポーランドに与えることを勧めていた。Kay Lundgreen-Nielsen, *op. cit.*, p. 174.

(37) *FRUS*, *op. cit.*, pp. 833-835.

(38) Paul Mantoux, *op. cit.*, pp. 258-259. 五月二一日にウイルソンは、一般論として、「上部シレジアのいくつかの部分について、そのポーランド的性質に疑義がある場合は、最終決定は住民の意志によるべし」と述べていた。*Ibid.*, p. 136.

(39) *Ibid.*, pp. 267, 269.

(40) *Ibid.*, pp. 275-283. ウイルソンは、現地に派遣したロード博士から、公平な自由投票は不可能である旨の報告を受けていた。*PWW, vol. 60*, pp. 54-55.

(41) *Paul Mantoux*, *op. cit.*, pp. 308-310.

(42) *Ibid.*, p. 307.

(43) *Ibid.*, pp. 380-386.

(44) *Ibid.*, pp. 421-422. その後、ドイツ軍の撤退は二週間以内となる。ただし期日の計算は、条約が発効してからであるので、即刻撤退というわけではなかった。*Ibid.*, pp. 511-512.

（45）各地区における投票結果については、図3を参照。

（46）Édouard Bonnefous, *Histoire politique de la Troisième République, tome troisième, L'après-Guerre (1919-1924)*, Presses Universitaires de France, 1968, p. 241.

（47）一九二二年五月一五日、ようやくドイツとポーランドは、上部シレジアにおける両国の関係を定めたジュネーヴ条約を締結する。田畑茂二郎・大寿堂鼎編『ケースブック　国際法』有信堂高文社、一九八三年、二五六頁。そこでは、あとで検討するマイノリティの保護に関する諸規定が設けられた。その保護規定については、ドイツ領となる地域では一五年間という期限付きであったが、ポーランド領となる地域についての期限は設定されなかった点と、個人の主観によってのみマイノリティであるかどうかが決定されることになった点が、特筆に価する。Janusz Zarnowski, "Le système de Protection des minorités et la Pologne", in *Les consequences des traits de paix de 1919-1920 en Europe centrale et sud-orientale, op. cit.*, p. 194.

（48）Alan Sharp, *op. cit.*, p. 157; Jerzy Tomaszewski, *op. cit.*, pp. 302-304. ピーター・ブロック、前掲論文、一一一—一一二頁。

（49）*New York Times*, May 5, 1921, pp. 1-2.

（50）Kalervo Hovi, *op. cit.*, p. 14.

（51）David Stevenson, *op. cit.*, p. 182.

（52）Paul Mantoux, *op. cit.*, p. 421.

（53）この点についても、当初から講和会議による西側国境の決定に期待しなかったピウスツキの予想が、的中したといわざるをえない。

（54）*FRUS, PPC, vol. VI*, pp. 832, 835.

第三節　講和会議の限界

言語を中心とした「エスノグラフィカル」な人口分布の境界線を重視するのであれ、住民の投票による選択であれ、「民族自決」ということばが意味すると考えられたルールによって、すべての国境問題が解決されたのではない。ここでは、そのような原則がうまく適用されず、困難を極めた国境画定について検討してみよう。それは、ポーランドの南東部から東部の国境地帯である。具体的に南東部とは、オーストリア＝ハンガリー帝国領であったガリツィアの帰属問題であり、東部とは、さまざまな考え方が可能であり、国境線が東西に数百キロも動く可能性のあったロシアとの境界であった。また、「民族自決」原則によって独立したチェコスロヴァキアの国境画定も原則の単純な適用では決定されなかった。

1．ガリツィアをめぐる戦い

オーストリアが一七七二年の第一次分割で取得したガリツィアについて、すべてをポーランド領とすることには講和会議当初より疑義が唱えられた。ツィス・ライタに属していたオーストリア＝ハンガリー帝国時代、東西ガリツィアの違いは単に司法管轄権上のものにすぎなかったけれども[1]、東部分については都市部を除いて、ポーランド人とは異なるウクライナ（ルテニア）人が多数居住していると考えられており[2]、一九世紀半ばに始まった石油産出[3]の利権をめぐる争いが、単純な解決を阻んでいた。そこでは、一九一八年の一〇月一八日にウィーンの帝国議会のウクライナ人議員および、ガリツィアとブコヴィナの地方議会のウクライナ人議員がルヴフ（レンベルク）に集まり、ガリツィア、ブコヴィナ、サブカルパチア・ルテニアを領土とする西ウクライナ共和国の独立を宣言した。[4] そのため、西ウクライナ共和国と、ガリツィア全域の領有権を主張するポーランドとの間ですぐさま戦闘が始まり、講和会議は開始直後からその紛争への対応が求められた。

また、かつての会議王国領より東側では、ラーダ政権によるウクライナ人民共和国が一九一八年一月二二日に独立を宣言し、[5] 一九一八年二月九日に独墺がブレスト＝リトフスクでウクライナ人と結んだ条約によってこの共和国を承認したこと[6]が、問題をさらに複雑にしていた。「ウクライナ」を名乗る国家が、会議王国領の境界線の東西双方に存在したからである。このラーダ政権はロシアからの独立を目指したため、すでに一九一七年春からケレンスキーの臨時政府と争っており、ボルシェヴィキ革命以後はウクライナ・ソヴェトを支援する赤軍との間で戦闘状態にはいり、独墺軍の支援を受けて何とか存続していた。ところが、大戦の終結とともにこの地域から独墺軍が撤退したため、それ以後ラーダ政権は赤軍に押され、ごく短期間を除いてボルシェヴィキに旧ロシア領ウクライナの支配権を奪われていた。

こうして、旧オーストリア領ではポーランド対西ウクライナ共和国、旧ロシア領ではウクライナ人民共和国対ボルシェヴィキという対立関係が並存した。そのうえ、ウクライナ人民共和国を称するラーダ政権とポーランドは合意を結び、ボルシェヴィキと戦うラーダ政権をポーランドが援助すると同時に、ラーダ政権は東部ガリツィアへの領有権を放棄する取り決めを結んでいた。[7]「ウクライナ人」の二つの国家は直接対決していたわけではなかったけれども、利害は対立し、支援しあう関係にもなかったのである。

ポーランドの立場は、一月二九日に連合国の最高会議に呼ばれたドモウスキの陳述に示されている。彼は、この地域が係争地であることは認めるけれども、ルテニア人たちに政府を組織する能力はない、と述べる。したがって、彼らに自治権を与えることは考慮しうるけれども、独立した国家を設立することは不可能である、と結論づけたのである。[8]

この問題に対する戦勝諸国の立場はフランスを除いて明確ではなかった。ロイド・ジョージは、一九一九年三月には反ボルシェヴィキの観点からラーダ政権のペトリューラを支援する構えを見せた[9]が、しかし五月八日には、ウクライナ人民共和国をロシアの一部分でないと真剣に考えることはできないとして、自治は可能かもしれないがロシアからの完全分離は一時的なものにすぎないと、その主張を変える。[10] また三月一九日にロイド・ジョージは、東ガリツィアの住民の多数はウクライナ人であり、ポーランド人は少数派であるにもかかわらずその地を狙っているのは油田のためであると非難する。[11] しかし、ポーランド人とウクライナ人との違いについてそれほど明確ではなく情報も欠けていた。そのため五月二一日になってもロイド・ジョージは、ポーランド語とウクライナ語の異同や宗教の違いについて、ウクライナの代表に質問している。[12] この質問からは、言語と宗教について截然と分類できる集団に分けられるという前提にたっていること、そしてその言語と宗教を基準にして国家の存立と国境線の画定をしようとする姿勢とが確認できる。

アメリカについても、一九一九年一月二一日に提出された「インクワイアリー」の報告書は、多くの報告書の寄せ集めであったため、必ずしも一貫した内容を含んでいたわけではなく、似たような状況であった。ポーランドに関する報告書は、東ガリツィアではウクライナ人がポーランド人の約二倍居住しているので、現在のような混沌とした状況にある場合に限ってひとまずこの地域をポーランド領とし、後に完全自治地域として、さらに時間をおいて住民投票をすべきだと勧告していた。他方で、ロシアに関する報告書は、東ガリツィアは旧ロシア帝国領内のウクライナに併合するか、さもなければ住民投票を保障した上でポーランドに併合することを勧告していた。[13] ロシア内の情勢とともに東ガリツィアについても、状況を十分に把握していなかったのである。

このように英米には十分な情報が欠如しており、刻々と変化しつつあった状況が錯綜した関係を生み出していたために、ドイツとポーランドの国境画定についてはかなり消極的であったフランスが、英米と決定的対立を引き起こさない範囲で策略を用いる余地が生じてきた。それはまたピウスツキが予見したように、ポーランドが軍事力を用いてその東部国境を決定できる可能性が出てきたことを意味していた。

東ガリツィアに成立した西ウクライナ共和国は、一九一九年になっても、レンベルクをめぐってポーランド軍と戦闘状態にあったので[14]、連合国最高会議の現地使節は双方に停戦の呼びかけを行った。休戦は二月二四日にいったん成立するが、すぐにまた戦闘行為が開始された[15]。三月一七日にフォッシュは、レンベルクを失えばポーランド政府が崩壊する危険があることを理由に、ポーランドへの援助を要求するが、東ガリツィアの住民の多数はウクライナ人であると主張するロイド・ジョージの反対を受けて、解決策はポーランド委員会の提案を待つことになり[16]、双方に対しては即時停戦を命じる電報が送られた[17]。委員会は、バルフォアの表現を借りるなら、「会議がレンベルクと東ガリツィアの油田問題を決定するときには、公平な判断がなされるように、ポーランドの『エスノグラフィカル』な境界を早急に定めるべき」であると考えた[18]。この問題でもふたたび、「エスノグラフィカル」な検討の必要性が登場したのである。

ところが、停戦命令の電報を送ったにもかかわらず、ポーランド軍が攻撃をやめないという現地からの報告が、四月になってもパリに届いたために、首脳会議が始まってからもこの問題が何度も議論される。ちょうどその頃、移送経路で激しい議論を引き起こしていたハルレル軍の帰国が四月には始まり、どうやらその部隊がこの戦闘に使用されているという情報も伝わってきた。そのため五月になると、すでに決まっていたポーランドへの物資の援助を中止すべきかどうか、を議論する事態にまで発展する。その議論の最中であった五月二一日には、ポーランド軍がレンベルクを越えて、なお東に進んでいるとの情報がもたらされただけに、パリでは、ポーランドに対する批判がよりいっそう強まった[19]。現地とようやく連絡が取れて、紛争に介入しないという言質をポーランド軍から取り付けたことをクレマンソーが首脳会議に報告するのは、五月二七日になってからである[20]。たしかに、交通手段や通信網が寸断され、情報が伝わりにくかったのは事実である。しかし、現地の状況がかなり正確にパリまで伝わっていることからすると、パリからの電報を伝えるのに二カ月以上かかるとは、考えにくい。つまり、ロイド・ジョージが憤慨して指摘したように、この地方の混乱した状況を言い訳として、フランスはポーランド軍の侵攻に目をつぶったと考えるのが妥当であろう[21]。クレマンソーは、首脳会議の場では停戦命令に合意しておきながら、他方でポーランドが領土要求を自力で実現するのを黙認することで援助したのである。そして五月末には、以下に述べるような新たな局面が展開するため、ポーランドによる全ガリツィア支配への道が開かれることになった。

この間、ポーランド委員会は検討を続けていた。四月二六日の報告によると、困難な問題は、他の国境画定に当たってはエスニシティの考慮を第一の基礎としてきたけれども、東ガリツィアで同様の措置をとれば、ポーランド国境はレンベルク（ルヴフ）の西側となってしまうことであった。そうすると、油田地帯もポーランド国境外になり、それは好ましくない。また、ウクライナが独立国家となったとしても、いずれロシアはウクライナという弱体なスラヴ国家に影響を及ぼすであろうが、その影響力をカルパチアにまで拡大すべきではなく、したがってポーランドとルーマニアが国境を接するような決定を下すことに利点がある、と委員会は考えた。そこで具体的には、ガリツィアに独立国家を設ける案や、国際連盟下の自治国家を設立する案、ポーランドとウクライナで分割する案が検討されたが、東ガリツィアの地位の決定は委員会に与えられた権限を越えるものとして、具体的提案は差し控えた[22]。ジュール・カンボンを委員長とする委員会は、ここでも、他のポーランド国境と同様にポーランドの主張に配慮する姿勢を見せた。

それに対して、ポーランドとウクライナとの休戦交渉のため四月二日に設置が決定された委員会は、四大国から二人ずつの代表で構成され、英国軍人を委員長としていた。その委員会は五月一二日に、休戦ラインとしてガリツィアを二分する境界線を提案した。それは、レンベルクをポーランド領とするが、油田はウクライナ領とする案であった。これをウクライナは受け入れるが、ポーランドは拒否し、上記のように戦闘は続行することになったのである[23]。

このころ、旧ロシア帝国領内で独立を宣言していたもうひとつのウクライナ人国家、ラーダ政権を破った赤軍が、さらに西に向かいつつあるという大きな問題が持ち上がる。先に述べた新たな局面である。この地域で赤軍を食い止めることのできる軍事力は、ポーランド軍しかなかった。そのため、五月末にはポーランド軍が旧オーストリア領のガリツィア全土をほぼ制圧するが[24]、当初はそれを容認しがたいとしていた戦勝諸国首脳たちの対応に、ボルシェヴィキの影が次第に色濃く反映し始める。六月五日にパデレフスキは、ガリツィア全部をポーランド領としそのうえで自治を認める解決策を提示した。この要求に対してロイド・ジョージは、帝国主義的であると厳しく非難するが、休戦交渉のための委員会が提示した境界線を国境として強く主張することもなかった[25]。一二日には、ウイルソンとロイド・ジョージの合意で、西ガリツィアはポーランド領とし、東ガリツィアでは住民投票を行うことが決まり、外相会議で東西ガリツィアの境界画定作業に入ることになった[26]。

六月一七日には、ポーランド委員会の国境線に関する下部委員会も、東ガリツィアに独立国家を設立することに全会一致で反対した。そのうえで、ガリツィア全土がポーランド領となり、かつその一部が自治地域となる場合に採るべき東西分割線として、「エスノグラフィック」な境界線に沿ったラインAおよび、レンベルクと油田地帯をポーランド領とする、ラインAよりも東寄りのラインBを提案した[27]。しかし翌一八日に開かれた外相会議では、ボルシェヴィキがなお西進し続けているという情報を受けて、最終的な領土画定ではないとする留保つきで、ひとまずポーランドが東ガリツィア全域を占領することを認め、委員会の二つのラインは事実上棚上げされた。東ガリツィアの最終的な地位については、一致に至らなかったからである[28]。この決定が六月二五日の外相会議で再確認され、引き続いて首脳会議でも承認された。そのうえ同二七日には、赤軍の脅威を前に、数カ月前にはあれだけ物議をかもしたハルレル将軍の軍隊を含めて、あらゆる軍事力を東ガリツィアで用いることを、ポーランド政府に認める電報を送ることになった[29]。

こうして東ガリツィアの帰属決定は先送りされたので、九月一〇日にオーストリアと締結されるサン・ジェルマン条約では、この旧オーストリア領の主権は戦勝諸国に移されることになった[30]。そして同二五日には、東欧が混乱した状況にあることを理由として、住民投票の実施は不可能であると判断され、一〇年後に選挙の日付を決定することになった[31]。ところが一一月二一日には、東ガリツィアをポーランドの委任統治とし、二五年後に国際連盟理事会が選挙の期日を決定することに変更される[32]。二五年後とは、その間にポーランドがその統治を通じて及ぼしうる影響力を考えると、この時点ですでにガリツィア全土をポーランド領とする道が実質的に開かれていたといえる。

このころアメリカの上院が、ヴェルサイユ条約の批准審議において、上院議員ロッジの提案した留保つきの条約案を一一月に拒否したことから、その後アメリカが条約を批准する見通しは遠のいた[33]。翌一二月九日には、講和会議への代表団を完全に引き上げたため[34]、以後アメリカはこの問題に関与しなくなる。そこでクレマンソーはロイド・ジョージの説得に乗り出して功を奏し、一二月二二日には二五年間の委任統治という決定すらも停止されることになった[35]。これによって、ほぼ一年間かけて議論してきた東ガリツィアの地位について、住民投票を実施するまでの期間は、高等弁務官を置くべきか、ポーランドへの委任とすべきかをめぐる論争が意味のないものになっただけでなく、帰属は住民投票によるという決定自体も事実上反故にされてしまい、あとに残ったのはポーランドによる支配だけであった。

ところで、以下で述べるいわゆるカーゾン線は、一九一九年一二月八日に承認されたときには、ガリツィア部分を含んでいなかった。それが二〇年七月一一日に東ガリツィアまで延伸されるとき、委員会案のラインAに沿った境界線であったけれども、この時点では、ガリツィアを東西に分ける境界線はもはや政治的意味のないものになっていたのである。戦勝諸国は、このカーゾン線に基づいて、その西側部分をポーランド領として認めることを八月一〇日に決定するが、ポーランドはその条約に署名せずガリツィア全土の支配を続行した[36]。結局、一九二三年三月一五日に大使会議がポーランドの東ガリツィア併合を承認し[37]、この問題については既成事実を作ったポーランドの勝利に終わった。それは、この国境線に関する下部委員会が提示した、言語や宗教に基づいた「エスノグラフィック」な境界線も採用されず、住民の意見によって決定するという方式もまた放棄された瞬間であった。

たしかに、この地域の「住民の大半は無関心である」ことを指摘する報告[38]があり、バルフォアもその書簡で「ルテニア人の多数は遅れていて、文盲であり、現在のところ自力で立ち上がることはできない」と述べている[39]ように、ウクライナの大衆である農民にとって「ナショナリズムは意味のないもの[40]」であって、彼らは、自分たちを「いかなる外部的な忠誠義務をももたない、『その土地の人間』とみな[41]」していたかもしれない。そのうえ、以

図4　ポーランドの東部国境

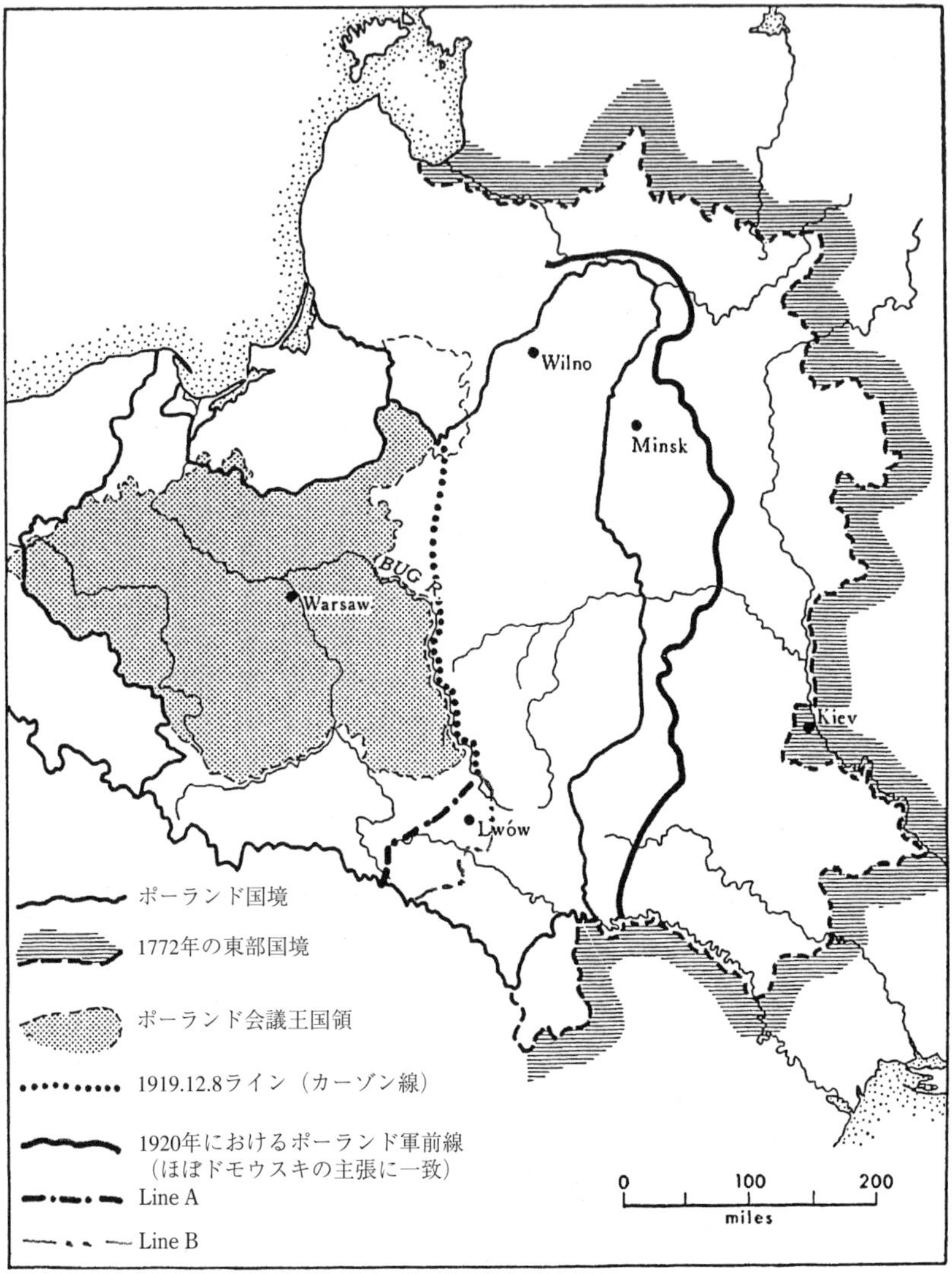

（出典）　Piotr S. Wandycz, *France and her Eastern Allies*

上の議論で示されているように、ウクライナ人とルテニア人という名称が一貫性なく用いられ、六月二五日の決定の理由として述べられているように、両者を果たして区別できるのかどうかも明確ではなく、決定を下す立場の人たちにも混乱が見られる。しかし、首脳会議が一度は決めた方式が否定され、住民の意思を表明する機会が与えられずに終わったことは、「民族自決」の内容をどのように解釈しようとも、ガリツィアの帰属決定に関する限り、その原則を適用した解決とはいえないことを示している。

その理由は大きく二つある。第一に、「東ガリツィアはポーランド分割までは、旧ポーランド王国の一部分を構成していた」[42]ことから、歴史的な経緯が議論の背後で大きく働いたことである。一九世紀半ばにガリツィアの政治家が、ルテニア人たちは一度も国家を形成したことがなかったがゆえに、「国民」とみなされうる権利は否定される、と述べた[43]通りになった。つまり、旧ロシア帝国領に住んでいた人びとはソ連へ、ガリツィアに住んでいた人びとはポーランドへ、そしてあとで見るように、サブカルパチアに住んでいた人びとはチェコスロヴァキアへ、ブコヴィナに住んでいた人びとはルーマニア[44]へと、過去の境界線どおりに新たな国家に分かれることになったのである。

そのことと関連して第二に、ロシアに対する配慮が強く働いたことである。五月二一日に首脳会議に呼ばれたガリツィアのウクライナ人の代表たちは、旧ロシア領内のウクライナ国家とともに独立することを希望するが認められず、ポーランド国内での自治か、ロシア国内の自治か、どちらかを選ぶように迫られ、どちらも拒否せざるをえなかった。こうした選択を提示したのは、ロイド・ジョージが指摘したように、旧ロシア領のウクライナがロシアの一部としてとどまるかどうかについて、講和会議は何も決定していなかったから[45]であり、決定するつもりもなかったからである。この時点においては、ロシアに不利益な領域画定をすることによって、なお内戦が続いていたロシアの利益を決定的に害し、反感を買うような決定を極力避けることを英仏両国が重視していたことがその動機であった。[46] つまり、一方でボルシェヴィキの西進への対応策を検討しながらも、同時に、将来が不明瞭なロシアへの配慮を続けていたのであり、単に防疫線政策と呼ばれるボルシェヴィキ封じ込め政策だけではなかったことがわかる。このような英仏の態度は、ポーランドとロシアとの国境画定問題において一層顕著に見られることになる。

2. ロシアとの国境画定

一九一九年一月にボルシェヴィキがプリンキポ会議への出席を断ったために、講和会議は実質上ロシア問題を扱うことができなかった。ウィーン会議が、実質的にはロシア皇帝が支配するものの形式的には独立国家と決定した、会議王国の領域より東側については、ロシア固有の領土であって、ロシアが参加しない会議で領土変更することはできないと考えたからである。つまり講和会議は、ロシア政府が一九一七年三月末の声明によって実効的支配を放棄したと理解された会議王国領についてのみ、その帰属を決定する権利があるとみなしたのである。こうした態度は、国際法を考慮したという理由からだけでなく、上述のロシアに対する配慮の現れでもあった。

そのため、内戦状態において白軍を支持するための介入問題や、ロシア領内にいたチェコ人部隊の帰国問題などは検討されていたけれども、ポーランドとロシアの国境線画定については議題にもならず、五月八日になっても、ウイルソンが「ロシアの国境線についてはなんら決定されていない」と不満をもらす[47]状態であった。それは、ウクライナ人代表とのやりとりにも見られるように、首脳会議終盤の五月二一日になっても変わることがなかった。さらに、赤軍が旧会議王国領に迫りつつあるという情報に接した戦勝諸国は、ポーランド軍が軍事力を使ってそれを食い止めることを期待しただけであり、具体的に国境線を画定することによって介入しようとはしなかった。

こうして赤軍とポーランド軍の戦闘が始まると、ポーランドの東部国境は、状況の展開の結果として講和会議の手を完全に離れることになった。そののち、バルフォアとその職を交代する形で一〇月二三日から英国外相となったカーゾンが、仲介のための境界線を提示し、戦勝諸国は一二月八日にこれを承認する。後にカーゾン線として有名になるこの境界線は、一七九五年の第三次分割ラインに相当し、ウィーン会議により認められたロシア固有の領土と会議王国との境界線であって、第二次大戦終結時に再び持ち出されて、現在に至るポーランドの東部国境線となる。ただしこの時点では、カーゾン線が絶対的なものと考えられていたのではなく、「議論の余地なく、エスニックなポーランド人が多数であるとみなしうる全領域を含む、暫定的な境界線」であって、一種のミニマム・ラインであった[48]。そのため仏米ともに、最終的な国境線はカーゾン線よりも東側に引かれるべきであると信じていた[49]。

ところが、戦勝国による最終決定はついに行われなかった。それは、一九二〇年四月二五日にポーランド軍が、すぐ以前のラーダ政権の流れをくむウクライナ人とともに攻勢を仕掛け、五月七日にキエフに入城を果たすが、すぐにボルシェヴィキが反撃を開始し、大規模な戦闘状態になったからである。その反撃により劣勢にたったポーランドは、不承不承カーゾン線を暫定的な国境画定として受け入れることで、調停を模索した。しかしボルシェヴィキがこの提案を無視して進撃したことで、戦闘はワルシャワ近郊にまで拡大する。有名な「ヴィスワ河の奇跡」によって、ポーランド軍がボルシェヴィキの攻撃を食い止めたことで形勢が逆転し、ボルシェヴィキ軍を押し戻した結果、一九二一年三月一八日に締結されるリガ条約によって、両国間の国境線は事実上画定された[50]。それは、カーゾン線でもなければ、ピウスツキが望んだ一七七二年国境の復活でもなく、偶然ではあるが、ほぼ一七九三年の第二次分割線に近いものとなった。このリガ条約に基づく国境線が最終的に国際的承認を受けるのは、フランスの強力な働きかけを受けた大使会議の宣言が出される、一九二三年三月一五日のことであった[51]。

ヴェルサイユ条約第八七条は、ポーランドの東部国境についても講和会議に決定権があると謳っていたけれども、講和会議はその決定権を行使することができず、ガリツィアの場合と同様にこの東部地域でも、ポーランド人たちが、みずからの軍事力を用いてかなりの役割を果たすことで領域が決定し、新国家は創り出された[52]。以上の経緯が示しているように、かつてのポーランド分割のときであれ、一九世紀のポーランド人の独立運動のときであれ、あるいは二〇年後の「奇妙な戦争」でも繰り返されるように、その地域の当事国による武力による決定が押し付けられる場合には、たとえ戦勝国という立場にあったとしても、西欧諸国は実質的な決定を下すことができない状況に変わりはなかった。そのためこの地域では、おおまかに「エスニック」ラインと考えられたカーゾン線が無視されたように、ドイツとの国境画定においてはあれだけ議論された「民族自決」ということばを使って、講和会議の決定を正統化する余地すらなかったのである。他方ポーランド側からするならば、いわゆる民族感情を斟酌するのではなく、武力による決定こそが「民族自決」である、と主張する可能性が生まれたことを意味していた。なぜなら、ポーランド国家の復活は、ほかならぬ「民族自決」によって説明されていたので、国境線の画定もまたその延長線上にあるという主張に結びつける余地があったからである。また西欧の戦勝諸国は戦争による荒廃と疲弊が激しく、意識の点では戦争終結による安堵の気持ちが支配的な雰囲気にあって、これらの地域は、武力を用いて具体的にコミットするには、あまりに遠い国々であった[53]。

3．チェコスロヴァキアの国境問題

一九一八年一〇月二八日、オーストリア＝ハンガリー帝国が休戦条約に調印する前に、プラハの総司令官が投降したため、チェコスロヴァキア独立国家を目指す人びとは、「戦闘なしに」切望するボヘミア領域を占領することができた。[54] 独立を獲得した政治指導者たちは、「後になって、この権力の奪取は、リスクを伴う英雄的行為であったと宣伝することになるが、じっさいは、帝国の権力が魔法にかかったかのように消えてしまったのである」。[55] さらに翌三〇日には自薦のスロヴァキア人「民族リーダー」たちが、スロヴァキア地域において最初で最後の会合を持ち、チェコスロヴァキアという統一国家を受け入れた。[56]

しかし、チェコ人とスロヴァキア人が一つの国家を形成することはそれほど自明のことではなく、アメリカ移民集団の合意を除いて、あらかじめ決定されたことでもなかった。なぜならマカートニーが指摘するように、スロヴァキア人たちは、ハンガリーという歴史的国家に慣れ親しんでおり、ハンガリー国家内における下層民以上の「何者か」になる日が訪れようとは、決して考えてこなかったからである。[57] また、一八四〇年代にスロヴァキア文法が整えられたことから、言語を中心とした政治的要求が生じていたことを指摘するシートン＝ワトソンですら、一九世紀最後の数十年間にスロヴァキア人の政治集団は、ハンガリーの公式の政治舞台に何ら印象を残さなかったし、第一次大戦中にはスロヴァキアの政治活動は終わりを迎えたとしている。[58] ザツェクも、「チェコ人大衆やスロヴァキア人大衆はかつて民族的な一体感を抱いたり、『チェコスロヴァキア』全体の利害に第一義的な関心を払ったことはほとんどなかった」し、「一九一八年の時点でスロヴァキア人の民族意識というものは存在していないに等しかった」と指摘する。[59] だからこそ、一九一八年末の時点では、独立を目指したごく少数の者たちの声が、政治的には決定的であった。ヒーターが指摘するように、「国民」の代弁者であると主張するのは、常に小規模の指導者グループである。その結果、チェコ人とスロヴァキア人がひとつの国民国家を構築することを望んでいるとする、マサリックやベネシュの主張をウイルソンが受け入れたのである。[60]しかも、チェコスロヴァキア国民会議が連合国として交戦団体承認を受けていたため、ベネシュが休戦交渉に参加できたことが有利に作用したことは明らかであった。[61]

すでに指摘したように、ドイツとの休戦協定はドイツ軍が一九一四年国境まで撤退することを明記したので、戦時中から歴史的国家の権利原則に基づいた領域主張を展開していたチェコスロヴァキア国民会議[62]にとって、非常に有利な状況となった。なぜなら、「ハプスブルク王朝の崩壊と分解によって、統一と独立という、チェコ＝スロヴァキア人の綱領のなかで、第一の、かつ最も基本的な部分は、自動的に達成された」ために、「講和会議でチェコ＝スロヴァキア人代表が直面した任務は、非常に簡素化され、なによりも、すでに獲得していたものを守り抜くこと[63]」だけでよかったからである。講和会議が始まった時点では、チェコとスロヴァキアが統一国家を形成することがすでに既成事実とみなされ、したがって議題になることはなかったので、会議での主たる検討課題は、いわゆるズデーテンラントと一括して呼ばれることになるドイツ人地区の扱い[64]、スロヴァキアとハンガリーの国境、そしてサブカルパチア地方の帰属であった。

そこでチェコスロヴァキア代表は「エスノグラフィカルな」理由からボヘミア、モラヴィア、オーストリア・シレジアの領有を主張した。その場合に問題となるボヘミアに在住するドイツ人は、オーストリアの統計によると約二四〇万とされていたけれども、ベネシュは、この数字を政治的に作り上げられたものだとして、せいぜい一五〇万にすぎないと主張する。[65]ここでも、人口統計による数字と、その信頼性が問題となったのである。[66]しかし、四年も続いた戦争のあとで正確な人口を見極めることは事実上不可能であり、しかも一〇〇万人なら少ない

図5　将来のチェコスロヴァキア国家に関するマサリックの構想

ボヘミアおよびスロヴァキア

ボヘミアとセルボクロアチアを結ぶ回廊
（セルビアに帰属，あるいは，半分ずつボヘミアとセルビアに帰属）

スラブ人居住地，したがってドイツ敗北後はボヘミアに併合することも
可能な地域。ラチボールは歴史的理由から領有を主張

（出典）　D. Perman, The Shaping of the Czechoslovak State

のか、三〇〇万人なら多いのかということは、結局、政治的な決定によるほかなかった。

マサリックは回想録で、この問題について以下のように述べている。

ドイツ人マイノリティが我々とともに留まるべきであるという主張は、我々の歴史的権利に基づいているとともに、ボヘミアのドイツ人たちは、オーストリア支配下にあった間、あるいはボヘミア王国の時代には、ドイツとの連合に決して価値を認めていなかった、という事実に基づいている。そうした主張が初めて支持者を得たのは、近代のパン・ゲルマンのプロパガンダ（によって）であった[67]。

しかし、このような論理を展開するのであれば、チェコ人たちの独立要求にも同様の指摘をすることが可能になるのであって、彼らが独立への主張を始めたのは戦時中であったことを等閑視した、一方的な議論であるといわざるをえない。そのうえ歴史的国境線もまた、「いくらでも異議を唱えられるものであった。なぜならチェコはハンガリーの歴史的国境線の中にあるスロヴァキア地方までも要求してきたからである[68]」。しかし、経済的および戦略的な理由は繰り返し否定されており、チェコスロヴァキアの主張を支えるほぼ唯一の根拠は、その歴史的国境だけであったから、彼らの望む国境線を正統化する根拠は、論理的にかなり弱いものであった。だからこそ、チェコスロヴァキア指導者たちにとって、講和会議の好意を得ることによって要求を実現する決定を引き出すことが何よりも重要であった。

そこで、対独安全保障の障壁になりうるチェコスロヴァキアを重視していたフランスに、働きかけた。というのも、一九一八年一〇月二九日にドイツ人の代表が「民族自決権」を援用して、ドイツ・ボヘミアの自治を宣言し、翌三〇日にオーストリア共和国国民議会は、この地方の創設を承認して自国領の一部とし、数日後モラヴィアのドイツ人たちが同様の行動をとったのに対して、オーストリア議会は同様の対応をしたからである。他方、チェコスロヴァキア国民会議はこれを認めなかった。双方の交渉が失敗したあと、一二月になるとチェコ人たちは、これらのドイツ人が多数居住する地域を軍事占領した。[69] そこで、フランスは国民会議の訴えに応えて、彼らの主張を支持する姿勢を明確にし、[70] この地域のドイツ人に重大な関心を寄せていたオーストリアに対して警告を発した。講和会議が最終決定を下すまでは、オーストリア＝ハンガリー帝国の領域は一体として考慮されると述べていた休戦協定の条項を無視して、ボヘミアとモラヴィアおよびオーストリア領シレジアの歴史的諸地域の境界線を、少なくとも講和会議の決定が届くまでチェコスロヴァキアの国境とすべしと通告したのである。[71]

またバルフォアも、ドイツ人をチェコスロヴァキア内に残すことは好まないけれども、ほかに対案がないと考えていた。なぜなら、「チェコスロヴァキアをドイツの侵略から防御する山脈全体を、ドイツの手中に残すようなボヘミア境界の変更は、ばかげているように思われるし、おそらくばかげている」からであった。[72] これに対してアメリカでは、こうした戦略的な考慮に反対し、あくまでも人種的な境界に沿って国境線を画定すべきだとする意見がみられたし、[73] オーストリアは、中立国によって実施される住民投票によって係争地の住民が自ら属する国家を選択する権利を承認するよう訴えていた。[74]

講和会議が始まると、二月五日に首脳会議に呼ばれたベネシュが勧進帳のような演説を行い、ドイツに対して新国家を自衛する必要を強調して歴史的国境線を要求した。そこで、委員会を設置してチェコスロヴァキア問題全般を検討することになり、[75] ここでもジュール・カンボンが委員長になった。[76] その間にも現地では、ドイツ人とチェコ人の対立が起こり、デモをしたドイツ人にチェコ軍が発砲したり、チェコ人がドイツ人を迫害したりする事件が起こった[77]。講和会議にも、ドイツ人地区に入ったチェコ人部隊がドイツ語に代わってチェコ語の使用を命令した、という訴えが届いていた[78]。

講和会議のチェコスロヴァキア委員会は、エスニックな考慮だけでなく経済的および戦略的な考慮が必要だとする結論を四月一日の外相会議に報告する。その理由として、純粋に人種的な境界線によるとチェコスロヴァキアは防衛不能で経済的にも自立できなくなるだろうと主張したため、激しい議論が引き起こされた。特にランシング国務長官が、戦略的考慮に基づく国境画定に反対したのに対して、カンボン委員長は、これは単なる戦略的考慮ではなく、新国家の国防上不可欠である点を強調した。そして地形にも即した旧行政境界、つまり戦前の独墺国境を引き継ぐべきだと反論した。加えて、「エスノロジカル」な原則だけによると、多くの飛び地をかかえる領域をもつ国家になってしまうため「エスニック」な基準を単純に適用できないと指摘した[79]。たしかにドイッチュがレーヤケーキと呼ぶような諸民族が混在する状況にあっては、カンボンの主張も肯定できそうである。しかしこの場合には、ドイツ人たちが地理的にある程度固まって居住していることが知られていたのであり、したがって委員会の結論はチェコスロヴァキアの主張に偏ったものと評価せざるをえず、それは、委員長を出していたフランスがチェコスロヴァキアの主張を強力に支持したからであった。住民投票について問い質すランシングに対して、ラロッシュは、「これらの地域の住民たちは、……分離を望んでおりませんし、ドイツの植民化は近年のことであります[80]」と、事実に反する理由を挙げて住民投票を退けたことにも、委員会のチェコスロヴァキア寄りの立場が反映されている。

その三日後この問題を取り上げた首脳会議は、歴史的国境を主張するクレマンソーの意見をあっさりと認め、それによって、細かい部分を除いてチェコ部分については歴史的な国境線が承認された[81]。多数のドイツ人の意見が問われることはなかったのである。ラロッシュが回想しているように、この時点ではまだ誰も、ボヘミアのドイツ人たちの問題が、二〇年もしないうちに国際危機の原因となり、さらには侵略の口実になろうとは思いもしなかったことであろう。[82]

では、ポーランドのいわゆる「回廊」問題とダンツィヒの帰属についてはそれほど強い主張を貫けなかったフランスが、どうしてチェコスロヴァキアの場合にはそれを強力に支持しえたのであろうか。戦前の統計を信用するならば、ポーランド領に関して問題となったドイツ人は一〇〇万であったのに対して、チェコスロヴァキアが領土として要求していた地域全体に暮らしているドイツ人は約三〇〇万という数字もあっただけに、人口ではチェコスロヴァキアの領土画定の方がより紛糾する可能性があった。議論が行われた日付からもわかるように、両国の国境画定はほぼ同時期に検討されていたのであり、それは、フランスにとってより重要なドイツの西側国境の問題が紛糾していた時期とも重なるだけに、いっそう不思議である。この問題の検討が、首脳間の対立ほど厳しい雰囲気になかった外相会議に委ねられた経緯を指摘する見解がある[83]けれども、最終決定を下したのは首脳会議であるから、この説明は半分しか正しくない。それはむしろ、ポーランドの国境線については、その要求にかなり激しく反発した英国が、チェコの歴史的境界については、それほど激しく反対しなかった点にあると理解すべきであろう。以下に述べるドイツ強大化への懸念に加えて、人種主義的な主張を繰り返し、特にユダヤ人に対する差別的な発言をしていたドモフスキとは異なり、人格者との評判が高かったマサリックの個人的影響も[84]、こうした英国の態度の差を生み出したといえよう。そのためロイド・ジョージは、二月五日にベネシュの主張に対して何度か疑問を投げかけているが[85]、ポーランド問題のように反論のための覚書まで作成し非妥協的な態度を取って反対することはなかった。だからこそフランスは対独障壁として重視するチェコスロヴァキアの要求を強く支持し、ほぼそれを実現させることができたのである。

ところで、新国家ドイツ系オーストリア共和国とドイツとのいわゆる「合邦問題」が、この論点と密接に関連していた。ドイツ系住民がほとんどを占める領域だけになった新共和国は、一九一八年末から合邦の意志を明白にしていたのに対して、国内世論の強い圧力を受けたクレマンソーは、休戦直後からこれに激しく反対していた。[86]四月二二日に、「ドイツは、当該条約が定める国境内における、ドイツ系オーストリアの独立を認める」ことが首脳会議で確認され[87]、両国で進められていた合邦の計画を少なくともこの時点では認めないことになった。五月二日、恒久的に合邦を禁止しようとしてクレマンソーは、オーストリアの「不可譲の独立」という文言を条文に盛り込もうとした。それに対して、そもそもある国家が別の国家と合併する権利を否定することは「自決原則に反する」と主張するウイルソンが対立した。ここではロイド・ジョージが、ヨーロッパの安全保障という観点から禁止規定に賛成したため、ウイルソンは譲歩して、オーストリアの独立を「不可譲」としたうえで、それに対する例外規定を設ける、つまり独立オーストリアが消滅することは国際連盟による承認を必要とするという方式に落ち着いた。[88]ツヴァイクが指摘するように、「歴史の歩みにおいて初めて、一国がみずから憤って拒絶している独立が強いられるという、逆説的な場合が起こった」[89]。そして六日には、独墺国境は一九一四年国境とすべきことが決まり[90]、この問題は決着がついた。

こうして、いわゆるズデーテンラントのドイツ人問題は対独講和であるヴェルサイユ条約の守備範囲外となり、オーストリア共和国の領有要求も退けられていたから、彼らにとって、チェコスロヴァキア領の一部となる以外の道は閉ざされたのである。[91]つまり、スラヴ系であるチェコ人とは異なるドイツ人たちが相当数居住していることは認められながら、「エスニック」な基準による決定も住民投票も否定されて、「民族自決」原則は適用されず、それとは異なる歴史的経緯と戦略的・経済的考慮によって決着が図られることになった。

他方スロヴァキアの境界線については、その北側は分割前のポーランド、すなわちガリツィア地方とハンガリーとの歴史的境界線を維持することでほぼ問題はなかったけれども[92]、南側国境にあたるハンガリーとの境界、および東部の境界にあたるサブカルパチアと呼ばれる地方については、援用すべき歴史的な文脈すらなかった。ベネシュは、上述の二月五日の会議において、「一〇世紀初頭にマジャール人に侵略されるまでスロヴァキアは、チェコ＝スロヴァキア国家の一部を形成していた」と主張したが[93]、ボヘミア王国成立以前の大モラヴィア国時代の国境線が、講和会議の境界画定に手がかりを与えることはありえなかった。

ハンガリー新政権は、二重帝国としての休戦ではなく、独自の休戦条約を求めたがかなわず、帝国が締結したヴィッラ・ジュスティ休戦協定への附加的な協定に一一月一三日ベオグラードで調印した。しかしどちらの条約も、その内容はドイツとの休戦条約に較べて不用意なものであり、ルーマニアおよびスロヴァキアとの境界については不明瞭な部分があった[94]。しかしフランス政府は一二月一九日に、スロヴァキアの境界についてもベネシュの要求に沿った境界線を主張し、講和会議が始まるまでに、チェコスロヴァキアの要求する領域がひとまずプラハの支配下に入っていた[95]。この問題についてもベネシュは、多くのスロヴァキア人たちが圧力を受けてマジャール化されたと主張して、過去の支配の影響力を強調し、同時に、ハンガリーの統計はオーストリア以上に信用できないと説いた[96]。統計の不備を指摘することと、植民化という非難さるべき行為を是正するという訴えは、統計における不利な要素を乗り越えるために、これまでも決まって持ち出されてきた論法である。さらにチェコスロヴァキアは、講和会議で経済的・政治的・戦略的な考慮の必要性を訴えるとともに、自国と新国家ユーゴスラヴィアとの領土をつなげるため、オーストリアとハンガリーとを分断するように一種の「回廊」となる地帯を設けることまで主張するが、三月二一日にハンガリーでは革命によりクン政権が成立することによって、状況は一変する。

四月になると、この革命政権に対してルーマニアとチェコスロヴァキアが攻撃を始め、三国間で戦闘が始まったからである。この情報に接した講和会議は六月に、三国に対して攻撃の中止を何度も命ずるが[97]戦闘行為は収まらず、同月一六日にはハンガリー軍の支配下でスロヴァキアに革命政権が誕生する事態になった。しかし同日、クン政権が攻撃を中止するとの電報がパリに届き[98]戦勝諸国がひとまず安堵していたところ、攻撃を中止しなかったルーマニアによって今度はそのクン政権自体が倒れ、それに伴ってスロヴァキアのソヴェト政権も崩壊した。[99]この三国の短期間の戦闘においても、ポーランドの東部国境と同様に、パリに集まった戦勝諸国が十分にコントロールできない軍事力によって状況が推移していった。[100]

この突発的な事態の間も検討を続けていた委員会がスロヴァキアとハンガリーとの国境に関する報告書を提出し、五月八日に外相会議がそれをほぼそのまま受け入れたことによって、見通しがついた。首脳会議が六月一二日にそれを承認し、最終的な国境画定となるが、[101]その内容は翌日の電報にあるように、戦闘行為による有利な国境線の書き換えは認めないとする立場を貫いたものであった。[102]そのため、明らかにスロヴァキア人が少数であったその中心都市ブラティスラヴァから、イペリ川との合流地点までは、ドナウ河が国境とされたように、チェコスロヴァキア代表の要求がほぼ認められた。

サブカルパチア地域については、開戦時に彼らの言語を教える初等学校も中等学校もひとつとしてなく、政治的な新聞もなかった。これはまさにハンガリーの政策の結果であったが、文盲率もハンガリー内で最も高かった。そのため、この地域の人びとの見解をただしてみても、いわゆる「おらが村」への帰属意識しか抱いていないいため、得られるものは少なかった。例えばドイッチュは、国境画定のために当時この地を訪れた、ボストン大学のフランク・ノーワク教授の経験したことを紹介している。

彼（ノーワク教授）の最初の質問は、「あなたの国籍は何か」ということであった。その答えは訳のわからないぶつぶつ声だった。そこで彼は、聞き方を変えて「あなたはなに人か。すなわち、あなたはハンガリー人か、ポーランド人か、チェコ人か、スロバ《（ママ）》キア人か、ウラル人か」と問い直した。そうすると、村人たちは、簡単に「われわれはここの出身だ」と答えた。[103]

こうした状況であったので、マジャール人の支配が続くことを嫌悪するルテニア人指導者たちは、一九一八年一二月にプラハへ赴き、チェコスロヴァキアとの合同を訴えたのである。[104]

このときポーランドは、歴史的にガリツィアに属さないこの地域の領有権を要求せず、ここでも歴史的経緯の影響が大きいことが理解できる。そこで、ブコヴィナをルーマニア領と決めたのと同じ考慮、すなわちロシアの影響力をカルパチア山脈の南にまで拡大させないことを重視するのであれば、わずか四〇万人ほどの住民からなるこの地域だけで、独立国家を形成することは事実上ありえない[105]ため、チェコスロヴァキア領かハンガリー領かという選択肢しか残らなかった。

すでにベネシュは、社会的・経済的なつながりの深さと言語の類似性を指摘した上で、ルテニア人たちがチェコスロヴァキアとの連邦を望んでいると述べていた。[106]呼称はルテニア人であれウクライナ人であれ、スラヴ系であると考えられ、マジャール人とは異なると理解されていたから、彼らの住む地域をチェコスロヴァキア領にするという見解が有力であった。同様に考える「インクワイアリー」も、サブカルパチアをチェコスロヴァキア領とすることを勧めていた。[107] さらにチェコスロヴァキアは、ボルシェヴィキに対抗する必要性を強調して、ルーマニアと国境を接するように、この地域の領有を主張する。[108] そのため、チェコスロヴァキアの要求を反映した委員会報告[109]を受け、外相会議は、サブカルパチアのルテニア人地区を自治地域とするという条件を付して、五月二三日にその報告を承認した。[110]

コバンが指摘するように、スロヴァキア人の場合も、ルテニア人の場合も、ごく一部の人びとの見解が表明されただけであるから、彼らを「チェコ人と合同させることについては、これらの民族が何らかの願望をもっているかぎり、彼らの願望を十分に代表していたかどうか問題がある」[111] 決定であった。しかし、「彼らの願望」を確認しようにも、上記のような住民の状況であっては、その方法がほとんどなかったのも事実である。その後「チェコ政府は、このひどく後進的な農村地方に自治を与える真剣な努力をするどころか、そのかわりにそこにたいしては慈悲深い『植民地的』行政」を行うことになる。[112]

住民の意見によって決定を下すという方式は、チェコスロヴァキアの国境画定については、ほとんどとり上げられることとすらなかった。チェコスロヴァキア代表が、ポーランドとは異なり、独立についても、希望する国境線についても、西欧の大国の決定によってこそ獲得できると考え、戦時中より専ら外交努力を重ねてきたことが報われた結果となった。ベネシュの「非常に巧妙な外交手段[113]」とロスチャイルドが呼んだ交渉を通じて、ほぼその要求を実現させることができたのである。

講和会議が、独墺合邦の禁止と並んで、ボヘミアの歴史的国境を認めたことは、前節で検討した諸課題とは異なる決定を下したことを示している。それは、認められた国境線がいわゆる「エスノグラフィック」な境界線に明らかに一致していないだけでなく、住民投票による決定も行わなかったからである。ここでは、歴史的な経緯とともに、独波国境ではあれだけ激しい議論を引き起こした戦略的要因が重視されて決定が下されたのである。たしかに、ウクライナ人・ルテニア人とポーランド人、チェコ人およびスロヴァキア人は、同じスラヴ語派に属する言語[114]を話し、よく似た文化を持つ人びとであるがゆえに、容易に区別することは困難であった。そのうえ政治的意識もはっきりしていないとすれば、住民投票という手段もとりえない。パリに集った専門家たちの情報量に限界があったかもしれないが、結局はポーランドの東南部および東部国境のように、武力による解決が追認されたところも含めて、歴史的な境界線が拠り所となって国境線は画定されたのである。それはブコヴィナが、スラヴ系ではないルーマニアの領土となったことにも示されている。

民族性を決定する場合に、言語を重視する発言をしていたマサリックも、「エスノグラフィック」な、あるいは言語の境界線による国境画定には同意しておらず、大規模なマイノリティ集団が含まれるのはやむをえないと考えていた通り[115]になった。ポーランドやチェコスロヴァキアの独立承認という大問題については、「民族自決」原則が正統性を与えるために援用されたけれども、この節で検討した国境問題については、多義的にとらえられていた「民族自決」原則を適用することが困難であり、それを適用することすら試みられないまま最終決定を迎えることになった。こうして「民族自決」に関する言説がさまざまな意味をもつ前提が、会議を通してまた一つ付け加わったのである。

第三節　講和会議の限界

（1）Harold V. W Temperley, *vol. VI*, p. 266.

（2）一八四八年のときも、「ルテニア人は、民族別にガリシア《ママ》を二地方に分割する要求を押し進めた」のに対して、ポーランド人はその「ルテニア人の要求を打ち破るために、あらゆる詭弁とこじ付けを用い始め」ていた。ルイス・ネイミア、前掲書、六二頁。

（3）エーリッヒ・ツェルナー、前掲書、五四九頁。

（4）Sébastien de Gasquet, "La France et les mouvements nationaux ukrainiens（1917-1919）" in Georges-Henri Soutou dir., *op. cit.*, p. 199. 後出注（44）も参照のこと。

（5）Georges-Henri Soutou, *op. cit.*, p. 31; Vitor S. Mamatey, *op. cit.*, p. 189. この日付について、一月二八日とするものもある。Piotr S. Wandycz, *France and her Eastern Allies*, p. 107.

（6）John W. Wheeler-Bennett, *op. cit.*, pp. 211, 223, 392.

（7）Piotr S. Wandycz, *The United States and Poland*, p. 141.

（8）*FRUS, PPC, vol. III*, pp. 781-782. ここでは、ポーランドが領有を主張する東ガリツィアよりも東に居住するウクライナ人と区別するために、ルテニア人ということばを使っているのであろうが、会議でもウクライナ人とルテニア人は互換性のある使われ方をしている。例えば、レンベルクの人口構成について報告するときのロード博士の発言。*FRUS, PPC, vol. IV*, p. 409. なお、ルヴフとレンベルクについても、会議で両方の名称が使われている。

（9）Kay Lundgreen-Nielsen, *op. cit.*, p. 218.

（10）Paul Mantoux, *vol. II* p. 7.

（11）*FRUS*, *op. cit.*, p. 410. ガリツィアで育ったルイス・ネイミアは、「東ガリツィア問題」について内部メモを書き、激しくポーランドを批判していた。Erik Goldstein, *op. cit.*, pp. 145-146.

（12）Paul Mantoux, *op. cit.*, p. 148.

（13）Lawrence E. Gelfand, *op. cit.*, pp. 206-207, 214.

（14）*FRUS, PPC, vol. II*, p. 411, *vol. III*, p. 776.

（15）Sébastien de Gasquet, *op. cit.*, p. 200. 二月二四日の休戦協定は、*FRUS, PPC, vol. IV*, pp. 421-422.

(16)　*Ibid*., pp. 379-381, 410.

(17)　*Ibid*., pp. 405-409. 電報文については、*ibid*., p. 412 を参照。

(18)　*Ibid*., p. 411.

(19)　Paul Mantoux, *vol. I*, pp. 120, 247-248, 271, 312, 505, *vol. II*, pp. 69-70, 90-91, 107-109, 130-131. 150-156.

(20)　*Ibid*., pp. 234-235. 翌二八日にクレマンソーは、ポーランド軍がガリツィアで新たな攻撃を始めたようだ、と報告することになる。*Ibid*., p. 239.

(21)　*Ibid*., p. 235. この点については、アメリカが現地から得た情報でも裏付けられる。Piotr S. Wandycz, *op. cit*., p. 112.

(22)　*FRUS*, *op. cit*., pp. 624-625. ポーランドとルーマニアが国境を接することの重要性を特に指摘する見解として、Kalervo Hovi, *op. cit*., p. 176 がある。

(23)　David Hunter Miller, *My Diary at the Conference of Paris, vol. X*, New York, 1924, pp. 321, 464-472.

(24)　Kay Lundgreen-Nielsen, *op. cit*., pp. 385-386.

(25)　Paul Mantoux, *op. cit*., pp. 307-312.

(26)　*Ibid*., p. 398. 数日後にバルフォアは、住民投票により決定することが、自決政策であるとしている。*FRUS*, *op. cit*., p. 688.

(27)　Kay Lundgreen-Nielsen, *op. cit*., pp. 390-391. 具体的なラインについては、図4を参照。

(28)　*FRUS*, *op. cit*., pp. 828-833. このとき、東ガリツィアの行政について、将来の住民投票までは高等弁務官を置くべきだと主張するバルフォアと、ポーランドへの委任とすれば足りるとするランシングおよびジュール・カンボンの二人が対立し、さらに、東ガリツィアの地位を未定とすることで生じる諸問題を避けるため、この時点でガリツィア全域へのポーランド主権を認めてしまい、そのうえで東部については自治とすべきだと主張するソンニーノの意見が対立した。

(29)　*FRUS, PPC, vol. VI*, pp. 677-678, 731. ただし、二五日についても二七日についても、首脳会議の決定について、Paul Mantoux, *op. cit*. には記述がない。

(30) Piotr S. Wandycz, *The United States and Poland*, p. 138.
(31) *FRUS, PPC, vol. VIII*, pp. 283, 297.
(32) *FRUS, PPC, vol. IX*, p. 286.
(33) Henry Blumenthal, *op. cit.*, pp. 100-101. 上院が七票差で批准を最終的に否決するのは、翌一九二〇年三月一九日である。エーリッヒ・アイクは、一一月から三月までの間に、「ベストセラー」となったケインズの著書『講和の経済的帰結』が、アメリカにもたらした悪しき影響を見る。エーリッヒ・アイク、前掲書、二一八頁。
(34) Kalervo Hovi, "Alliance de revers, Stabilization of France's Alliance Policies in East Central Europe 1919-1921", *Annales Universitatis Turkuensis, Sarja - Ser. B Osa - tom. 163*, 1984, pp. 17-18.
(35) *FRUS*, *op. cit.*, p. 626.
(36) Harold M. V. Temperley, *op. cit.*, p. 266.
(37) *Ibid.*, p. 283.
(38) *FRUS, PPC, vol. IV*, p. 853.
(39) *Ibid.*, p. 687.
(40) Aviel Roshwald, *op. cit.*, p. 101.
(41) アルフレッド・コバン、前掲書、二八六頁。彼らは、ロシア人でもポーランド人でもないと意識しながらも、戦間期になってもなお自らのことを「(ある) 地方の人びと」と、ごく一般的にのみ定義していたことからわかるように、彼らの民族意識はきわめて緩慢に育っていったにすぎない。Jerzy Tomaszewski, *op. cit.*, p. 300.
(42) *FRUS, PPC, vol. VIII*, p. 283.
(43) Stanislaw Eile, *op. cit.*, p. 12.
(44) ブコヴィナでも、「すべてのルーマニア人を民族的事業に動員しようという運動が、第一次世界大戦が近づくにつれて飛躍的に拡大して」いた。ピーター・F・シュガー/イヴォ・J・レデラー編、前掲書所収、ステファン・F・ガラティ、「ルーマニアのナショナリズム」、二七二頁。一九一八年一〇月二七日、ブコヴィナのルーマニア国民会議は、ルーマニア王国との合同を宣言し、ウクライナ人の機先を制してその地を制圧していた。Vitor S. Ma-

matey, *op. cit.*, p. 339. そもそも、オーストリア＝ハンガリー帝国時代に皇帝直轄領であったブコヴィナ州では、ルテニア人とルーマニア人がほぼ拮抗する二大勢力であり、一九一〇年の新法によって、さらにドイツ人、ユダヤ人、ポーランド人、マジャール人を加えた「六民族に民族自治を認め」ていた。アラン・スケッド前掲書、二四八頁。この地域については、ウクライナ人代表が講和会議において、五月二一日に東ガリツィアと並んで領有を要求していたにもかかわらず、外相会議は五月二三日にルーマニア領となることを決定し、サン・ジェルマン条約によって正式に認められた。ただし、ルーマニアは次章で取り上げるマイノリティに関する保護条約を締結することを求められた。*FRUS, PPC, vol. IV*, pp. 748-749; Paul Mantoux, *op. cit.*, pp. 147, 239.

(45) *Ibid.*, pp. 149-150.

(46) Piotr S. Wandycz, *France and her Eastern Allies*, pp. 116-118.

(47) Paul Mantoux, *op. cit.*, p. 6.

(48) Robert Howard Lord, *op. cit.*, pp. 84-85.

(49) Harold M. V. Temperley, *op. cit.*, p. 275.

(50) Jerzy Lukowski and Hubert Zawadzki, *op. cit.*, pp. 200-203.

(51) Piotr S. Wandycz, *op. cit.*, p. 274.

(52) Piotr S. Wandycz, "The Polish Question", p. 333. 「チェコスロヴァキアは、ポーランドが赤軍の攻勢を受けて壊滅の危機に瀕していたときにも、自国領内をフランスの援軍が通過することを許さなかった」ために、フランスは現地でヴェーガン将軍がポーランド軍の指揮をした以外に、具体的な支援ができなかった。その理由は、ポーランドとチェコスロヴァキアがチェシンの領有をめぐって激しく対立していたからである。この領有権問題は、大使会議が一九二〇年七月二八日にオルシェ川を国境とすることを受け入れて、決着したばかりであった。Alan Sharp, *op. cit.*, p. 151. ボグダンは、チェコスロヴァキアがこうした態度をとった理由として、「ソ連に『色目をつかう』」という側面があったことを強調している。アンリ・ボグダン、前掲書、三三四頁。前出注(42)参照。

(53) Pierre Miquel, *op. cit.*, p. 10.

(54) René Girault, Robert Frank, *Turbulente Europe et nouveaux mondes 1914-1941*, Masson, 1988, p. 57. 社会主義諸政党

を代表する社会主義者評議会は一〇月一四日にゼネストを行うことを決定した。これに対してウィーンの政府は、軍を派遣してプラハを封鎖して、押さえ込むことができた。このことからすると、わずか二週間で事態は急変したことになる。Josef Kalvoda, *op. cit.*, p. 420; Pavel Bělina, Petr Čornej, Jiří Pokorný dir., Miroslav Pravda et Marie-Jeannine Salé trad., *Histoire des Pays tchèques*, Seuil, p. 353. ただし、このストが国民委員会とは相談せずに決定された（Josef Kalvoda）とするのか、委員会の要求に応えて組織された（Pavel Bělina, Petr Čornej, Jiří Pokorný）とするのか見解が分かれている。

（55） István Deák, “The Habsbrug Empire” in Karen Barkey and Mark von Hagen, *op. cit.*, *Part Two, Collapse of Empires: Consequences*, p. 130.

（56） Yeshayahu Jelinke, “Trianon and Czechoslovakia: Reflections” in Béla K. Király and László Veszprémy ed., *Trianon and East Central Europe*, Atlantic Research and Publications, 1995, pp. 206-207.

（57） Carlile A. Macartney, *National States and National Minorities*, Russell & Russell, 1968, pp. 93-4. これは、ハンガリー政府の採った国民概念とその政策の反映でもある。たとえばコッシュートは、彼自身スロヴァキアの生まれであったから、スロヴァキア人の存在を否定することはできなかったけれども、ハンガリーとは異なる領域的・政治的単位としてのスロヴァキアとは、彼の出自とは異なる問題であり、歴史地図のどこにも見出されるべきではないという態度をとった。*Ibid.*, p. 117.

（58） Hugh Seton-Watson, *op. cit.*, pp. 171-172.

（59） ヨーゼフ・F・ザツェク、前掲論文、一三八、一五四頁。

（60） Derek Heater, *op. cit.*, p. 209.

（61） Paul E. Zinner, “Czechoslovakia: The Diplomacy of Eduard Benes” in Gordon A. Craig, Felix Gillbert eds., *op. cit.*, p. 104.

（62） Aviel Roshwald, *op. cit.*, p. 161.

（63） Harold M.V. Temperley, *vol. IV*, p. 267.

（64） ウイルソン自身、会議のためにパリに向かう船上でレクチャーを受けたとき、初めてこの問題を聞かされて驚愕した、という。この逸話は頻繁に引用されているが、ウイルソンはその著書において、オーストリア＝ハンガリーには「東欧のほとんどすべての人種と民族」が居住し、「ボヘミアとモラヴィアにおいてチェコ人は、住民の半数以上を構成する」と述べて、この問題を詳細に論じている。Woodrow Wilson, *The State, Elements of Historical and Practical Politics*, D. C. Heath, 1900, pp. 335-336. したがって、北ボヘミアに大量のドイツ人がいることをまったく知らなかったという彼の主張はありそうにもないこと、と評価せねばならない。

(65) *FRUS, PPC, vol. III*, pp. 877, 879. なお、独立国家成立後の一九二一年に行われた国勢調査によると、一三六〇万強の全人口中、チェコ人は約六八五万、スロヴァキア人は約一九〇万であったのに対して、ドイツ人は三一〇万強、マジャール人が約七四万五〇〇〇おり、ルテニア人・ウクライナ人・ロシア人とまとめて分類される人が約四六万、ユダヤ人も一八万いた。Pavel Bělina, Petr Čornej, Jiří Pokorný dir., *op. cit.*, p. 368.

(66) Piotr S. Wandycz, *France and her Eastern Allies*, p. 53. この問題点について、「インクワイアリー」は二五万人と、非常に少ない数字を試算していた。Lawrence E. Gelfand, *op. cit.*, p. 204.

(67) Thomas G. Masaryk, *The Making of a State, Memories and Observations 1914-1918*, Allen & Unwin, 1927, p. 385.

(68) エーリッヒ・ツェルナー、前掲書、六〇一頁。

(69) Pavel Bělina, Petr Čornej, Jiří Pokorný dir., *op. cit.*, p. 361; D. Perman, *op. cit.*, pp. 75-78.

(70) この趣旨のピション外相の発言の引用は、Piotr. S. Wandycz, *op. cit.*, p. 54 による。同じく対独障壁の側面を強調し、対ボルシェヴィキ防疫線という性格はなかったとする主張を、Kalervo Hovi, *op. cit.*, p. 157 もしている。講和会議に参加したセイモアは、クレマンソーの安全保障の認識として次の点を指摘する。彼によると、フランスをドイツの攻撃から守るためには二つの重要な点があると考えていたクレマンソーは、ロカルノ会議のときにも彼に同じことを繰り返し述べた。そのひとつは、ドイツの西側国境について非武装化されたラインラントであり、もうひとつが、同盟国としてのチェコスロヴァキアが支配するボヘミアの要塞であった。Charles Seymour, *Geography, Justice and Politics at the Paris Peace Conference of 1919*, American Geographical Society, 1951, p. 10.

(71) *FRUS, PPC, vol. II*, pp. 382-383.

(72) Howard Elcock, *op. cit.*, p. 44.

（73） *FRUS, PPC, vol. I*, p. 295. 戦略的国境を採用すれば、そのことによって約二五〇万のドイツ人とマジャール人が含まれることになるが、人種的な境界線を国境にすれば、国境地帯に住むドイツ人地区が切り取られるので、残るのは全土に散らばるかなり少数のドイツ人とマジャール人だけである、と考えたからであった。

（74） *FRUS, PPC, vol. II*, p. 384.

（75） *FRUS, PPC, vol. III*, pp. 877-887.

（76） Hunter Miller, *op. cit.*, p. 483. なお、ポーランド問題委員会を兼任しているのはこのジュール・カンボンだけであり、ポーランド問題委員会とは異なりこの委員会には日本の代表はいない。

（77） エーリッヒ・ツェルナー、前掲書、六〇〇頁。Howard Elcock, *op. cit.*, pp. 188-189. またこの時期、ズデーテン地方やスロヴァキアも含めて、印紙貼付という方法で、旧帝国の通貨からの分離が行われた。佐藤雪野「第一次世界大戦後チェコスロヴァキアにおける通貨分離」福岡教育大学紀要、第四四号、第二分冊、一九九五年、四三―五三頁。

（78） Manley O. Hudson, *op. cit.*, p. 207.

（79） *FRUS, PPC, vol. IV*, pp. 543-545.

（80） *Ibid.*, pp. 545-546.

（81） Paul Mantoux, *vol. I*, p. 149.

（82） Jules Laroche, *op. cit.*, p. 81.

（83） Piotr Wandycz, *op. cit.*, p. 57.

（84） Paul Latawski, "The 'Discrepancy between State and Ethnographic Frontiers': Domowski and Masaryk on Self-determination", in Stanley B. Winters ed., *T. G. Masaryk (1850-1937), Volume 1, Thinker and Politician*, Macmillan, 1990, pp. 94-97. ドモフスキが反ユダヤ主義であるという評判は、首脳会議でもウイルソンが述べている。Paul Mantoux, *vol. II*, p. 94.

（85） *FRUS, PPC, vol. III*, pp. 880-881.

（86） オーストリア＝ハンガリー帝国が崩壊すると、帝国内のドイツ人たちがドイツに加わる可能性があり、その結果、ドイツがより拡大するかもしれないため、フランス世論は帝国の解体に反対していたほどである。Howard Elcock, *op. cit.*, pp. 31-32. さらに、オーストリア共和国との講和条約であるサン・ジェルマン条約批准のときにも、フランスの上下両院において独墺合邦への強い懸念が再び表明された。Édouard Bonnefous, *op. cit.*, p. 145.

(87) *PWW, vol. 57*, pp. 588, 592. 五月二九日にドイツ代表団が提出した反論でも、ウイルソンと同様の趣旨に基づき、オーストリアの人びとの自由意志による合同を禁止することは、自決権に反すると主張している。*FRUS, PPC, vol. IV*, p. 832.

(88) Paul Mantoux, *vol. I*, pp. 461-462.

(89) シュテファン・ツヴァイク、前掲書、四一九頁。

(90) *Ibid.*, p. 494.

(91) チェコスロヴァキア共和国とオーストリア共和国との国境は、五月一二日に決定され、条約案は六月二日に提示された。それをうけてオーストリアが反論し、それに対してチェコスロヴァキアが再反論するが、七月一〇日に草案どおり決定された。Piotr Wandycz, *op. cit.*, pp. 59-61. それでも、新たにポーランド領となった旧ドイツ領のドイツ系住民の半数以上に当たる六〇万人から八〇万人という多数がドイツに移住したのに対して、チェコスロヴァキア領となった地域のドイツ系住民は、ほとんどがその地にとどまった。その理由としてブルーベーカーは、以下の二つの要因を指摘する。第一に、ポーランド領からドイツへの移住は、かつて属していた国家に戻るという感情であったのに対して、ズデーテンラントのドイツ人にとって、新国家オーストリア共和国はもはや以前の「自分たちの」国家と同じではなく、まったく新しい土地への移住という感情が強かったことである。第二に、ズデーテンラントのドイツ人たちは、より深くその地に根付いていたし、地理的にも固まっており、少なくともその地域においては少数派であることを強く感じさせられることがなかったからである。他方で、ズデーテンラントからドイツに移住した人たちもいた。その中で、ズデーテンラントの領土要求をした集団もあったが、数は少なかった。Rogers Brubaker, "Aftermaths of Empire and the Unmixing of Peoples", Karen Barkey and Mark von Hagen eds., *op. cit.*, pp. 164, 178.

(92) 一九二〇年にチェシン領有をめぐってポーランドとの対立が激しくなったときベネシュは、国民議会の常設委員会において、「フランスは主として、ドイツとわれわれとの国境を特定することに関心がありました。……そのときには誰も、われわれとポーランドとの国境線のことを考えていなかったことを、認めねばなりません」と語っている。Eduard Beneš, *Problémy nové Evropy a zahraniční. Politika československá, projevy a úvahy z r.* 1919-1924, Melantricha, 1924, pp. 62-63. cit. in D. Perman, *op. cit.*, p. 47. ただし、ポーランドの主張によって、二つの地域で住民投票が実施された。

(93) *FRUS, PPC, vol. III*, p. 883.

(94) Bernard Michel, *La chute de l'Empire austro-hongrois*, Robert Laffont, 1991, p. 280; Bullitt Lowry, *op. cit.*, pp. 115-116.

(95) *FRUS, PPC, vol. II*, pp. 382-383.

(96) *FRUS, PPC, vol. III*, pp. 884-885. スロヴァキア人政治家ミラン・ホジャですら、この地域の領有を要求していなかったにもかかわらず、ベネシュがこうした主張を行い、それを実現させたために、戦後両国が友好関係を築く可能性が損なわれ、ハンガリーが権威主義体制へ、そして修正主義を掲げるドイツとの同盟へと向かう道を切り開くことになった、とフェイトは批判する。François Fejtö, *Requiem pour un empire défunt, Histoire de la destruction de l'Autriche-Hongrie*, ÉDIMA, 1993, p.433.

(97) Paul Mantoux, *op. cit.*, pp. 319, 338-339, 349-351, 359; *PWW, vol. 60*, pp. 256-258; *FRUS, PPC, vol. VI*, pp. 399, 411-415. アメリカの外交文書にある六月一三日の会談内容は、マントゥーでは、見られない。

(98) Paul Mantoux, *op. cit.*, p. 440.

(99) Josef Kalvoda, *op. cit.*, p. 452. その後ハンガリーに誕生する反革命政権は、ハプスブルク家のヨーゼフ大公を元首として迎えようとしたため、パリの最高会議はこれを認めない旨を伝えた。Bertrand de Jouvenel, *op. cit.*, p. 116.

(100) デイヴィスは、このハンガリー内戦と上述のポーランド・ソ連戦争、そしてロシア内戦と、ギリシア・トルコ戦争に触れて、これらには「深い意味がある。いずれの場合も西側列強が東ヨーロッパにじゅうぶん《（ママ）》な影響力を行使できないことがはっきりしたのである」と指摘している。ノーマン・デイヴィス、別宮貞徳訳『ヨーロッパ Ⅳ 現代』共同通信社、二〇〇〇年、五三頁。

(101) *FRUS, PPC, vol. IV*, p. 676; Paul Mantoux, *op. cit.*, p. 390. 両国間の国境については、*FRUS, ibid*, pp. 815-817.

(102) *FRUS, PPC, vol. VI*, p. 411.

(103) カール・W・ドイッチュ、前掲書、五四頁。

(104) Harold W. V. Temperley, *IV*, pp. 272-273. ただし、この節の初めでガリツィアについて述べたように、西ウクライナ共和国を宣言した集団は、このサブカルパチアもその領域としていた。

(105) ブコヴィナでも、一九一〇年当時、八〇万の人口があった。ウェールズ人であったロイド・ジョージは、二〇〇万人の住民がいるリトワニアについてですら、その独立に疑問を呈し、まるでウェールズを独立させるようなものだという比喩を使っていた。Paul Mantoux, *op. cit.*, p. 307.

(106) *FRUS, PPC, vol. III*, p. 886.

(107) Lawrence E. Gelfand, *op. cit.*, p. 205.

(108) Yeshayahu Jelinke, *op. cit.*, pp. 204-205.

(109) Jules Laroche, *op. cit.*, p. 82.

(110) *FRUS, PPC, vol. IV*, pp. 748-749, 751-752, 758-761. マサリックは、民主主義に反するとして同化を否定し、マイノリティ集団との平等を主張していた。Thomas G. Masaryk, *The New Europe : The Slav Standpoint*, Slyre & Spottiswoode, 1918, p. 53. しかしじっさいには、チェコスロヴァキア国家成立後、「ルテニア人は実際上植民地人としてあつか《ママ》われ、彼らの願望には見せかけばかりの考慮が払われたに過ぎな」い。アルフレッド・コバン、前掲書、七一頁。またスロヴァキアに関しても、マサリックが深く関与したピッツバーグ協定に違反して、自治は認められなかった。こうしたことからロスチャイルドは、一方で民主主義を目指しながら、同時に、他方で民族固有の文化の保持とその表現を目指したマサリックとベネシュは、大戦間期のチェコスロヴァキアの政治に、二つの相容れない性格の命題を与えた、と評する。ジョセフ・ロスチャイルド、前掲書、一三〇頁。

(111) アルフレッド・コバン、前掲書、六四頁。

(112) ヨーゼフ・F・ザツェク、前掲論文、一五七頁。「プラハの政府は、この地域の後進性を理由として、より拡大した権限を認める時期をつねに後退させた」ため、第二共和国まで独自の議会を持つことはなかった。Pavel Bě

lina, Petr Čornej, Jiří Pokorný dir., *op. cit.*, pp. 362-363.

(113) ジョセフ・ロスチャイルド、前掲書、七三頁。

(114) ただし、ポーランド語、チェコ語、スロヴァキア語は西スラヴ語派に属するのに対して、ウクライナ語は、ロシア語と同じ東スラヴ語派に属する。バーナード・コムリー、スティーヴン・マシューズ、マリア・ポリンスキー編、前掲書、四三頁。第一章で指摘したように、それぞれの言語を用いて相互理解が可能かどうかのテストがよく使われるが、それは程度の問題であり、むしろ、両者の間では相互理解が可能であるにもかかわらず、それぞれが独自の国家を持つがゆえに、チェコ語およびポーランド語と呼ばれるのである。ジャン・ペロ、前掲書、二八頁。つまり、国家の存在によってこそ、言語が確定されるのであり、ここにこそ、言語を基準として国境線を画定することの、本質的困難さがある。

(115) Paul Latawski, *op. cit.*, pp. 88-90.

第五章　マイノリティの保護と「民族自決」

第一次大戦後の講和会議において多くの新国家が誕生したことにより、大戦前にマイノリティ[1]であった人びとは人口の約半数であったのに対して、戦後では約四分の一に減少した。それでも、マイノリティと考えられた人びとはなお約三〇〇〇万を数えた。しかも戦前のいわゆる多民族帝国では、政治的な支配者集団は人口に関しては少数であったのに対して、戦後、新興諸国の支配的立場についた民族集団は、人口でも多数になっていた[2]。こうした事態に対応するために講和会議では、一四ものマイノリティ保護条約が締結されるが、これはまったく新しい試みではなかった。特に宗教上のマイノリティに保護を与えようとする試みは、諸地方の歴史的、宗教的な事情により、具体的な規定はさまざまであったけれども、一九世紀の半ばから繰り返され、二〇世紀になったときには、すでに確立した慣行となっていた[3]。

1．歴史的背景とユダヤ人問題

歴史的経緯を繙いてみると、一八一四年に、ネーデルラント王国がスペイン・ハプスブルク家領ネーデルラントであったベルギー諸地方を併合することになったとき、後者における宗教を認める義務を前者のネーデルラント王国が正式に認めた事例が見出される。[4] 続いて、ギリシア独立[5]を支持する英仏露が締結した一八三〇年二月三日の議定書において、「新国家のすべての臣民は、……信条の如何にかかわらず、あらゆる関係において、宗教的・市民的・政治的に完全な平等に基づく取り扱いを享受するものとする」と謳われていた。[6] そのギリシアに、ナポレオン戦争中の一八一二年から英国領となっていたイオニア諸島を帰属させる問題[7]が持ち上がったときも同様であった。すなわち一八六三年に住民投票に基づく議会がギリシアへの併合を圧倒的多数で選択した結果を尊重し、列強がそれに同意を示した一八六四年三月二九日の条約を受けて、五月二八日に英国がこの諸島をギリシアに譲渡することを決めたことに付随して、[8] 信仰の自由と宗教的寛容への保証が求められたのである。[9] 同じく一八八一年にギリシアがテッサリア地方を併合したときにも、その地方の住民の生命、所有権、名誉、宗教そして習慣が尊重され、同様の市民的・政治的権利を享受すべきことが定められた。クリミア戦争後に、モルダヴィアとワラキアを自治公国として認める場合にも、一八五六年のコンスタンチノープル会議の議定書に同様の規定がおかれた。[10]

そうしてこの問題が、複数の新興国の国家承認にかかる一般原則として取り上げられたのが、オスマン・トルコの領域変更を認めた一八七八年のベルリン会議であった。この会議で独立を承認されたブルガリア、モンテネグロ、セルビア、そしてルーマニアに関する諸規定に多くの例が見られる。このときは、これらの地域ではまだ完全に「解放」されていなかったユダヤ人たちの権利保護が、特に議論の中心となった[11]。なぜなら、ほかの列強諸国のユダヤ人団体がそれぞれの政府に働きかけを行ったからである。その結果、独立を承認する条件として、信条の如何にかかわらず市民権を付与し、あらゆる市民が平等の権利を享受するという条項を、新国家の設立時に要求することになり、これらがその後繰り返される先例となった。

ただし、イタリアやドイツの統一時には、このような条件を課そうとする動きは見られず、そのための国際会議が開かれたわけでもない。その理由は二つ考えられる。第一に、両地域においてすでにユダヤ人は解放されていたからである。そのため、他の列強諸国のユダヤ人社会も、南東欧の独立国家承認時のような政治的活動を試みることはなかった。第二に、この両国の成立は既存の諸国家が統一して新国家を建設しただけであるので、まったく新しい国家の誕生ではなかったし、統一の過程で新たに獲得した領土は全体からすると小規模であったから、その必要がなかった、という論理を立てることが可能であった。しかし、列強による独立承認にあたって条件を課せられた中小の諸国は、イタリアとドイツに対する政策との明らかな相違に敏感に反応し、大国による差別的取り扱いであるとみなしていた。

そのため、こうした規定を押し付けられた新国家は、保護の要求を主権侵害であるととらえて反発し、多くの場合、独立達成後はマイノリティに関する規定を無視しようとした[12]。また、そのような条約違反が起こった場合、マイノリティに対する権利侵害に対応する手続きについて、列強間においても、諸国民とマイノリティとの間においても、合意が存在しなかったし、それぞれの事例において列強間の政治的思惑の違いも存在した。そのために、ある集団に対する権利侵害が繰り返されても、それに対して列強が一致した対応をとることはなかった[13]。このような経験を受け、一九世紀後半に繰り返されたマイノリティ保護の試みは失敗であったという認識が、講和会議のときにはすでに広まっていた。したがって、新国家を承認する条件として、当該領域に関してマイノリティ保護規定を持つ条約を締結することは慣行となっていたけれども、同時に、そのような規定が遵守されないこともまた、事実上「慣行」となっていたのである。

では大戦が始まったときに、さまざまな意味におけるマイノリティ保護を目指す活動が、すぐに始まったのであろうか。広義におけるその種の活動は、多民族国家においてマイノリティの立場にある人びとが独立を目指す運動として、あるいは、たとえ黙示的にであったにせよ、国境外でマイノリティの立場に置かれている人びとを考慮する、イレデンティスムを目指す諸国の戦争目的となって現れた。しかし、イタリアやルーマニアなど、戦時同盟を締結している諸国との条約上の義務を除いて、すでにポーランド人やチェコ人たちの独立運動に対する政策で指摘したように、英仏などの交戦諸国はこの問題に積極的に関与しようとはしなかった。さらに進んでマイノリティ問題一般となると、交戦諸国の関心はいっそう低かった。英仏露が締結した秘密条約の中で、マイノリティ保護に言及していたのはルーマニアとの条約だけであり、これはスラヴ人の保護者を自任していたロシアの主張によるものであった。また独墺はブレスト＝リトフスクの諸講和条約において、ポーランド人マイノリティのための学校に関する規定や、ルーマニア内のドイツ人とユダヤ人に関する規定を設けていた[14]が、ドイツ人保護の規定は明らかに自己利益から出たものであり、そのほかの規定については、どこまで人権を保護する発想に基づいていたのか、はなはだ心もとないものであった。他方で、ボルシェヴィキもまた、「民族自決」原則と並んでマイノリティの諸権利の保護を主張していたが、ブレスト＝リトフスクにおいて彼らの主張はまったく政治的重要性を持たず、その主張を実現する政治的・軍事的な力がほとんどなかった。そのうえ、分離独立を目指したウクライナ人たちへの攻撃に示されているように、「民族自決」と同様にリップサービスであった可能性が非常に大きい。

そうした中で、英米仏のユダヤ人社会だけは、長年にわたってヨーロッパ各国の外務省や政府と接触を続けていた[15]。これは、一九世紀後半に締結された諸条約においてユダヤ人保護が規定されたにもかかわらず、それがほとんど守られなかった経緯とともに、ほかの独立を目指していた諸民族とは異なり、ヨーロッパ内で自民族中心のユダヤ人国家を設立する可能性がまったくなかったために、いずれにせよどこかの国の中のマイノリティにとどまらざるをえない[16]、という事情が働いていたからである。それでも英米仏の政府が具体的に動き出すのは休戦後であり、この変化はいくつかの新興諸国が成立する見通しが出てきたことを反映している。その変化に、ユダヤ人諸団体の働きかけが重なり、一九一八年一一月二九日に、フランス政府がアメリカ政府に対して「ユダヤ人問題に関する委員会」の設立を提案する。自国のユダヤ人団体からの圧力を受けていたウイルソンも、彼が最も重視していた国際連盟規約の第一草案に、新興諸国の承認の前提条件として、「すべての人種的、民族的マイノリティに、法的にも事実上も、まったく同様の取り扱いと安全を与える」ことを求める規定を盛り込んだ。それに対して英国代表は、それぞれの領域を画定する領土条約の中に特定の諸規定を含めることを考慮すべきだと主張し、この路線への支持が広がった[17]。ウイルソン自身も、二月中旬にいったん帰国する前に、国際連盟による包括的な取り決めによってマイノリティ問題を解決しようとする考えを放棄した。こうして、具体的な領域問題と密接に結びついた形で、ユダヤ人問題を中心とするマイノリティ問題が議論されることになった。

そのユダヤ人社会が一番重要視したのがポーランドでの状況であった。ドイツ軍の撤退に代わって支配地域を拡大しつつあったポーランド軍は、一九一八年末からさらに東に兵を進めており、それは特にユダヤ人が多数住んでいた地域であった。ルヴォウやピンスク、ヴィルノなどで、ポーランド軍がポグロムを働いたという情報が、各地のユダヤ人組織を通じて英米仏にも届き、各国のユダヤ人組織もそれぞれの政府に対してこの問題への対応を求めた[18]。ユダヤ人に対する保護規定を実効力あるものにするには、ポーランド国家を承認するための条件にすべきだと考えたアメリカのユダヤ人組織は、ハウスやハンター・ミラーたちと具体的な条文について四月後半に交渉を重ね、保護規定の草案作成に取りかかった[19]。

他方で、ポーランド問題委員会の委員長ジュール・カンボンも、三月一五日の同委員会において、ポーランドにおけるユダヤ人問題に言及していた[20]。しかし、領域画定を第一の検討課題として新興諸国ごとに設置されていた諸委員会は、ポーランド問題委員会も含めて、マイノリティ問題を検討する必要性を繰り返し指摘しながらも、自らはその問題を検討する権限がないと考え、この問題に着手しなかった[21]。

そこでウイルソンが、五月一日の首脳会議において、ポーランドとルーマニアにおけるユダヤ人に対するひどい扱いに言及して、「ユダヤ人迫害が世界平和を混乱させる要因のひとつ」であると述べてこの問題を持ち出した。ただし保護の対象についてはまだ明確に定まっておらず、「民族的マイノリティと、宗教的マイノリティ」ということばを用いた直後には、「あらゆる人種的マイノリティと、民族的マイノリティに対して、法的にも事実上でも、マジョリティと同様の取り扱いを認める」ことが重要であると主張している状況であって、よりいっそう検討を深めることが必要であった。続けて彼は、「民族的マイノリティのために、一種の自治を求める」見解には反対を表明し、ロイド・ジョージもまた、それがユダヤ人たちの要求であるけれども、国家内国家を形成することになる要求であって、最も危険であると、ウイルソンの反対意見に同調した。さらに、ポーランド領となる地域に住むドイツ人の問題に触れて、ユダヤ人に関する規定だけでなく包括的な規定をドイツとの講和条約に挿入することを主張したウイルソンに、ロイド・ジョージも同意する。ただし、講和会議が検討しなければならない領域は、ドイツとは関係のない地域もあることから、新興諸国承認の条件となるような包括的な規定を検討するための委員会を設置することが決まった[22]。

この日の議論を検討してみると、その後の議論の流れをほぼ決定づけるようないくつかの重要な点が指摘できる。まず、各国で活動していたユダヤ人組織の影響を受けていたために、ユダヤ人問題が首脳たちの関心の中心であり、その後になってから、いわゆるマイノリティ一般に関する問題へと議論の対象が広がったことである。その結果として、ポーランド以外の新興諸国にも同様の義務を課す必要性を唱える見解が多数を占めたことである。続けて、国境画定を規定する敗戦国との講和条約の中に保護のための諸規定を盛り込むべきか、あるいは、別の条約にすべきかが議論され、後者にするのであれば、講和条約と同時に調印されなければ、新興諸国に義務を受け入れさせることは難しくなると認識された[23]。ただし、ここで考えられていた保護とは、あくまでも差別的取り扱いを許さないという点に尽きるのであって、いかなる特定の集団にも、自治につながる特別な権利は認めないと考えられていたことは重要である。

五月三日に設置された新興諸国に関する委員会は、直接ユダヤ人組織の代表と会うことはなかったけれども、主としてユダヤ人問題に関心を抱いていた。これは、ベルリン条約によるユダヤ人保護規定が、ルーマニアではほとんど機能しなかった苦い経験を背景とし、活発なユダヤ人社会の動きを反映していた。そのため、委員会は当初、ユダヤ人とそれ以外のマイノリティとを区別してとらえ、特に学校の管理権について、ユダヤ人以外の他のマイノリティに対してはユダヤ人と同じ諸権利を与える必要はないと考えていた。したがって五月一三日の草案は、ユダヤ人以外については母語による教育のみを規定していたし、一般条項として、市民的・政治的諸権利の平等とともに書き込まれたのは、一八七八年のベルリン条約の第四四条そのものであって、斬新な規定ではなかった[24]。つまり、委員会の段階では、一九世紀と同様の、宗教を理由としたユダヤ人差別を禁止するという考慮が支配的であった。

しかし、このときさまざまな国境画定を議論していた首脳たちは、問題はユダヤ人だけではなく、どのように国境線を引いても生じる民族問題への対応も必要であると考えるようになる。マサリックは「民族自決権」に関して「マイノリティは、たとえ大きなマイノリティであったとしても、それは国民ではない[25]」と回想録で書いている。しかしこの主張は、「マイノリティ」として命名される集団は「民族自決権」を持たず、独立国家を手に入れることのできた民族集団だけがその国における主人公となり、今度は彼らが「国民」の範疇に入れてもらえない人びとを支配してもよい、ということを意味しかねなかった。したがって、ユダヤ人のみにとどまらず、あらゆるマイノリティへの保護が必要であると考えられ、対象となる領域もポーランドだけに限られるのでなく、チェコスロヴァキアについても検討され[26]、加えて、ルーマニア[27]やユーゴスラヴィアなどについても同様の規定が盛り込まれることになった。

ただし、前記のマサリックの主張は微妙な問題を含んでいた。そのことは、ユダヤ人だけを特別視することに強い異論が表明されたことにも現れている。五月一七日にウイルソンが、委員会草案に言及して、サバトを特別扱いし、土曜日には選挙をしないようにする必要性を述べた。これに対してロイド・ジョージは、たしかにユダヤ人はポーランドにおいて重要なマイノリティであり、ユダヤ人に対するポーランド人の態度からすると憂慮される事態が考えられるけれども、ユダヤ人に特権を与えるかのような規定を設けることには反対であると述べた[28]。先のロイド・ジョージの発言と合わせて考えてみると明らかなように、ある国家の中でユダヤ人だけを特別な集団とみなすのは、国民の均質さや一体性を損なう危険な発想であると考えていたからである。新しい国家が設立されるときに、その領域内に住むすべての者はその国家の国民となるべきであり、ある特定の集団に国籍を与えないことは認められないし、また差別的な取り扱いも許されない。しかしさらに進んで、マジョリティを形成する人びとが享受できない特別な権利をマイノリティ集団に認めることになれば、その集団はいつまでも特別な集団にとどまるために国民統合への妨げとなり、その集団が新たに「民族自決権」を援用して独立を要求する可能性に結びつくことが危惧されたのであった。

2．講和会議の決定

講和会議においては前章冒頭で述べた理由から全体会議が開かれることは非常にまれで、計八回のみであったが、その最後の会議が一九一九年五月三一日に開かれた。そこで中小の新興諸国を代表して意見を述べることになったルーマニア首相のブラティアヌが、国家主権に対する侵害であるとしてマイノリティの保護規定を持つ条約に反対を表明し、他の諸国の代表もこれに続いた。この反論は、一九世紀において繰り返されてきたことと同じである。それに対してウイルソンが以下のように述べて条約の受け入れを促した。

われわれは、これらの領域に暮らす人びとの人種やエスノグラフィカルな性質により、公平な領域配分をするように努めております。……諸大国の陸海軍力こそが、最終的には世界の平和を保障するであろうという事実から、目をそむけるべきではありません。……独裁者としてではなく友人として、諸大国がその友好国に対して、「私たちが正義だと信ずることのできない領域決定を保証することはできませんし、また世界平和を妨げるかもしれないと考える障害事象を取り除かずにおくことには同意できません」と申し上げなければならないのは、果たして無分別で不当なことでしょうか？……どうかマイノリティの諸権利を受け入れてください。[29]

この演説は三つの点で重要である。第一に、民主主義的な発想から「民族自決」を唱えていたはずのウイルソンが、ここに来て、「人種」や「エスニックな」基準により領土画定をしている、と自ら述べていることである。このときは、マイノリティの権利が焦点であったことを考慮にいれたとしても、民主主義や人権は言うに及ばず住民の意志ということばが抜け落ちていることは重大であり、ウイルソンもまた、「エスニックな」考え方を受け入れていたことが示されている。そのことは第二に、ユダヤ人だけではなく、保護の対象をマイノリティ一般に拡大させることを意味していた。ただし、「マイノリティ」とは何を意味するのか、という疑問への具体的な回答は明確にされておらず、委員会の草案作成作業を待たなければならなかった。そして第三に、「独裁者として」命令しているのではないと言いながらも、新たな領土画定を保証してほしいのであれば、マイノリティ保護規定を持つ条約を受け入れなければならない、と非常に強く迫り、事実上選択の余地のない提示の仕方をしていることである。ロイド・ジョージは、「ウイルソンの演説によって新興諸国のいらだった感情はやわらげられた」[30]としているが、これらの諸国はマイノリティ保護の条約に完全に同意したわけではなかった。

首脳会議は、まずドイツとの講和条約を作成することを目指していたので、ドイツとの国境問題を抱えていたために直接関係のあったポーランドとの条約草案を作成することが先決であると判断した。そこで、六月五日にパデレフスキを首脳会議に招き、上部シレジアや東ガリツィアの問題を話し合ったとき、パデレフスキは、ポーランド国会の決議を読み上げげた。それは、「民族自決」を尊重するとともに、マイノリティに対して民族的・文化的な自治および平等な諸権利を保証するという内容であった[31]。しかし、戦勝国としては、ポーランド国会の決議だけに依存することはできないと考え、ドイツとの講和条約と同時に調印されるようにマイノリティ保護に関するポーランドとの条約がまず準備された。

その草案は、マイノリティの定義自体をしていないけれども、出生・国籍[32]・言語・人種・宗教による区別なく、生命と自由を保障するとしている。そして、国籍や市民権の付与についても、市民的権利の平等についても、母語による初等教育を定めた条項でも、人種・言語・宗教という基準が挙げられている。領域内の善意の居住者には国籍と市民権を与える規程があるので、この草案の考えていたマイノリティとは、国籍のない外国人ではなく、人種・言語・宗教を異にする集団であった。すでにウイルソンの演説に示されているように、意志ではなく「客観的に」判断できるとみなされた基準により、マイノリティを定義しようとする考え方がここでは採用されたことが理解できる。コバンが指摘するように、「客観的な」基準を取り入れることで本人の意志は重要ではなくなり、「ある個人が人種的、言語的また宗教的少数民族に属するかどうかという問題は、……事実の問題」となったのである。そして、マイノリティの範囲が拡大された結果、特にユダヤ人について一般的な条項では特記されなかったけれども、イーディッシュ語で行われる初等教育用の公金の配分のためと彼らの学校組織と運営のために、国家から独立した教育委員会を設けること、ユダヤ教における安息日は日曜日ではないため、宗教による差別や不利益を防ぐためにサバトを尊重すること、などが別途明示された[34]。特にユダヤ人に対する保護を重視する姿勢は、なお続いていたのである。

これに対してパデレフスキは、六月一五日付けの覚書で反論を試みる。それは、ロイド・ジョージも重大な問題提起が含まれていると認めたように、マイノリティを保護する義務を条約で規定し、保護違反の認定とそれへの対応は国際連盟に権限を与えるという構造に対する、根本的な疑念であった。この覚書もまた、ユダヤ人に関する特別規定を重視して次の点を強調する。分割前のポーランド国民は一八世紀末にユダヤ人を解放しようとしたし、独立国家喪失後は、迫害を逃れてきたユダヤ人たちに完全な市民的権利を付与しようと試みたことを特筆している。そのうえで以下のような諸問題を指摘する。それは、具体的な政治文脈において国民をどのように理解するのかに関する根本的な論点を提起しているので、少し長くなるが、個別的に検討してみよう。

覚書はまず、一般論として、保護規定への疑問点を指摘する。第一に、大国による内政への介入に対する反対である。国際連盟の理事会に権限を与えることは、マイノリティ問題が国際化されることを意味する。ところが、ポーランドが分割されたのは、隣接する外国列強がマイノリティを保護するという名目で介入したことから生じたのである、と過去の経緯に即して大きな懸念を表明した。続けて、マイノリティ集団が国外の集団や隣接国の支援を当てにできるとなると、彼らが居住する国家に対する抗議がさらに誘発されることになり、かえってマジョリティとマイノリティとの反目が高まり、それによって絶えず混乱が引き起こされる可能性を指摘する。第二に、国民意志の自由な表明である憲法の条項やその修正に対する制限は、主権に対する明らかな侵害である、と批判する。果たして、国民の意志より上位に立つものがありうるのか、という疑問を突きつけ、仮にそれを認めるとしても、主権者の意志によっても変えることのできない限界を、自然法上の概念に求めるのであれば格別、草案のようにそれを国際機関の決定に委ねることは、認めることができない。国際連盟の理事会のように国家間の利害衝突と外交的駆け引きが行われる場で下される決定が、国民の意志の自由な表明を超越すべきではないからである。特定の諸国にだけこのような制限を課すことは、国家主権の平等原則にも反すると主張した。

続いて個別の論点に移り、第三の批判として、ユダヤ人には、学校と司法の場において自らの言語を用いる権利が認められている点に言及する。ユダヤ人の中には、政治的・民族的・社会的・経済的・文化的・そして言語上の特性を持つ「国家」を備えた別個の宗教的組織を要求する者がいるけれども、それはユダヤ人を、ポーランド人とは異なる自治的な「国民」に変化させることになってしまう。言語と教育との問題については、ユダヤ人の中にも、イーディッシュ語を民族言語とみなす集団と、古代ヘブライ語こそ近代の知的要請に応えうる言語であると主張する集団があり、他方でポーランド語を学ぶことを望む集団も存在して、見解が分かれている、と指摘する。そのうえ、ユダヤ人学校を運営するための政府から独立した委員会を認めると、他の宗教組織からも同様の要求を招くであろうし、そうなれば、ポーランドにおける宗教的亀裂はいっそう深まるであろう。その結果、ポーランド国家という政治組織は、それぞれが固有の公的権利を持つ宗教的な諸組織に分解してしまい、あたかも中世に逆戻りすることになりかねない。何より、統一と社会団結の精神によって市民を作り上げていく手段として学校を用いることは、近代の趨勢であるにもかかわらず、このような規定を設けることはその流れに逆行している、と批判する。第四に、サバトを尊重する規定があると、ユダヤ人の公務員や軍人がその規定を利用して土曜日の就労を拒否する権利を認めることになり、ユダヤ人とポーランド人との紛争の原因となると主張する。そして最後に、ポーランド領内のドイツ人は、この条約により保護の対象となっているのに反して、ドイツに対しては同様の条約が準備されていないことから、ドイツ領内のポーランド人は同様の保護が受けられない矛盾点を指摘し、相互性の原則に反すると主張した[35]。

これらの批判はどれをとってみても、自由主義や民主主義という概念が広まる以前から、あるいはそれと同時に、国家が存在し、この条約が保護の対象としている特定集団に対する法的な差別もなく、したがってマイノリティ問題自体存在しないと考えていた英米仏にとっては、反駁するのが困難な論理であった。だからこそ、一七日の首脳会議でこの覚書が取り上げられたとき、前世紀にルーマニアで起こったことの繰り返しは避けなければならないと述べるウイルソンですら、ユダヤ人マイノリティをある種の（政治的）団体として構成してしまうとの危険性を指摘したのである。領域画定の議論において、ポーランドの主張に対立する強硬な意見を述べたロイド・ジョージも、マイノリティの保護条約については、かねてより国家内国家を創り出すことになってはならないと主張していただけに、パデレフスキの覚書への理解を示した。彼は、「あらゆる国家が、学校を通じて国民意識を強化しようとするのは、正統なことであると認めなければならない」として、ユダヤ人学校のために国家から独立した権限を持つ委員会を設けることに疑義を表明した。続けて、ポーランドが国家を再建できたことであれ、ルーマニアが領土を倍増させたことであれ、それは諸大国の努力と勝利の賜物であるから、諸大国には、ポーランドやルーマニアに対して、その内政に関して責任をもつように求める権利があると強調しながらも、国際連盟への訴権を諸個人の集団に与えるのは危険であると指摘し、ウイルソンもこれに同意した。こうして、パデレフスキの覚書がきっかけとなって、新興諸国に関する委員会がさらに詳しく検討すべきだとする意見が、多数を占め、草案を修正する必要性も含めて、覚書への返答作成が委員会の討議に委ねられることになった[36]。

ウイルソンやロイド・ジョージの見解の基礎となっている考え方、すなわち、宗教的な実践は「私的な」領域に閉じ込め、それと政治的な場面とを厳密に区別する考え方は、フランス革命のときからの伝統的な理解であった。一七八九年の人権宣言についてフランスの移民政策の基本的特徴を強調するノワリエルは、革命中にユダヤ人の公職就任を支持したクレルモン＝トネールの弁論を引用している。

国民としてのユダヤ人には何も認めてはならないが、個人としてのユダヤ人にはどんなことでも認めなければならない。ユダヤ人は国家の中で政治団体や身分を構成することは許されない。各人がめいめいに別個に市民でなければならない。[37]（傍点筆者）

このような見解は、ある時点での国家の存在を是とする場合には、繰り返し登場する。たとえば、歴史的国境線をもつハンガリー国家を政治的基盤としていたマジャール人たちも、同様の考え方をしていた。その指導者たちは、ハンガリー国家の住民が、どのような言語を家庭で使おうとそれに介入はせず、マジャール語で書かれる法律の公定翻訳を発行することや、地方の議会でマジャール語以外の言語を使用すること、個人のレベルにおいて民族性を保持することを認めて、国内の全市民の権利の平等は絶対的であるとする。しかし、それと同時に、ハンガリーの全市民は単一の国民を形成するのであって、いかなる集団もそれとは別個の「国民」と認めることは断じてできないのであり、ハンガリー国家への政治的忠誠を示さねばならないとしていたことにも、同じ国民概念が現れている。[38]

ところで、委員会が再検討を求められたとき、ドイツとの講和条約がほぼ完成していたため、ポーランドとのマイノリティに関する条約の修正は急を要し、二一日には委員会が検討結果を首脳会議に報告する。[39]まずマイノリティに関する諸条項は、連盟理事会の満場一致ではなく、多数決により変更できるようにすることで、若干はパデレフスキの第二の批判に配慮を示したけれども、この批判を完全に認めてしまえば、マイノリティ保護を条約により要求するという方式自体が崩れてしまうために、十分に説得力のある返答は無理であった。他方で、最後の批判に関しては、ポーランド領土内のすべてのドイツ人を保護するのではなく、旧ドイツ帝国の一部であった領域に住むドイツ人マイノリティにのみ限定するように条文を修正した。これで、領域が移転した部分に居住する人びとに関する保護規定となり、相互性の原則を保てるからである。また第四の批判についても、サバトの尊重は軍務を妨げるべきではないとする解釈が示された。また、ユダヤ人学校の問題については、教育がイーディッシュ語の使用を永続化させるような内容であってはならず、中等教育以上ではイーディッシュ語の使用を認める必要はないという見解が表明されて、さらに検討を続けることになった[40]。

二三日の議論において、軍務との関係で、サバトを持ち出して役務を拒否することができない点が確認され、イーディッシュ語の使用は初等教育に限られる点も確認された。そこでロイド・ジョージは、ユダヤ人学校が完全に分離された組織になる点に疑問を呈し、それが国民統一に及ぼしうる危険性を指摘したのちに、ユダヤ人保護が行きすぎて、国家内国家を作り出すことになってはならないと再び主張した。イングランド内において異なる宗教により創設され、運営されている学校の制度と同様に、ユダヤ人学校を運営するための委員会は独立した組織になるのではなく、特にカリキュラムに関する限り国の指導に従うべきであると強調した。その発言を受けたウイルソンの提案により、「地方のユダヤ人コミュニティが任命する委員会」という表現に落ち着くことで合意し、国家から独立した組織は認めないことになった。続けてロイド・ジョージは、イーディッシュ語の位置づけを問題視し、それがユダヤ人の言語であると看做されないように、ポーランドがその言語を公式に容認するように強いられないようにしなければならないと強く訴えた。そこで、イーディッシュ語を言語としてあらためて教えるべきではなく、あくまでもほかの教科を教えるための必要性からのみ、イーディッシュ語を用いるべきであることが確認される。マイノリティ問題を検討していた委員会を代表して首脳会議に臨んでいたヘッドラム＝モーリーも、保護が行きすぎて、「ユダヤ人ナショナリズムを鼓舞する」ことになってはならないと、これに同意した。この言語の問題は、ドイツ人にも関係することから、ドイツ語の取り扱いに議論が及んだ。そこでウイルソンが、現在ドイツ語を話す人びとも、「いつまでもドイツ人としてとどまることを欲しない」と述べ、委員会のアメリカ代表であったヘッドラム＝モーリーも「彼らをポーランド国家の忠実な市民にする」ような取り扱いが必要であると認めた(41)。

これらの議論を通じて明らかなのは、「言語こそが、国民を創る」という考えが、共有されていたことである。すなわち、子供の初等教育を受ける権利を妨げないようにするためだけに、イーディッシュ語による教育を行うユダヤ人学校の存在を認めるのであって、成人したときには、ユダヤ人であれ、ポーランド語を母語としない人びとであれ、等しくポーランド語を身につけていなければならない。ポーランド語以外の言語しか話さない集団を、国家のなかに抱え続ける事態を生み出すような措置は、国民統合を妨げるような影響を及ぼすがゆえに、断じて避けなければならない、と考えることで見解は一致していたのである。また、国籍について、居住国の国籍を新たに獲得することもできるし、元の国籍のままでもよいけれども、次世代は自動的に居住国の国籍を取得するとしたことの背景にも、同様の考慮が働いていた(42)。したがって、マイノリティを保護するこの条約は、半世紀後に登場するような、いわゆる多文化主義を志向していたのではなく、マイノリティに対する差別的な処遇に留意しながらも、むしろマジョリティに統合されていくことを目指していたことは明らかである。このことは、一九世紀末に進行した国家による「国民の創出」という過程を経た二〇世紀初頭においては、広く共有されていた考え方であった。

こうした見解は、もうひとつの論点でも繰り返される。それは、連盟の理事会に対して誰が訴権を持つか、という問題である。ベルリン条約によるマイノリティの保護が失敗したのは、条約違反に対する有効な手段が予定されておらず、ほとんど対応できなかったことが原因であったので、今回は、マイノリティに関する条項すべてを「国際的関心となる義務」と位置づけ、「国際連盟の保証の下に置く」ことによって実効性を持たせようとした。加えて、これらの規定を執行する権限を連盟理事会に与え、常設国際司法裁判所に解釈と執行に関する紛争についての管轄権を与えることを決めた[43]。そこで、連盟に対する訴権は連盟加盟国のみが持つのか、個人あるいは集団にも与えるのかについて、五月一七日に議論された。そのときもロイド・ジョージは、扇動的な集団が次々と連盟に抗議を持ち込むことを認めることはできないから、訴権は加盟国に与えるだけで十分であると主張した。翌六月六日には、連盟理事国への訴権は、理事国のみとすべきか、すべての連盟加盟国とすべきか、また常設国際司法裁判所への訴権は、理事国のみとすべきか、マイノリティ集団や個人にも認めるか、で意見が分かれた。

どちらについても、訴権を限定的に解すべしとする前者の主張をしたのが仏英日であり、米伊はより広く認めるべきだと主張した。ウイルソンはその理由として、より実効性を持たせるためであり、大国によるその意志の押し付けという外観を和らげることができると主張した[44]。これは、五月三一日に条約締結を求められている諸国が、この保護条約にこぞって反対したことへのウイルソンの対応であり、その一〇日後の反論においてパデレフスキが取り上げる第一の批判にもつながる問題であった。そこで関係各国の代表の意見を聞くことになり、ロイド・ジョージはヴェニゼロスとパデレフスキに、ウイルソンはベネシュとヴェニゼロスに会ったが、保護条約の対象となった諸国の代表たちは、予想されたように、訴権は限定的であることを望み、理事国だけにするように求めた。そこでウイルソンも意見を変え、各国内の個人の集団に訴権を与えることは危険であると説くロイド・ジョージの意見に賛成し、訴権は限定的にすることで決着した。また、常設国際司法裁判所への訴権も、ポーランドとの条約の第一三条に規定されたように、国家のみに限定されることになった[45]。

六月一六日のパデレフスキによる反論に対して、クレマンソーが二四日付けの書簡で、その後の議論をまとめる形で上記の修正案を提示し、二七日に再びパデレフスキを首脳会議に迎えて議論が行われた。そこでパデレフスキはさらにいくつかの修正を要求するが、すでに条約が完成していることを理由にいまさら変更が難しいこと、何か問題が生じた場合は国際連盟による解決にゆだねるべきことを理由にして、首脳たちはやや強引にパデレフスキの同意を取り付けた[46]。その結果、翌日、ドイツとの講和条約とともに、ポーランドとの条約も調印される。その前文で明らかにされているように、一方で米英仏伊日がポーランド国家の承認を確証するのと同時に、他方でポーランドがその領域の住民に確固たる保証を与える[47]となっており、この保護条約への調印は一種の取引であった。

　このポーランドとの条約を雛形として、残りの一三の条約も同様に作成され、八月一〇日にはギリシアと九月一〇日にチェコスロヴァキアおよびユーゴスラヴィアと、一二月九日にはルーマニアと締結された[48]。しかし、ポーランドだけでなく[49]ほかの諸国も、このマイノリティに関する条約は大国による押し付けであり、主権侵害とみなして反発した。前世紀後半に締結された条約への反発と同様の事態になったのである。

　他方、マイノリティ集団は、自らと同一の民族集団がマジョリティとなっている国家が近隣に存在する場合、その国家に支援を求め、その隣国もまたマイノリティ保護を声高に要求するようになり、その保護要求が十分満たされないと判断した場合は講和条約の修正を要求し、領域についてのイレデンティスムにまでつながった。他方マイノリティ集団を抱えた国々は、これらの集団を「国家内国家」とみなし、隣国の「トロイの木馬」視するようになり、この条約がかえって中東欧諸国間の関係を悪化させた[50]。その上、国際連盟の理事国となった諸大国が戦争終結時に曲がりなりにも到達した意見の一致は、短期間で消滅し、講和条約が作り出したはずの戦後秩序に対するコミットメントはほとんど見る影もなくなるのに時間はかからなかった。一九二〇年には国際連盟にマイノリティに関する委員会が設置されるが、その委員会は一九二五年に、その公平性を強調するという理由で、マイノリティが居住する国家も、またそのマイノリティが支援を求める関係にある諸国も、その委員会から排除することを決めたため、利害関係国の意見が直接反映される仕組みはなくなり、結局この保護のシステムは、マイノリティが居住する諸国の善意にだけ依存する事態になってしまう。[51] こうした決定や状況の展開が、条約自体にみられる手続き規定の不備に付け加わり、一九世紀末と同様に、保護を謳った条約は、マイノリティ自身にとって役に立たない制度となる。[52] その結果、彼らはますます隣国への期待を強め、それに応えようとして隣国が行動に訴え始めることは、再びヨーロッパに戦火をもたらす重大な原因となるのである。

3. 保護条約の影響

宗教の異なる人びとの保護についてはカトリック教徒の教育についての規定の援用、そして言語を異にする人びとについてはウェールズ人についての規定の援用、というように、このときのマイノリティ保護の枠組みは、英国に起源があるとテンパリーは指摘する。しかし彼はまた、一九二一年に書いた著書の中で、たとえ英国でうまく機能してきたとしても、同様の保護規定が戦後の新国家でも機能するかどうかは予断を許さない、と続けている。彼によると、英国での成功には、二つの理由がある。第一に、一〇〇〇年以上の伝統を持つ非常に強力な政府の存在と、長期にわたって自治に慣れ親しんだ国民固有の政治的経験があること。第二に、国境の変更が不可能であり、連合王国のいかなる部分も分離する可能性が排除されていること、である。これらの条件がどちらも当てはまらない中東欧では、非常に困難な状況が待ち受けていると予測する。[53] 彼がこの著書を執筆した時点では、保護条約の効果は未知数であったけれども、すでに指摘したように、テンパリーの懸念が的中することになった。

条約案の検討を通じて明らかとなったように、戦勝国の首脳たちは、前世紀の失敗を繰り返さないように、実効性のあるマイノリティ保護の枠組みを構築しようとした。それと同時に、そのマイノリティ集団が国家内国家にならないように、激論を通じてようやく決着しつつあった国境線が再び乱れることのないように、マイノリティはマジョリティとして統合されていくことが必要であると考えていた。その政治的意味は、これ以上、民族集団"nationality"が新たな"nation"になることは、認めないという姿勢であった。しかし、一方で、宗教や言語のようなエスニックな基準によりマイノリティを認定し、その保護を目指しながら、他方で、成立したばかりの国家や、領土を大幅に拡大した国家において、西欧の既存国家で行われてきたような国家による国民の統合を想定することは、両立することではなかった。このような明らかなディレンマを抱えることになった根本的な原因は、既存国家における民主主義や人権を確立し拡大するための言説を用いながら、エスニックな基準で想定された民族集団を実体として、またそれを前提にして国家建設を行おうとしたことにある。

じっさい、マイノリティであると考える集団や、マイノリティとして国境の外側に取り残された人びとがいるとみなした諸国家は、彼らが居住する国家による国民統合を決して認めようとはせず、国境線の変更も含めた、いわゆる修正主義を目指すようになる。これに対してマイノリティを抱えた国家は、ポーランドのように、その憲法に謳われた「すべての市民の幸福」を追求するのではなく、成立した国家の枠組みの中で、「エスニックな意味における国民主権原則」、つまりエスニックな意味でポーランド人とみなされた人たちだけが主権者となるという原則を持ち出して[54]、そこから外れるマイノリティを差別的に取り扱うようになる。すなわち、前世紀から続いていた独立を目指す諸民族の問題は、このとき名称を変えて、マイノリティの問題に取って代わられたにすぎなかったのである[55]。

首脳会議の議論をたどってみると、このような問題がまったく認識されていなかったとは考えにくい。それにもかかわらず、英米のユダヤ人組織のロビイングにより始まった要求[56]がユダヤ人問題を越えて、当初考えられていた以上の射程を持つことになったのは、「民族自決」という原則によって戦後の国家関係を律し、正統化しようとしたからに他ならない。ポーランド再建に関する議論で明らかになったように[57]、民族問題に配慮せず、かつて存在した国家を単に復活させるというだけでは、大幅な国境変更を認めるための正統性が十分ではないと考えられ、その根拠として多様な解釈に開かれた「民族自決」原則が持ち出されたのである。その結果、エスニックな基準によるのであれ、住民の意見表明によるのであれ、その原則による国境画定に付随して不可避的に生じた、原則の例外とみなされる集団に配慮することが同時に必要となった。六月二四日のクレマンソー書簡で説明されているように、「ポーランドおよびほかの諸国家に移行される領域には、彼らが組み込まれることになる人びととは、異なる諸言語を話し、異なる人種に属する大規模な人口が、不可避的に含まれる[58]」という認識を受けて、その異なる人びとを条約によって保護しなければならないと考えたのである。

このような考え方は、抽象的存在として国民をとらえ、具体的な局面においても出自や宗教による区別を認めず、全体を主権者と理解した国民概念とは、いかに隔たっていることであろうか。第一章で検討したように、国民国家の概念が提示されたとき、国民は抽象的存在であった。そこでは、公的領域と私的領域が峻別され、出自や宗教といった属性は後者に限定され、前者は「価値中立的」な国民観を前提にした政治的な場としてとらえられていた。じっさいには、その「価値中立性」は、それぞれの社会において優位な立場を占める、特定の属性を持った具体的な諸個人の価値観を反映したものにすぎず、「人」や「市民」といった中立的な表現を用いながら、排除される人びとがいたために、一九世紀を通じてそれに対する異議申し立てが次第に激しくなっていた。それでもなお、当初の擬制は貫かれており、講和会議で決定を下した政治家たちもまたその考えを共有していた。

ところが、民族集団というある特定の諸個人からなる集団を前提として新国家を形成するという論理を認めた時点から、抽象的な公共空間としての国民国家という擬制は成り立たなくなってしまう。明らかに、その特定の集団には含まれない別の諸集団が当該国家内に存在することを同時に認めることを意味するからである。そこで、この困難な政治問題に対応しようとしたのが、マイノリティ保護を目指した条約であった。しかし、条約作成時の議論が示しているように、それは、論理的に矛盾する企てであったと言わざるをえない。マイノリティをどのように定義するにせよ、条約によりその集団の権利を保護することは、マイノリティとみなされる各集団の権利をおおやけに認めることを意味し、差異を私的領域に押さえ込むことによって、公的には平等である個々人の権利を保護するというレベルをはるかに越えてしまう。その結果、普遍的・抽象的な国民観に基づく国家という論理的な存立基盤が損なわれるからである。この問題を通しても、国民国家概念と「民族自決」概念が、“nation”という同じことばを使いながらも、如何に隔たり、対立するものであったかということが理解できよう。

もちろん、一九世紀末ルーマニアのユダヤ人のように、ある具体的な個人が主権者になれないという事態を防ごうとしたことは、民主主義的理念に立脚した国民概念と密接につながっていることは明らかであり、マイノリティの保護を不可欠だと考えた首脳たちの善意は否定されるべきではないであろう。しかし、それと同時に、民族集団を前提とする国家形成を認め、かつその国家による「国民の創出」も認め、すべてを一度に実現しようとしたためにその善意は破綻したのである。

その結果、マイノリティ保護を規定する条約は、国民についてのひとつの考え方を広める効果を持った。それは、ひとつの国家は、ひとつの民族からなる、という状態こそが目指されるべき理念であると認める考え方である。なぜなら、その理念の例外となる人びとを保護する条約を作成し、反発する諸国に半ば押し付けたことは、あくまでも理念としては、国境線は言語や出自そして宗教といったエスニックな基準に一致すべきであるという理解に基づいていることを意味したからである。そして、そのエスニックな基準によって、実体としてとらえられる民族集団を前提とする国家形成、すなわち「民族自決」こそが新たな原則である、という強力なメッセージを発したのである。他方、マイノリティが国家内国家とならないように、かなり慎重な配慮がなされたことは、保護の諸規定と相容れない場合が多かったけれども、理念として考えると、やはりそれもまた、ひとつの国家はひとつの民族という言説を強化することになったのである。

これらの保護条約は、まったく新しい発想に基づいて作成されたのではなかったけれども、ドイツとイタリアよりも東に位置する諸国のほぼ全域において、一挙に一四の条約が締結されたことは、その必要性について普遍的な印象を与えたし、一九世紀の宗教的迫害への対応という特殊個別的な保護内容から、言語や人種の違いによるマイノリティの全般的な保護へと対象が拡大したことで、マイノリティ保護は一般的性格を帯びた。それによって、上記の言説は確固としたモデルとなり、世界の多くの人びとがそのメッセージを受け取ったのである。

(1) この条約は、「少数民族保護条約」と訳されているが、ここではマイノリティの定義自体が論点であってかならずしも「少数民族」と訳すことができないこと、この条約の歴史的な先例となった一九世紀半ばまでの条約に関しては、「少数民族」ということばを用いることは当時の政治的用語からして妥当かどうか疑問があること、さらに、講和会議で頻繁に言及され参照基準となったのは、もっぱらユダヤ人の保護に関する条約だったことから、ここではあえてマイノリティということばをそのまま用いる。

（２）　Raymond Pearson, *National Minorities in Eastern Europe, 1848-1945*, Macmillan, 1983, pp. 136, 149.

（３）　Alan Sharp, *op. cit.*, p. 157.

（４）　Harold W. V. Temperley, *vol. V*, p. 435. これは、ポーランドに対する返答において、クレマンソーが言及した事例である。そこでクレマンソーは、ある国家が創設されたとき、あるいは既存国家が大規模な領土獲得をした場合に、当該国家が統治の諸原則に従う義務を負うことを、列強が共同の公式承認に伴って要求してきたことは、長年に及ぶ確立されたヨーロッパ公法の手続きである、と主張している。*Ibid.*, p. 433.

（５）　国民国家成立の端緒と考えられるこの独立運動も、ゲルナーは、「初期のギリシア国民運動は、均質な近代国民国家を目指したものではなく、むしろ、当時の帝国内部における、地位の逆転を目指していたのではないか、と考える理由がある。つまり、時計の針を元に戻して、オスマン・トルコを新たなビザンティウムによって取って代えようということであった」と指摘する。Ernest Gellner, *op. cit.*, p. 41.

（６）　*Ibid.*, p. 113.

（７）　Hugh Seton-Watson, *op. cit.*, p. 114.

（８）　この事例は、住民投票によって、列強が、それまで保有していた領土の帰属変更に同意する、という方法の端緒となった。ただしこのケースにおいては、選挙権が制限されていたために、約二五万の人口の中で一万三五〇〇弱しか投票できなかった。Sarah Wambaugh, *op. cit.*, pp. 122-132. なお、自治権付与の条件として住民投票を認めたケースは、クリミア戦争後のパリ条約であり、その結果として、モルダヴィアとワラキアは、統一と独立への意志を表明した。Keith Hitchins, *Rumania: 1866-1947*, Clarendon Press, 1994, pp. 6-7. 他方で、より重大な外交懸案となっていたシュレスヴィッヒとホルシュタインの帰属問題について、ナポレオン三世が住民投票による決定を主張したのに対して、まったく同時期の六四年三月二四日の書簡で、ラッセル英外相は次のように述べて、それに反対した。「勢力均衡に関わる諸問題を解決しなければならない場合、列強には、住民の意見を聞くという慣行はありませんでした」。A. J. P. Taylor, *The Struggle for Mastery in Europe*, *op. cit.*, p. 151.

（９）　Manley O. Hudson, *op. cit.*, p. 209.

（10）　Harold W. V. Temperley, *op. cit.*, p. 114.

（11） Manley O. Hudson, *loc. cit.*. この会議において、当初ユダヤ人問題は列強にとって周辺的な問題であった。それにもかかわらず、ユダヤ人問題について、避けることができないほどにまで重要性を高めたのは、プロイセン金融界の実力者であり、ビスマルクとも緊密な関係を保ち、キリスト教徒に改宗せずに貴族に叙せられた最初のプロイセンのユダヤ人、ゲルソン・ブライヒレーダーが、一〇年かけて努力してきたことによるところが大きい。鉄道問題でルーマニア政府と交渉に当たった彼は、その問題の解決や、ドイツ＝ルーマニア貿易協定締結における自らの働きを強調することで、ルーマニアに在住するユダヤ人問題について、ビスマルクの支援を獲得したのである。その結果として、ユダヤ人が一万以下であったブルガリアも含めて、この会議で独立が承認された他の諸国にも同様に、ユダヤ人に対する市民的権利の付与を要求することになった。Fritz Stern, *Gold and Iron, Bismarck, Bleichröder, and the Building of the German Empire*, Alfred A. Knopf, 1977, pp. 369-378. それ以前のルーマニア憲法では、議会で激しい議論が闘わされた結果、キリスト教徒の外国人のみに、市民になることを認めていた。Keith Hitchins, *op. cit.*, pp. 16-17.

（12） ルーマニアはベルリン条約に調印することで、ユダヤ人への市民権付与等を約束したけれども、その後、列強の抗議にもかかわらずその義務を果たさなかった。ところがドイツが求めていた鉄道の売却条件にルーマニアが合意したことを受けてビスマルクは態度を軟化させた。つまり、ユダヤ人に国籍を与えて解放することが、ルーマニアの独立を承認する際の要件となっていたにもかかわらず、ルーマニアが制定したユダヤ人解放にかかる非常に不十分な法律に対して抗議をしないように政策を変更したため、他の列強もそれに従った。William N. Medlicott, *The Congress of Berlin and After: A Diplomatic History of Near Eastern Settlement, 1878-1880*, Archon Books, 1963, pp. 141, 358. 第一次大戦までの間に市民権を獲得したユダヤ人は、一〇〇〇人以下であった。Keith Hitchins, *op. cit.*, p. 165.

（13） Raymond Pearson, *op. cit.*, p. 13; Manley O. Hudson, *op. cit.*, p. 220.

（14） Carlile A. Macartney, *op. cit.*, pp. 212-213.

（15） Harold W. V. Temperley, *op. cit.*, p. 122.

（16） パレスチナにユダヤ人国家を建設すべきかどうかについて、世界のユダヤ人たちの意見は分かれていたけれども、東欧におけるユダヤ人たちの諸条件を改善することを望む点では一致していた。Carlile A. Macartney, *op. cit.*, pp. 216-217. 周知のように、ユダヤ人国家の建設を目指す集団、シオニストの運動が、戦後にユダヤ人国家建設を約束する一九一七年一一月二日のバルフォア宣言につながった。

(17) *Ibid.*, pp. 218-220. この後、第二草案において、信条や宗教による差別の禁止が盛り込まれたため、各国の反対を引き起こす。

(18) Kay Lundgreen-Nielsen, *op. cit.*, p. 302. ただし、それぞれ在住する国の国籍をとって同化傾向の強かった英仏のユダヤ人組織と、東欧出身のユダヤ人の見解を代表していたアメリカにおけるユダヤ人組織とでは主張が異なり、後者は「個別の、ユダヤ人の民族的諸権利」を要求していた。*Ibid.*, pp. 303-304.

(19) Carlile A. Macartney, *op. cit.*, pp. 221-224. ただしマカートニーには日付の誤りがある。マック判事とルイス・マーシャルが、ハンター・ミラーを訪ねて彼らの草案を提示したのは四月二〇日であり、翌二一日と二二日に彼らはその草案に基づいて検討を重ねた。David Hunter Miller, *op. cit.*, pp. 262, 264, 267.

(20) Kay Lundgreen-Nielsen, *op. cit.*, p. 304.

(21) Harold W. V. Temperley, *op. cit.*, p. 123.

(22) Paul Mantoux, *op. cit.*, pp. 440-442. 新興諸国に関する委員会という名称で、ベルトロ、ハンター・ミラー、ヘッドラム＝モーリー、そして秘書E・H・カーにより構成され、五月三日の第一回会合から一二月九日まで六四回の会合を重ねた。イタリア代表のデ・マルティノとカストルリおよび日本の足立は、後からこの委員会に参加した。David Hunter Miller, *vol. VIII*, p. 13. 特に日本代表が参加することの可否については、*ibid.*, pp. 83-84, 90 を参照。

(23) この問題については、短期間で条約草案を作成することが不可能であるため、講和条約とは別の条約にすること、ただし、講和条約の中にこの別の条約について言及した条文を挿入することになった。*Ibid.*, pp. 474-475.

(24) Carlile A. Macartney, *op. cit.*, pp. 225-228. マカートニーは、ハンター・ミラーの日記に基づいて、委員会が草案を報告したのは一六日としている。草案全文は、*PWW*, *vol. 59*, pp. 180-183.

(25) Thomas G. Masaryk, *op. cit.*, p. 386.

(26) Paul Mantoux, *vol. II*, p. 94.

(27) *Ibid.*, p. 239.

た。

(28) *Ibid.*, pp. 92-94. このとき検討された五月一三日付けの委員会草案が、ポーランド政府に伝えられることになった。

(29) *FRUS, op. cit.*, p. 406.

(30) David Lloyd George, *The Truth about the Peace Trearies, vol. II*, Victor Gollancz, 1938, p. 1381.

(31) *PWW, vol. 60*, p. 166.

(32) "nationality" このことばは、すでに指摘したように、一九世紀後半には、まだ自らの国家を持たない民族集団をも意味していた。しかしこの時点では、そのような意味ではもはや使われず、「国籍」という意味であった。この変化にも、大戦後に誕生した新興諸国のほかにには、これ以上独立国家を目指す民族集団の出現は認めない、とする姿勢が読み取れる。

(33) アルフレッド・コバン、前掲書、一二一頁。コバンは、戦間期に「ポーランド少数民族条約」の解釈が問題となった事例に触れ、常設国際司法裁判所の決定を引用しながら、この「民族決定論」が国際的承認に類したものを獲得した、と指摘する。

(34) Harold W. V. Temperley, *op. cit.*, pp. 133-137.

(35) *FRUS, PPC, vol. VI*, pp. 535-540.

(36) Paul Mantoux, *op. cit.*, pp. 451-453.

(37) ピエール・ノラ『記憶の場 第一巻 〈対立〉』前掲書所収、ジェラール・ノワリエル、上垣豊訳「フランス人と外国人」二〇九頁。ここでノワリエルは、「法令文書、慣行、人びとの精神構造の中で、人種問題と『エスニシティ』に不可分に結びついている」アメリカ合衆国の移民問題との対比を強調しているが、ここでのロイド・ジョージやウイルソンの議論から明らかなように、英米でも、何らかの移民集団が別個の "nation" を形成することは、決して認めていないことは特筆すべきであろう。逆にいうと、宗教的側面を政治の領域に持ち込まない限りにおいて、ユダヤ人も市民として迎え入れられたのである。したがって、今なおやまないユダヤ人に対する嫌悪や排斥などの、フランスにおける反ユダヤ主義の問題を指摘するビルンボームも、フランス共和国への同化という側面を次のように指摘する。「革命政府は解放的メシア思想の名のもとにユダヤ人の国家への統合を推進し」、「ユダヤ人が固有の制度に執着しないかぎり、ユダヤ人のメシア思想と順応しようとした」。その結果、「ユダヤ人は、しばしばたいした抵抗を感じることもなく、共和主義イデオロギーに改宗することができ」、「革命以後のフランコ＝ユダイスムの契約の基礎」が据えられたのである。同書所収、ピエール・ビルンボーム、加藤克夫訳「ユダヤ人」二九八、三〇〇頁。

(38)　Carlile A. Macartney, *op. cit.*, pp. 115-120. もちろんマジャール人以外の民族諸集団は、こうした論理を認めず、マジャール人国家への同化を歓迎することはなかった。

(39)　ベルトロ名で出された委員会の一九日付け返答は、*PWW, vol. 59*, pp. 47-50.

(40)　Paul Mantoux, *op. cit.*, pp. 470-471.

(41)　*Ibid.*, pp. 486-490. パデレフスキに対して示された条約の最終草案は、*PWW, vol. 61*, pp. 93-99 を参照。

(42)　Manley O. Hudson, *op. cit.*, pp. 215-216.

(43)　*Ibid.*, pp. 220-222.

(44)　Paul Mantoux, *op. cit.*, pp. 331-332. この日の首脳間の議論は、委員会での同様の議論を引き継いだものであった。*PWW, vol. 60*, pp. 223-225.

(45)　Paul Mantoux, *op. cit.*, pp. 340-341, 451-453. マントーには記述がないが、一七日の会議では、このあとさらに議論が重ねられ、裁判所への訴権についても国家に限定することで合意が成立した。*FRUS, op. cit.*, p. 530.

(46)　Paul Mantoux, *op. cit.*, pp. 544-547.

(47)　Harold W. V. Temperley, *op. cit.*, p. 438.

(48)　Bertrand de Jouvenel, *op. cit.*, p. 114.

(49)　七月三〇日と三一日にポーランド国会で、ヴェルサイユ条約とともに、このマイノリティ保護のための条約が審議に付され、ほとんどすべての議員が後者を批判した。国際連盟を帝国主義の手先と呼ぶ者や、条約をポーランド人自らが獲得した主権に対する侵害であるとみなす意見があり、さらには批准拒否案も提出された。Janusz Żarnowski, *op. cit.*, p. 193.

(50)　上部シレジアに関する請願と抗議が多数あるのは、ドイツとポーランド両国が一九二九年に、司法手続きの広範な使用を規定した協定を締結したからであるが、それは両国間の関係をいっそう悪化させた。一方で、修正主義を狙うドイツ政府がそれらの請願や抗議を支持していたこと、他方で、ポーランド政府のドイツ人に対する政策もまた、その原因となっていた。*Ibid.*, p. 198.

(51) Raymond Pearson, *op. cit.*, pp. 142-144.

(52) ポーランドは一九三四年九月に、一方的に保護義務を放棄する。*Ibid.*, p. 146.

(53) Harold W. V. Temperley, *op. cit.*, pp. 137-138. ここでテンパリーは、明らかにアルスター問題を等閑視している。

(54) Janusz Zarnowski, *op. cit.*, p. 193.

(55) Michel Launay, *op. cit.*, p. 156.

(56) Aviel Roshwald, *op. cit.*, p. 166.

(57) Harold W. V. Temperley, *op. cit.*, p. 133.

(58) *Ibid.*, p. 435.

(59) ロイド・ジョージもこれらの条約を回想して、その点を認めている。David Lloyd George, *op. cit.*, p. 1363.

第六章　講和会議と「民族自決」

六月二八日、講和会議の最大の目的であったドイツとの講和条約が調印された。その日の午後、一四八回目のセッションで、英米間で意見が対立していたドネカネス諸島のイタリア領有問題について、ロイド・ジョージが意見を述べたあと首脳会議は幕を閉じた。[1] イタリア首相オルランドは、一〇日前の倒閣を受けてすでにパリを離れており、ウイルソンも翌二九日には、ブレスト港でジョージ・ワシントン号に乗り込み帰国の途についた。[2] その後四大国の首脳が一堂に会することはなく首脳会議の役割は各国の代表団長による会議に移ったが、講和会議そのものは他の敗戦諸国との講和条約締結などのため翌二〇年の一月二〇日まで続いて終結した。この講和会議は、特に「民族自決」との関連でなにをもたらしたのであろうか。

1．フランスと「民族自決」

戦争が始まったとき、「ほぼ一八三〇年以降のヨーロッパ政治の用語の一部であった『ナショナリティー《ママ》の原則』などというぎこちない言葉よりも、ナショナリズムという言葉の方が便利なことがわかり、……民族自決の権利、すなわち、ある特定の民族集団のために一つの独立国家を形成する権利、を要求するすべての運動にも用いられるように」なっていた[3]。戦争中、特にその後半には、中東欧の民族集団がその「権利」を援用して、自治から独立、あるいは領土拡大などのさまざまな要求を突きつけていただけに、いわゆる民族問題が講和会議において政治的課題の中心になることは明らかであった。

ところでフランスでは、戦争中から、フランスこそが国家なき諸民族の擁護者であると主張されることがあった[4]。戦後になると、クレマンソーも回想録で「われわれの呼びかけに応じて、諸民族は戦場に姿を現した」として、諸民族が復興した「正義に基づくヨーロッパの実現こそ、最大の勝利である」とまで述べている[5]。そのうえ他の戦勝国の首脳たちも、新興諸国の指導者たちも、講和会議の諸決定を正統化するため、フランス革命において国民主権を確立するという文脈で登場した「国民」に関する言説を利用しただけに、フランスを含む諸大国が諸民族解放を掲げる主張を支持して戦い、それを実現したとする解釈が、よりいっそう強まることになった。

しかしこうしたイメージは、ここまで検討してきたように、戦時中から講和会議におけるフランス外交の軌跡とは大きく異なることが理解できよう。フランスにとっての最大かつほとんど唯一の課題は、一貫してドイツに対する戦略的考慮であった。だからこそ、心情としては親ポーランド的姿勢を抱く政治家たちが少なくなかったにもかかわらず、同盟国ロシアが戦線にとどまる限り、ポーランド人たちの国家再建の要求を無視することを厭わなかったし、戦争遂行に有利と判断すれば、多民族を抱えるオーストリア＝ハンガリーと分離講和を目指す秘密交渉を繰り返したのである。そして自治から独立へと要求を強める諸民族と提携したのは、上述のクレマンソーの回想に反して、戦争の最終局面にすぎなかった。しかもその政策転換は、諸民族を支持しその運動を利用するしか残された手段がなくなったからにすぎず、なにも思想的に「民族自決」を重視したからではなかった。したがって、ドイツと敵対する民族集団を支持する政策は、たとえ民族原則をかなり歪曲することになろうとも、敵国ドイツの反対側にフランスを支援しうる強国を作り上げようとする戦後構想につながった。[6] つまり、その名称は「民族自決」原則であれ、ナショナリズムであれ、フランスは、思想や教義を実現するために行動したことはなかったのである。

第一章で検討したように、フランスにおける国民概念は共和主義と深く結びついていた。しかもその概念は、同じ"nation"ということばを用いていたとしても、一九世紀末から第一次大戦にかけて用いられた民族原則や「民族自決」とは、かけはなれたものであった。後者においては、主権の問題や民主主義の理念はほとんど消滅し、ア・プリオリな、実体としての民族集団を前提とする領域争奪に、その主たる課題は推移していたからである。そのことは、共和主義の申し子ともいえる急進派のクレマンソーが、主義としての自決権を受け入れなかったことにも示されている。ロイド・ジョージの回想によると、彼は「民族自決」原則など信じておらず、それどころか、その危険性をよく理解していた。彼は、きわめて柔軟な解釈に開かれた「民族自決権」を原則として認めてしまうと、誰であれ都合のよいときにこの権利を援用して、フランスにとって不利な主張を突きつけてくる可能性がある、という問題点を認識していたのである。[7]

したがって、フランスが絶えず追求した目的と行動の指針とは、クレマンソーに代表される政策が示しているように、新たな原則に基づくいわゆる民族解放ではなく、戦時中は対独戦への勝利であり、休戦成立後は対独安全保障の確保であった。その結果として、第一に、英米と良好な外交関係を継続しようとする政策が選択され、第二に、戦争終結時以降は中東欧の新興諸国の要求を支持し、続いてそれらの諸国と同盟関係を模索する政策が生まれたのである。それはなにも、戦争の最後の一年間と講和会議開催中にフランスの指導者であったクレマンソーが、右派の政治家であったからではない。

彼が政権についた一九一七年一一月は、フランスが度重なる政治危機を迎えていたときである。同年春のニヴェル攻勢が失敗し、前線では反乱が頻発し軍紀が大幅に乱れていた。それを司令官に返り咲いたペタンがようやく立て直したが、同盟国ロシアではその年に二度の革命が勃発し、その結果、政権を奪取したボルシェヴィキは単独講和を模索して戦線を離脱する可能性が高まっていた。そして国内では、開戦時から続いていた「政治休戦」が終わりを迎え、議会では戦争目的問題が議論され始めていたときである。当時の政権運営の困難さは、前年末から数えて四つ目の内閣であったことにも示されている。

そこでクレマンソーは、議会における戦争目的に関する議論に正面から応じないことを決め、その「目的とは、勝者となることであります」とだけ答弁する。これは、議論に応じることで戦争遂行の方法やその終結の見通し、および戦後構想について言質を与えてしまうことを避けるためだけではなかった。それは、一貫して異論の余地なく支持されていたアルザス・ロレーヌの返還要求を別にして、休戦を呼びかけたウイルソンへの表面的な返答以外に、具体的に戦争目的をつめて議論していなかったことの反映でもあった。だからこそ、繰り返し「信任問題」を提出して議会に内閣を信任させることによって、政府に対する一種の白紙委任を勝ち取る方法を選んだのである。(8) 勝利が目前に迫るなか、オーストリア＝ハンガリー帝国の休戦条件を議論した一一月六日の議会でも、ピション外相は、ウイルソンの十四カ条に対する政府の立場に関する質問に答えて、「外交政策に関するいかなる質問も、今は受け入れられません」と返答しただけであった。[9]

このようなクレマンソー内閣の態度は、戦時中だけではなかった。休戦が成立したのを受けて、社会主義者たちはいっせいに講和会議に関する政府の姿勢について質問しようとするが、このときも、同外相は同様の返答をしただけで議論に応じようとしなかった。講和会議開催中も政府はこうした姿勢を貫き、クレマンソー自身も、会議における詳細な議題や論点など、交渉内容については議論の対象とすることさえ拒み続けた。[10] そのうえ政府は、会議中も戦時の検閲を続行して政府への批判を封じ込めていた。[11]

そのため、政府に対する批判は表面的には確認することができない。また少なくとも国内においては、勝利に導いた指導者として、戦争終結時における彼の個人的威信は非常に高かった。にもかかわらずクレマンソーは、思い通りに交渉を進めることができたわけではなかった。なぜなら、彼に対する強力な批判や反対派が存在し、政府に対して少なからず圧力を及ぼしていたからである。それは特に、強硬な政策を求める圧力であった。社会主義者たちは議会で講和会議に関する質問を繰り返し要求することはあっても、その彼らを含めて、ドイツに対して穏健な講和を締結するように求める声はどこからも聞かれず、一時的に左派のあいだで高まった国際機構への期待も急速にしぼんだからである。たとえば、ヴェルサイユ条約を批准する議会において、社会主義者のアルベール・トマが、「決定的な方法でラインラントを軍事占領できていれば、フランスの東部国境の（英米による安全）保障よりも確実でありましたでしょうに」と述べて、ライン左岸の永久占領を勝ち取れなかった政府を批判したように、トマの主張は彼より先に登壇したバレスと変わるところがなかった。[12] 左右を問わず、政治家たちのほぼ一致した見解は、戦争直後のフランス世論の反映でもあった。

その強硬なフランス世論を生み出した背景として、戦争の経験を指摘しておかねばならない。半世紀に二度もドイツの侵略を受けたフランスは、すでに指摘したように人的・物的両面において多大な損害を被っていた。そのため、多くのフランス人がドイツに対する強硬な講和条件と、今後の確固たる安全保障を要求したのである。もちろん、「最後の戦争」と描写するウイルソンの「スローガンは、フランスの全家庭がうけいれた一切の犠牲を正当化するもので」あり、「『こうした事態が二度と見られぬ』未来への約束でもあった」[13]。だからこそ、新たに設立される国際機構によって平和を維持すべきであると訴えるウイルソンの主張に、一時的にせよ大きな期待を寄せた人びとも少なからずいた。しかし彼らもまた、一九年初頭のプリンキポ会議とベルン会議の失敗を通じてウイルソンの理想に幻滅し、やがて「保障による平和」を求める伝統的政策に戻っていった[14]。

他方で、ポワンカレ大統領を含むいわゆる右派の政治家たちは、政府が他の戦勝国と協調しすぎる結果、フランスが引き出しうる最大限の利益を獲得しないのではないかと疑っていた[15]。つまり、広範な世論を背景とした左右両陣営から加えられたクレマンソーへの圧力は、その「弱腰外交」への批判が大半であった。かつて「虎」という異名をとった、強硬派としての彼の評判を考えると、こうした疑念は的外れのように聞こえるかもしれない。第四章第一節でも指摘したように、会議開始直後クレマンソーは、領土問題についてかなり強硬な態度をとり、それゆえ特にウイルソンとの関係は険悪な状況になっていた。ロイド・ジョージも回想録において、クレマンソーの「基本的な信念は、彼がそのようなものを持っていたとするならば、それは、つねに力が抽象的な正義に対して最終的には勝利することを歴史が示していると考えるもので[16]」あると指摘して、講和会議の交渉相手もクレマンソーの強硬な姿勢に言及している。しかしフランス国内では、その「力」をどのように理解するかについて、彼とは異なる見解があった。その対立する陣営は、クレマンソーは十分に強硬ではないと考え、交渉が始まった直後の二月には、早くも、クレマンソーが英米に明らかに従属していると非難し始めた[17]。特に、フォッシュ提案のラインラント構想に対する英米の猛反発を受けて、クレマンソーがフォッシュを押さえ込んでその提案を撤回させた一件は、まさに英米への従属外交という懸念された道を歩んでいるように理解されたのである。その結果二月一九日には、暗殺未遂事件まで発生し、クレマンソーは暴徒に襲われて負傷した。

すでに検討したように、こうした右派の懸念は根拠のないものではなかった。フランスの脆弱性を強く認識していたクレマンソーは、英米の反発を無視しては何も実現できないであろうし、たとえフォッシュのような主張に固執し、その領土要求を実現できたとしても、一国のみで対独安全保障を確保できるとは考えていなかったからである。だからこそ彼は、有利な国境画定をなんとしてでも要求する手段には訴えず、英米との良好な関係を維持した上で、両国との安全保障条約締結を選ぶ決断をした。そのため「クレマンソーは、おそらく他のどのフランスの政治家以上にアングロ・サクソン諸国との友好関係の維持に心を砕き、ウイルソンやロイド・ジョージから強い要求があれば譲歩した」とテイラーが指摘する[18]局面が、講和会議では多く見られた。それはクレマンソーにとっては、戦後フランスのおかれた国際的な立場を考慮した結果であったけれども、そのため国内では、みずから首脳会議で述べているように、彼の「政策の根本的な基礎は、英米との協調であり、それゆえに、あらゆる方面から弱腰で不十分であると攻撃され」ることになった[19]。英米両首脳に対して自らの困難な立場を説明するクレマンソーの発言は、交渉における駆け引きという側面もあろうが、国内の政治状況を考えるとあながち否定しきれるものでもない。この点は交渉相手にも理解されていたようで、英米からすると、クレマンソーは頻繁に強硬な主張を繰り返しているように見えても、それはフランス国内政治の圧力という側面が否定できないと交渉に参加していたニコルソンは回想している[20]。

したがって、フランスにとって重要であった論点は対独安全保障をいかに確保するかであって、ライン左岸の領土問題に顕著に示された右派の強硬な主張と、クレマンソーの英米協調路線とも呼びうる政策との対立こそが争点であって、そこにはいわゆる「民族自決」という発想はほとんど出る幕もなかったのである。しかも、フォッシュのラインラント構想についてはいうまでもなく、アルザス・ロレーヌの領有問題においても、民族的な主張は、フランスの領土要求や安全保障構想にとってむしろ不利に働く場合があり、なおさら「民族自決」の主張とフランスの立場はつながらなかった。

ところが、リヒトハイムが「全ヴェルサイユ講和条約のかなめだった」とまでいう英米との安全保障条約は成立しなかった。その結果、フランスが賠償金支払いと事実上連動させようとしたラインラントの一五年間の占領を除いて、ヴェルサイユ条約の執行を担保する規定は設けられていなかっただけに、フランスは一国だけでドイツに対峙せざるをえなくなった。ルヌーヴァンが指摘するように、一五年間という期限は、いずれにせよドイツが再び危険になることはないであろう期間であったから、その占領にはほとんど政治的意味がなく、講和条約の文面上の厳しさとは裏腹に、それを実現するための手段を欠いていた。たとえ条約の内容は厳しいものであったとしても、それは画餅に帰す危険が大きかっただけに、フォッシュだけでなく政治家や外交官からクレマンソーへの批判が高まったのである。そして、彼への批判の大きさは一九二〇年一月の大統領選挙にも影響を及ぼす。クレマンソーは、大方の予想に反して、両院の議員による一六日の予備投票において、下院議長であったデシャネルに一九票及ばず、その時点で政界からの引退を表明することになった。

ところで対独安全保障の確保のためには、ドイツの西側国境だけでなく東側国境への対応も重要であった。講和会議のときも進行中であった内戦で、ボルシェヴィキが敗北してロシアが再びフランスの同盟国になる見通しは明るくなかっただけに、フランスから見てドイツの向こう側にロシアに代わる強力な（諸）国家を創り出し、それらと手を結ぶことが不可欠になった。それは、一九世紀末からの伝統的政策にも適っていた。しかしこれらの争点についてもクレマンソーは、かたくなに主張を貫こうとしたわけではない。特に、首脳会議におけるポーランドやチェコスロヴァキアの国境画定に関するさまざまな議論に示されていたように、クレマンソーの姿勢は、あくまでも英米との協調関係の従属変数にすぎなかった。なぜなら、戦争末期から講和会議において、ポーランド人やチェコ人たちの要求を政策として支持しようと努めたけれども、それはもちろん「民族自決」という原則論からではなく、安全保障上の必要性による政策であった。だからこそ、英米がこぞって強硬に反対する論点については強く主張せず、譲歩を重ねたのである。

他方では、この地域について「講和会議は、二義的な役割しか果たさなかった」とデイヴィスが指摘するように[26]、戦勝諸国の力の限界という側面があり、会議開始前の既成事実の積み重ねや会議中になされた武力行使の事後追認、さらには未決定事項が多く残されたことがその限界を示している[27]。これは、すでに一九世紀から続く難問であり、かつ二〇年後の「奇妙な戦争」でも繰り返されるように、東欧に強力な同盟国がない限り、西欧諸国や大西洋のかなたからは力の及ばない地域であることの反映であった。この決定的な地政学上の問題を前にして、フランスが単独でその意向を実現させることは、いずれにせよ叶わないという根本的な問題が存在していた。

こうした問題があったにもかかわらず、英米との安全保障条約が成立しなかったことで、中東欧の新興諸国の重要性を改めて認識したフランスは、この地域とより緊密に連携する可能性を探らざるをえなくなった[28]。もちろん批准議会において「中欧の新興諸国の脆弱さは指摘されていた」し、クレマンソーもその問題点を認識していたけれども、ロシアの戦略的重要性が消滅した以上、これらの新興諸国によりドイツに対する「東方障壁」を構築するしか、フランスが採りうる政策は残っていなかったのである。その政策を正統化するために、クレマンソーは、抑圧的な支配を長期間被っていた諸民族が解放されたことによって、ヨーロッパにもたらされうる進歩の可能性を、あえて称えたのである。[29] つまり、ここでも民族の解放ということばが使われているが、それはフランスの中東欧政策をあとから正統化するための言説にすぎない。

その言説に惑わされることなく、フランスが持つ戦略上の必要性を見抜いていたベネシュは、講和会議で「民族自決」という正統化事由を掲げながらも、それと同時に、チェコスロヴァキアが対独東方障壁になりうることを強調して、フランスの強力な支援を確保しようとした。[30] しかしそのチェコスロヴァキアは、対独障壁として戦略的に有用かどうかを問う以前の問題として、その存立自体が危ぶまれる状態であった。講和会議開催中、ハンガリーの革命政権との軍事衝突が起こったとき、自力で防衛できなかった経緯がその脆弱性を明らかにしていた。「脊椎を待たない国」と揶揄されたチェコスロヴァキア[31]は、ロシアとの同盟の十分な代替物ではなかったのである。同様に、東方障壁として期待されたポーランドもまた、赤軍との戦争にようやく勝利したにすぎず、独ソという大国にはさまれている脆弱性が、改めて浮き彫りになっていた。敗戦と革命による混乱から両国が立ち直るとき、フランスを支援しうるどころか、自国の領土保全すら危うくなる可能性が大きかった。その危険性は、ドイツがその東側国境の承認を拒み続けたことによって、すでに明らかであった。そして、そのドイツの外交的立場を否定することなしにロカルノ条約が締結されることは、ドイツの修正主義の最初の成功と理解され、結局フランスは、ヴェルサイユ条約締結後一〇年を経ずして、その重大な部分を実質的に放棄するに等しい政策を採らざるをえなくなる。[32] 要するに、いわゆる東方障壁構想は、政策として十分展開させることができなかっただけでなく、フランスの期待とは逆に新興諸国の存続自体がフランスに依存している状態であり、しかも、それを支えるだけの国力はフランスにはなかったのである[33]。

そのうえこれらの新興諸国は互いに領土問題を抱えており、かつてのオスマン・トルコや、ドイツ、オーストリア＝ハンガリー、ロシアといった帝国が崩壊して共通の脅威が失われたために、これらの諸国が結びつきを深める動機はもはや存在せず、むしろ対立したままであった[34]。ところが皮肉なことに、一九二〇年三月からフランスが外務次官パレオローグを通じて、経済権益を求めてハンガリーと交渉を開始したことがきっかけとなって、新興諸国が結びつきを深めることになる。なぜなら、前年にハプスブルク家から元首を迎えようとした君主国ハンガリー[35]は仮想敵であったうえに、その主張を二国間交渉でフランスは支持するのではないかとの懸念が広がり、共通の外交課題が急浮上したからである。

すでに講和会議開催中、ハンガリーの革命政権が見せた強力な軍事力に、周辺諸国は脅威を感じていた。そしてそのハンガリーは、講和会議の決定により二重帝国時代の王国領の七割以上を喪失したため、六月四日にトリアノン条約に調印した後も修正を要求し続けていた。条約の修正とは、とりもなおさず周辺国との国境線の変更を意味したから、周辺国が提携して対抗する緊急の必要が出てきたのである。他方でフランスは、この修正要求に応える用意はもちろんなく、交渉においては、純粋に経済的な利益を追求していただけで、政治的な約束は一切しなかった。それにもかかわらず、ハンガリー側が要求の一環として政治問題を取り上げていただけに、両国の交渉は「危険なゲーム」に転化しつつあった[36]。さらに当時のミルラン内閣、あるいは交渉に携わっていたパレオローグが、ハンガリーの国境修正要求に好意的であるかのような印象を与えていただけになおさらであった[37]。

その結果、フランスとハンガリーが、修正主義的な内容の秘密協定を締結したとのうわさが中欧を駆け巡った[38]。その報道に驚いたベネシュは八月一四日、ベオグラードへと急いで赴き防衛同盟に調印し、続けてブカレストへと向かって、ルーマニアと修正主義に対抗する共同コミュニケを発表した。

ブタペストのある日刊紙が、「ちっぽけな協商」と嘲ったことに由来する「小協商」と呼ばれる条約網の端緒が、こうして開けた。上記の経緯から明らかなように、小協商はドイツやオーストリアを危険視して締結されたのではなく、ハンガリーに対抗するものにすぎなかった。その意味でフランスの東方障壁政策の一環と評価することはできないし、またフランスが音頭を取って成立させたのでもないことは明らかである。その後フランスは、これらの諸国と条約を締結し、小協商を側面から支援するようになるけれども、その発端はフランスの行動に対する疑念にあったし、フランスの対独安全保障に貢献する要素もなかったのである。

こうして、英米との保障条約も、東方障壁構想も、フランスが望んだようには実現しなかった。その過程において、「民族自決」は戦略上有利な場合や外交交渉において有益な場合に、便宜的に、あるいは正統性の外観を与えるために言及されることはあったにせよ、フランスの外交を根底で支えていたわけではない。同じ“nation”ということばが用いられ、講和会議の諸決定を正統化するための言説として、「民族自決」という原則と民主主義との関連に言及されることがあったとしても、フランス革命に起源のある国民概念とこのときに主張された「民族自決」とは異質のものであり、それが原理原則となってフランスの政策を導くことはなかったのである。

2．新たな言説の確立へ

第一次大戦は、「民族自決」原則を実現するために始まったのではなかった。しかも大戦の結果を検討してみると、軍事力と外交の操作によってこそ東欧に「国民国家」が生み出されたのであり[39]、いわゆる「民族原理が一九一八年に保持した支配的地位は、……大国の側が意図した政策の結果というよりは状況の力によって出現したもの」[40]にすぎなかったことは明らかである。それにもかかわらず、民族原則に基づく国家形成、さらに一民族一国家という言説が「確立」されたのはなぜであろうか。

自治や独立を求める運動は一九世紀末からさかんになりつつあり、その運動が特に活発であったいわゆる多民族帝国は、民主主義についても自由主義についても、英仏やアメリカから見ると不十分な国々であった。そのため、民主主義という正統性を自らの要求の根拠としてとりこむことのできる言説は、民族集団にとってまことに大きな利用価値があった。英仏は、同盟国ロシアの内政に口出しすることはなかったし、オーストリア＝ハンガリーについては対独戦略という観点からしか考慮しなかったから、まっこうから民主主義について議論されることはなく、したがって、民族集団の民主主義に対するスタンスは重要な検討課題としては取り上げられず、このこともまた民族集団にとっては有利な状況となった。

そこでウイルソン大統領が「民族自決」を戦争の重要な目的のひとつとして掲げたことは、大きな転機であった。彼自身にとって「民族自決」は、民主主義の延長線上にある概念であったかもしれないが、第一次大戦の終盤でそれが提示され、現実の政治状況に適用されたとき、民主主義から大きく離れた意味が付与されていった。彼の「民族自決」概念は決してエスニックな主張ではなかったとしても、そのように解される余地があったし、それを解釈する者たちが、都合のよいようにさまざまな解釈をする可能性に十分開かれていたからである。[41]だからこそ、十四カ条の作成に携わったリップマンも、その数年後に振り返って次のように指摘する。

「十四か条《(ママ)》」が、苦しみの終わっているはずの未来、もやのかかった幸福な未来を論じている間は、解釈をめぐるほんとうの争いは表面化されなかった。「十四か条《(ママ)》」はまったく目に見えない環境世界についての講和案であった。……経験から離れれば離れるほど、一般論や微妙な言い回しがさらに高度になっていく。そして気球に乗って上昇していくときさながら、どんどん具体物を外へ放り出していく。そして、頂点にのぼりついたときには「人類の権利」とか「民主主義が保障される世界」といった抽象的な語句だけが残っている。……中身が空疎になればなるほど、その語句はほとんど何の意味にでもとれるようになり、まもなくほとんどすべての事柄を意味するようになる。ウイルソン氏の言葉も地球上のあらゆるところでてんでばらばらのかぎりない解釈をされた。[42]

このような「海賊行為」の先例には事欠かなかった。たとえば一九世紀末のバルカン半島のように、じっさいにはオスマン・トルコ帝国の弱体化により地域の勢力バランスが変化した結果生じたことであっても、独立を達成した諸国もそれを認めた諸列強も、民族単位の国家こそあるべき姿とする言説を用いて、新たな国境線を正統化していた。[43]「民族自決」という概念にさまざまな意味を与え読み込む環境は、大戦が始まったときにはすでに整っていたのである。その環境を背景として、いわゆるウイルソン主義はレトリックの枠組みとして作用し、[44]この戦争は諸民族を解放するための大戦争であるとみなすことで新たな意味が与えられることになった。[45]

それはまず、戦争中から、各陣営がこぞってこの言説を援用しようとしたことに示されている。戦争の中盤でドイツやロシアが将来のポーランド「独立」について言及したとき、それは明らかに、それぞれが支配する傀儡国家の形成を考えていたにもかかわらず、ポーランド民族の要求に配慮するかのような言説を用いていた。それに対抗する民族集団の指導者たちも、一九世紀末から盛んに援用されたこの言説を存分に利用したことはいうまでもない。他方で英仏は、戦略的考慮から導き出された政策を採ったにもかかわらず、戦争の最終局面で彼らへのコミットメントを強めたとき、民族集団の要求に応えるという姿勢をとり、戦後構想の一環としてさまざまな約束をしていった[46]。バルフォアがのちに述べたように、「戦争遂行上の必要性から、戦争でなければ、しないでおいた方が良いであろうコミットメントを、時にはしなければならなくなる」ものであろうが[47]、戦後、民族集団はそれらの約束の履行を迫ることができたのである。そのとき、「ほとんどすべての事柄を意味するように」なっていた「民族自決」ということばが、そこここで用いられた。

たとえば、ドモフスキのようにウクライナからリトワニア、ベロルシアと呼ばれる広大な地域を領有するための理由付けとしてであったり、あるいは、実質的にチェコ人が支配し、戦略的・経済的に有利な国境をもつチェコスロヴァキア国家を建設するためであったり、さらにはコミンテルンのように「共産主義の祖国」に奉仕させるためであったりと、具体的な意味内容はさまざまであったが、それはこの言説が、理想の国家の国益を実現するために非常に都合がよかったからである。リップマンが講和会議の直後に指摘したように「現在何がなされなければならないかについて、その論拠を歴史に求めてそれを利用しようとするなら、自分の意見を擁護してくれるような過去の時点を選ぶことになるのは必至で[48]」あったし、必要とあれば、まさに想像によってかつてのうるわしのルリタニア王国[49]を作り出せばよかったので、この言説を利用することほどたやすいことはなかった。

一九一七年にはロシアで革命が勃発し、戦争終結時にはオーストリア＝ハンガリー帝国が自壊したために、ヨーロッパの勢力バランスが大きく崩れてしまった。壊れてしまったハンプティ・ダンプティを元に戻すことができない以上、ウィーン会議のように復帰すべき戦前の状況を作り出すことはできなかった。そのため、民主主義の理念を実現すると主張された「民族自決」のほかに、よるべき原則がないかのような雰囲気がますます支配的になった[50]。パリで戦後秩序を構築しようとした諸大国にとって、新国家を承認する以上、それは武力による占領の単なる追認であることは許されず、民主主義に基づく決定であるという正統化が必要だったからである。その過程で、自決権ということばが多用された[51]。たとえ「多くのほかの事情を考慮したうえで決定した解決」であっても、「あたかも厳密な自決の原理に一致するかのように提示することが」頻繁に行われた[52]。民主主義と結びついた国民主権の原理にまで遡りうる国民概念やその延長線上にあると主張された自決概念は、独立を要求する民族集団や領土拡大を狙う諸国だけでなく、講和条約を作成した戦勝国にとっても、非常に都合が良かったのである。そのため言説のうえでは、「東欧の新興諸国は、帝国としての過去と完全に決別し、それぞれの社会に民主主義的原理を導入したと考えられても仕方がな[53]」い状況が生まれた。

しかし、戦勝諸国がその絶対的な立場によって現実を作り出そうとするとき、革命中のフランスと同様に、困難な課題に直面することになった。すなわち、じっさいに民族集団をどのように認定するかをめぐる問題とともに、民族を基礎にした領域画定を正統性の根拠たる民主主義とどのように結びつけるか、という途方もない負担を背負い込むことになったのである。

第一章で引用した比喩を使うならば、そもそも想像上の存在にすぎない民族集団という花嫁と、それにふさわしい花婿たる実体としての国家の双方を一挙に創り上げることは、現実には不可能であったから、講和会議の諸委員会や首脳たちが多くの場合に依拠したのは、まずは言語に代表される「客観的」な基準により民族集団の分布を考える方法であった。講和会議において頻繁に用いられた「エスノグラフィカル」ということばが意味していたのは、まさにこのことであり、それは、一九世紀において理想の国家を形成しようとする場合に、繰り返し用いられてきた主張と同じである。このような論理については、ある言語を話すと考えられる人びとは、その言語と同じ名前を持つ民族集団を構成するはずである、地理的に限定された領域に住むはずの民族集団の構成員は、同じ名前をもつ国家を選ぶはずであるという、幾層にも重なったみなし、あるいは議論のすり替えを指摘することができよう。それは民主主義とはかけ離れた決定方法であったけれども、戦勝諸国もまた民族集団の言説を利用したのである。

その結果、この原則を現実に適用しようとすると、民族集団が実体として存在し、その集団を確定できるとする前提を認めざるをえなくなる[54]。そのうえ、「被抑圧民族の解放」というスローガンが如実に示しているように、実体として想定された諸民族はそれぞれ独自の国家を持つべきであるという言説が、広く承認されたかのような結果がもたらされた。これは、「『民族自決』が『完全な独立国家』へと結びつかぬような自治権には、もはや決して満足できないと考える傾向が強まった[55]」ことを示している。だからこそママティが指摘するように、ウイルソンをメシア視する神話が生まれ、「民族自決と同一視されることになった十四カ条は、中東欧の新興諸国によって、彼らの独立のマグナ・カルタとみなされるようになった[56]」のである。

次に、言語のような基準をうまく適用できそうにない係争地には、住民投票という方法が採用された。しかし現実には、その名称が示唆するほど、民主主義に基づく決定とはいいがたい事例が数多くあったことは指摘したとおりである。そのため、投票を実施したほとんどの地域において、その地域の領有を主張する隣接国との対立が戦間期を通じて存続する[57]。他方で、単純に投票を行えばよいとする主張が退けられ、他の考慮が優先された場合も多くあった。上部シレジアのように戦争終結時の社会的圧力による投票への影響や、かつてアルザス・ロレーヌに住んでいたフランス人やドイツ帝国領に住んでいたポーランド人の（半）強制的な追放、西プロイセンからマリエンヴェルダーにかけてポーランド分割後に殖民したドイツ人、あるいは過去の国境変更の結果として「自発的に」移住を選んだアルザス・ロレーヌの人びとなど、過去からその時点までの不正行為とみなされた歴史的経緯を是正するという観点が持ち込まれたからである。そうすると、仮にある時点で公正な選挙が国際的な監視のもとで行われたとしても、その選挙結果には「解釈」が必要となり、国境画定への「答え」はその「解釈」に依存することになってしまう。このように、一見したところ民主主義的色彩の強い住民投票による境界画定には、公正かつ公平な投票を実施するための方法論をめぐる激しい対立があっただけでなく、フランス革命中の国境変更について指摘した根本的な問題が、つねに存在していたことを忘れてはならない。しかも、民主主義を重視するのであれば、住民投票が行われた係争地の国境地帯だけでなく、「本国」における政治体制こそがより重要であったけれども、この点についてはリップサービスとして言及されることがあったにせよ、ほとんど等閑視されたことも忘れるべきではない。

フランスが戦略的考慮から自国に有利なように民族集団の要求を支持し、民主主義を歪めたという批判があるけれども、民主主義的手法を、国家の設立や国際問題の解決に単純に適用することに潜む根本的な限界を理解すれば、そうした批判はむしろ付加的な問題にすぎないことが明らかになろう。さらに、長期間さまざまな民族が複雑に入り組んで帝国の支配下で居住してきたがゆえに、西欧では問題のなかった民族原則を中東欧で単純に適用するのは無理であるという評価[58]の問題点も浮かび上がってくる。そのような評価は、もっともらしく聞こえるかもしれないが、そもそも民族原則により国家を形成することなど西欧においても行われたためしはなかったのであり、その論理構成自体に問題があったと考えるべきである。ジョルもまた、「錯綜した東・中部ヨーロッパにおいて、はっきりと民族に基づいて国境を定めようとすれば、原則を破って少数民族を国境のかなたに追いやることになり、ほとんど実行不可能であった」ために、「民族自決と国際秩序とは何らかの必然性を持って関連しあっているという信念」は、「まったく裏切られた」と書いている。しかし、彼の指摘する錯綜した状況は国際秩序の構築をより困難にしたとはいえ、そもそも実体としての民族を前提にしているところがこの説の落とし穴であり、「民族自決」に基づくと主張される国境画定が安定的な国際関係を作り出すという発想自体が、レトリックにすぎなかったことに注意すべきであろう。続けてジョルは次のように述べる。

マッツィーニ、一九世紀の自由主義者たち、ウイルソン大統領、彼らはすべて、民族自決と民主的制度との間には、ある種の必然的関連が存在するという前提に立っていた。そして講和のうちに生まれた新しい諸国家は、自由主義的な議会制民主主義国家として運営され、政治的な自由主義化は民族解放を伴うであろうと期待されたのであった。

しかし、そうならなかった理由として、「新しい諸国家の経済的困難」、「敗戦国の場合には、旧政府の戦争負債を賠償しなければならなかった」こと、「議会制に基づく政府運用の経験をほとんど持っていなかった」こと、「また社会的・階級的対立の外に、しばしば少数民族の問題もあった」ことを続けて指摘する。[59] たしかにこれらの諸問題は、新興諸国がより抑圧的な体制をとることになった背景を説明している。しかし「民族自決と民主的制度」との結びつきは、さかんに利用された言説の中にだけ存在したのであり、両者の「間には、ある種の必然的連関」など存在しなかったのである。民主主義を重視するのであれば、既存国家における民主主義や人権の拡大を求める主張へとつながるべきであろうが、そのための言説を用いて、実体としての民族集団を前提にする「民族自決」によって国民国家を創り出そうとしたところに、本質的な問題を見出すべきであろう。ウイルソンが「主権と民主主義の概念を民族自決原則と合体させたとき、民主主義の理論は伝統的に政治的単位の存在を前提としていた、という事実を曖昧にしてしまった」[60]との指摘は、ウイルソンに限らず、この言説を援用した人びと、その後これを評価した人びとすべてにあてはまる。そして、これらの論理的不明瞭さとその後引き起こされた現実の政治的諸問題にもかかわらず、いや、むしろその不明瞭さのゆえに、民族境界線に沿って、あるいは民主主義に則った住民投票によって、一挙に政治的地図を引きなおす体系的な試みは、ヨーロッパであれ、どこであれ空前絶後であったから、[61]その際に援用された言説は大きな影響を及ぼしたのである。

また、「民族自決」原則を援用したのは民族集団や戦勝諸国だけではなかった。休戦を打信したドイツもオーストリア＝ハンガリーも、ウイルソンの十四カ条に則った条件付の要求であると考えており、十四カ条と同一視されていた民族原則に背くことは許されないと、講和会議に申し立てていた。[62]ドイツは、アルザス・ロレーヌにおける住民投票を要求し、ライン左岸の分離に反対する根拠をそこに見出すことができた。独墺両国は、いわゆるズデーテン地方に住む約三〇〇万といわれるドイツ人問題や、七〇〇万のドイツ人からなる新生オーストリア共和国とドイツとの合邦要求に際しても、その原則を援用したし、[63]ハンガリーもまた、何らかの原則があるとするなら、その原則は講和条約が対象とするすべての取り決めにおいて平等に適用されるべきだと主張し、ハンガリーが喪失する旧領土の約三分の二にあたる領域すべてにおいて、住民投票を実施するように要求している。[64]戦後もドイツは、その東側国境の承認を拒み続けるが、その場合にも、ポーランド領となった地域の住民に意見表明の機会が与えられなかったという理由を挙げた。敗戦諸国も同じ原則に訴えたのである。

第三章で指摘したように、十四カ条とそれに続いて表明されたウイルソンの主張に大きな影響を与えたボルシェヴィキもまた、「民族自決」を掲げていたことを指摘しておくべきであろう。ロシアの代表は一人として講和会議には参加しなかったけれども、革命によってまったく新しい国家と社会を目指し、当時の国際秩序を激しく批判していたこの集団もまた、同じことばを用いて理想の戦後構想を語っていたことは、この言説の「確立」に少なからず影響を及ぼしたことは否定できない。

　このように、それぞれ「民族自決」を援用した理由はまったく異なっていたし、その内容が詳らかにされることもめったになかったけれども、ほとんどすべての交戦国と新興諸国が繰り返しその言説を用いたために、具体的な政治の文脈から離れて、「民族自決」があたかも新たな国際社会の規範であるかのように受け取られるようになったのである。したがってデアクが指摘するように、「継承諸国はどれも真に民族自決原則に基づいていなかった」ことから「ウイルソン主義の失敗を反映している」という評価は[65]、事実の側面については正しいが、言説の側面に注目してみると、まさに逆のこと、つまりウイルソン主義の望外な成功を指摘できるのである。

　そしてそれは、政治や外交における言説の変化だけに基づいていたのではない。その背景として、交戦諸国のほとんどすべての住民を巻き込んだ長期間の戦争による疲弊と閉塞感があったことを忘れるべきではない。前代未聞の死傷者の数と国土の荒廃だけでなく、そのことによって引き起こされた精神的な疲弊が蔓延していた[66]。そのため、今となっては「しばしば空虚で偽善的なものに思われる」ウイルソンのレトリックの中に、「単なる勝利そのものではなく、『世界の民主主義を確実』にするための勝利の希望であり、それまでただ無益としか思われなかった人命の莫大な損失を、幾らか正当化する勝利への新しい希望を」、当時の多くの人びとは読み取っていたのである[67]。戦争を体験したツヴァイクも、その点を指摘する。

> われわれは、ほとんど全くわれわれのと同一のものであるウィルソン《（ママ）》の偉大な綱領を、信じた。……われわれは愚かであった、ということを私は今知っている。しかしわれわれだけがそうではなかった。あの時代を

体験した人は、ウィルソン《（ママ）》を地上に快癒をもたらす者として迎えるため、あらゆる町々の街路が歓呼の声で轟いたということ、敵対していた兵士たちが相抱き、接吻し合ったということを、思い起すのである。[68]大戦による精神的刻印を強く帯びた人びとは、新たな希望を捜し求めていた。ちょうどそのとき、たとえ曖昧であっても、いや、曖昧であったからこそ、ウイルソンの主張は人びとの希望に応えそれを実現するであろうと思われたのである。この心理的背景を重ね合わせて考えると、新たな言説が急速に支持されるようになった理由が、よりよく理解できるであろう。

こうして第一次大戦が終わったとき、少なくともヨーロッパにおいては、ほとんどすべての諸国の政治家と一般の人びとによって、「民族自決」原則が新しい規範として受け入れられたのである。それは、有史前から続いてきた要因として“nation”の存在を考える民族主義者たちの主張の正統性を確認したかのような印象を与えた。[69]その結果、「民族自決」原則を実現するための戦争であったとする解釈は、上述したクレマンソーにとどまらず、講和会議に参加した多くの政治家たちや、戦間期の知識人が繰り返すことになった。アメリカでは、セイモアがハウスとともに編集した講和会議についての著書において、「旧帝国の諸断片から形成された諸国家の新しい境界線は、講和会議がナショナリティの原則に与えた重要性の程度を明らかに示している」と述べ、[70]ハウスもまた「今や自決の理論は広範に実行に移された」と自賛している。[71]フランスにおいてもクレマンソーとは対立する立場であったバレスが、一九一九年八月二九日に議会において「一つの原則が現れ、戦争中それは徐々にすべての交戦国にとって避けられないものとなった。それは民族自決権である」と発言しているし、彼らとはまったく異なる立場であったバンダもまた戦間期の著書の中で次のように書いている。「今日では、民族、階級、国家への情熱のどれか、また多くの場合、この三つ全部に関係していないか、またそう思わない者は、ヨーロッパにはほとんど一人もいない、と言えよう」[72]。講和会議やその後の国際社会をこのように理解する主張こそが、いかに「民族自決」原則が急速にかつ広範に受け入れられたかを示しており、ひるがえってこれらの言説が、この新しい規範の重要性を高める効果をもつであろう。

3．「民族自決」言説の影響

講和会議を通じて、すでに多義的であった“nation”は、ある特定の政治的意味を強く持つようになった。会議における新国家建設やその領域決定において、利用された基準は多様であったけれども、どの場合も一様に実体としての民族集団が存在することを前提に、それぞれの主張が展開された。そこではフランス革命時のように、国家という枠組みの存在を前提に主権者としての国民概念を提示するという論理構成をとることはできなかったからである。その結果として二つの重大な傾向が見られるようになった。

第一に、国民概念が主権者として提示されたときから微妙な問題となっていたように、国家がその国民の属性を決定して国家権力による同化を迫る事態が前面に現れ、それに従わない人びとは迫害を受けることになった。第一章で指摘した概念としての「反革命派」の迫害という問題が、国民という名を獲得した民族によるその範疇に属さない人びとへの迫害として立ち現れたのである。実体として前提にされた民族集団に基づいて成立した国家であってみれば、国家成立後にその国民となりうるのは、新国家の存在理由となった集団に属す人でなければならない、と強調された。すでに主権者の問題と直結していた民主主義とフランス革命のもうひとつの重要な柱であった自由主義の要求が完全に後景に退いていたことは、この問題をはるかに深刻なものにした。一九世紀後半に見られたような、教育や軍隊および行政組織を用いて、緩やかに統合を進めていくような悠長な時代はすぎ去っていた。数世代という時間のかかる手段に訴えることも国内外の政治環境が許さなかっただけにいっそう、赤裸々な権力や暴力が個々人に当為を課す事態が前面に出てきたのである。

この問題と関連して第二に、"nation"こそが、すべてに先行して存在する、唯一絶対の集団であると考えられるようになり、そのほかの共同体すべての価値をほとんど無に帰するような事態が生じたのである。ネグリとハートが指摘するように、そもそもネーションを理解するにあたって、それは想像の共同体であると喝破したアンダーソンの「主張がひっくり返されてしまい、ネーションが共同体を創造するための唯一の方法になってしまい、「共同体に関するあらゆる想像はネーションとして過剰にコード化されてしまっ」ったのである。[73] その結果、二〇世紀は、前世紀とは異なる意味を付与された"nation"の世紀となるであろう。一世紀前に現実の政治世界に国民主権概念として成立した"nation"は、民主主義の内実を喪失した形で国家形成を正統化する言説を構成するようになったからである。

この新たな特徴は、「民族自決」権がさらに拡大されて適用されるようになると、地理的にますます広がって行く。「時限爆弾として諸条約に挿入された民族自決権」とシュアレが表現したように、[74]「民族自決」の言説はその後の世界に大きな影響を及ぼす。特にオーストリア＝ハンガリー帝国の領土について援用された「民族自決権」は、そのほかの地域で自治や独立を目指す集団にとって明白なシグナルとなったからである。[75] たとえばヨーロッパ内においても、「一九一九年にブルトン人の代表団が、ウッドロー・ウイルソン大統領に『民族自決権』を嘆願した」[76] ように、その兆候はすでに講和会議中から見られた。クレマンソーの予測どおり、フランスにとって不利な文脈でこの権利が援用されかねないという懸念が、現実のものとなった。一九一八年末にランシングもまた次のように書いている。「民族自決」という「フレーズはダイナマイトを装塡している。それは決して実現しえない希望を掻き立てるであろうし、多くの人の命を費やすであろうことを、私は恐れる」。彼は、この「民族自決権」が、「アイルランド人、インド人、エジプト人やボーア人のナショナリストたち」、さらには「シリアやパレスチナのイスラム教徒たち」に及ぼしかねない影響を危惧していたのであるが[77]、英国は早くも翌一九年からこれらの地域で困難な諸問題を抱えることになり、以後その地域はいっそう拡大して英国を悩ませることになる。

講和会議における戦勝諸国は、まさにニコルソンが書いているように、「実行に移す段階になると、われわれ自身にはその適用を拒否しなければならないようなシステムを、他者に関して受け入れたのであった[78]」。講和会議において「民族自決権」は、特に地理的な適用範囲について、非常に限定的に援用されただけかもしれないが、その限定を維持しうる保証はどこにもなかった。だからこそ、この新しい原則が自国に対して突きつけられる可能性を理解していた植民地を抱える英仏の政治家たちが「民族自決権というウイルソン主義の概念を次第に受け入れて行ったのは、緩慢なそして不確かなプロセスであって、心からの確信に基づいてというよりも、戦争のすさまじい圧力と対抗関係にあるボルシェヴィキの主張によって突き動かされてのことであった[79]」。

しかし、新たな国際社会の規範として掲げられた原則を、特定の地域には適用しないという主張はもはや受け入れられないであろう。パリ講和会議の決定は具体的なモデルを提供していたし、そのときに用いられた言説はすべての人に開かれているからである。現実には民主主義とは程遠い体制を作り出すことになったとしても、言説のレベルにおいては民主主義との関連を主張できただけに、この言説の広がりをくい止めることは論理的にも倫理的にも不可能であった。こうして、ちょうど第一次大戦前には、自治や独立を求める中東欧の民族集団が自らの主張を正統化する言説を手に入れながら、当時の既存国家による国際秩序の前に無力であったように、大戦後にはより広範な層が、より強力な言説と先例を手に入れながら、再び国際秩序が揺らぐのを待つ状況が訪れたのである[80]。その秩序の崩壊は、パリ講和会議から四半世紀を経ずして訪れ、英仏の政治家たちが危惧した事態がアジアやアフリカに広がる時代は、予想されたよりもずっと早く訪れることになろう。そしてヨーロッパにおいては、次の大戦の終結と同時に冷戦によって閉じられたパンドラの匣が開く約七〇年後に、赤軍による力の支配の消滅とともに、新たな社会を提示するはずであったひとつの言説が崩壊することによって、再び「民族自決」の言説に依拠した紛争が起こることになるであろう。

（1） Paul Mantoux, *op. cit.*, p. 553, 568.
（2） Arthur Walworth, *op. cit.*, p. 333.
（3） エリック・J・ホブズボーム、野口建彦・野口照子訳『帝国の時代 I』みすず書房、一九九三年、二〇二頁。
（4） Patrick Cabanel, *La question nationale au XIXe siècle*, La Découverte, 1997, p. 8. ここでは、"nations sans État" となっているが、意味から「民族」とした。
（5） Georges Clemenceau, *op. cit.*, pp. 161, 168. また、戦争末期に駐露大使で、休戦後は新国家の地位決定準備のためポーランドに派遣された連合国使節の代表団長を務めたヌーランは、「フランスをポーランドに結び付けていた伝統的な友情の根は非常に深いものであったので、洞察力のある愛国者たちがまなざしを向けたのは、フランスに対してである」と回想している。Joseph Noulens, *op. cit.*, *tome second*, p. 261.
（6） Georges-Henri Soutou, *op. cit.*, p. 37.
（7） David Lloyd George, *The Truth about the Peace Trearies, vol. I*, *op. cit.*, p. 286.
（8） Pierre Miquel, *op. cit.*, pp. 13, 17.
（9） Georges Bonnefous, *op. cit.*, p. 417.
（10） *Ibid.*, pp. 430, 442; Édouard Bonnefous, *op. cit.*, pp. 3-4.

(11) *Ibid.*, p. 33; Pierre Miquel, *op. cit.*, p. 21.

(12) Emmanuel Beau de Loménie, *op. cit.*, p. 48.

(13) ジョルジュ・デュビィ／ロベール・マンドルー、前川貞次郎・鳴岩宗三・島田尚一訳『フランス文化史　3』人文書院、一九八八年、一八五頁。

(14) さらに、国際連盟は十分に機能しないであろうと判断して、彼らの考えていた講和についてのウイルソン方式を捨て去ったという側面もある。Pierre Miquel, *op. cit.*, pp. 208, 212.

(15) *Ibid.*, p. 17. ロイド・ジョージもまた、ラインラントや賠償といった懸案事項についてポワンカレがクレマンソーに圧力をかけていたと理解しており、強硬な世論の圧力と相俟って、クレマンソーがフランス代表でなかったら「講和会議は、これらの感情的な論争の的となった議題についてばらばらになってしまったか、今日の国際会議で頻繁に見られるように、諸問題を無益で不能になるまで延期しておくという過程をたどったことであろう」と回想している。David Lloyd George, *op. cit.*, pp. 250-252, 578-582. クレマンソーの中欧構想に関するポワンカレの批判については、第三章第三節注(28)参照。

(16) David Lloyd George, *War Memoirs of David Lloyd George, vol. V*, Little, Brown, 1936, p. 201.

(17) Howard Elcock, *op. cit.*, p. 102.

(18) アラン・J・P・テイラー、都築忠七訳『イギリス現代史』みすず書房、一九八七年、第一巻、一二一頁。コルプもまた、クレマンソーは、「フランスの国粋主義者の要求から見て」大きな譲歩をしたと理解している。エーベルハルト・コルプ、前掲書、四八頁。

(19) Paul Mantoux, *op. cit.*, p. 271.

(20) Harold Nicolson, *op. cit.*, p. 89.

(21) ゲオルグ・リヒトハイム、塚本明子訳『ヨーロッパ文明　I』みすず書房、一九七九年、一五六頁。

(22) じっさい、一九二三年一月にはポワンカレ内閣のときに、賠償支払いの滞りを理由としてルール占領を行い、講和条約と占領を連動させようとしたけれども、ドイツ側の「受動的抵抗」と英米からの反発を招いただけで、失敗に終わる。

(23) Alan Sharp, *op. cit.*, p. 189.

(24) Pierre Renouvin, *op. cit.*, pp. 115-116. しかも、少なくともこの一五年間は、ドイツの脅威は差し迫ったものにはならないと考えられたことは、戦間期のフランスの軍事・外交政策が「防衛志向的」になる精神的下地を作った。Barry R. Posen, *The Sources of Military Doctrine. France, Britain, and Germany between the World Wars*, Cornell University Press, 1986, p. 121.

(25) 翌一七日の本投票では、候補者は事実上一人だけといえる状態になり、デシャネルが圧倒的多数で大統領に選出された。Édouard Bonnefous, *op. cit.*, pp. 96-97. ボンヌフは、世間におけるクレマンソーの人気の高さから、もし彼が大統領に選出されれば、それまでの第三共和制の慣行に反して、名誉職にとどまらず統治に関与するのではないかという恐れを抱いた多くの議員がはるかに政治的重要性の低いデシャネル支持に回った、という側面を指摘する。

Ibid., p. 92.

(26) Norman Davies, *op. cit.*, p. 100.

(27) ママティは、戦勝諸国が中欧列強の敗北後すぐに中東欧地域を占領しなかったために、その地域に関する諸決定を執行する手段を獲得できなかったと指摘する。Vitor S. Mamatey, *op. cit.*, p. 380. しかし、賠償金支払いを担保するために領土を部分的に占領することは、一九世紀においても行われていたけれども、敗戦国を全面占領するというのは、休戦時の戦勝諸国に物理的・心理的余力がなかっただけでなく、当時の政治家たちにとってはあまりにも革命的な発想であり、考慮の対象外であったことを忘れてはならない。それが実現するには、もう一度世界を巻き込む戦争を体験しなければならない。

(28) じつは皮肉なことに、フランスと英米との安全保障条約は中東欧諸国にとっては厄介な枠組みであった。なぜならランシングが指摘しているように、「フランスとベルギーだけを保護する同盟の形成を、ポーランド、ボヘミアおよび南スラヴといった諸国民が、どのようにみなすであろうか」というと、それは、西側に拡大できない「ドイツが、その膨張の矛先として東や南に目を向けるであろうから、彼らにとっては危険が減るどころか、むしろ増すであろう」という問題があったからである。Robert Lansing, *op. cit.*, pp. 179-180.

(29) Emmanuel Beau de Loménie, *op. cit.*, p. 224-225.

(30) David Stevenson, *op. cit.*, p. 107. ジョゼフ・ロスチャイルド、前掲書、七七、七八頁。

(31) Bertrand de Jouvenel, *op. cit.*, p. 123.

(32) Henryk Batowski, “Le sort des frontières tracées en Europe centrale et sud-orientale après la Première Guerre mondiale, dans les années vingt et au début des années trente”, in *Les consequences des traits de paix de 1919-1920 en Europe centrale et sud-orientale*, *op. cit.*, p. 21. なお、ロカルノ会議については、拙稿「ロカルノ外交」法学論叢、一二五巻四、五、六号、一二六巻一号、一九八九年を参照。

(33) だからこそ、クレマンソーはナポレオン三世と同様に民族原則に従い、同じ損害を被ることになった、とする評価が見られる。Georges de Manteyer, *op. cit.*, p. 328.

(34) Vitor S. Mamatey, *op. cit.*, p. 382.

(35) この問題は、パリの最高会議が、ハプスブルク家を君主とすることは看過しないと八月二一日に断言し、ひとまずおさまるが、これがきっかけとなって一一月三〇日にベネシュとユーゴスラヴィア外相トルムビッチとの第一回会談がもたれた。Bertrand de Jouvenel, *op. cit.*, p. 116.

(36) Jacques Bariéty, “L’ « accord révisionniste » franco-hongrois de 1920, Histoire d’un mythe”, in *Les Conséquences des traités de paix de 1919-1920 en Europe centrale et sud-orientale*, *op. cit.*, p. 80.

(37) Jean-Baptiste Duroselle, *Histoire diplomatique de 1919 à nos jours*, 9e ed., Dalloz, 1985, p. 30; Jean Baillou dir., *Les affaires étrangères et le corps diplomatique français*, tome II, 1870-1980, CNRS, 1984, p. 456.

(38) *Ibid.*, pp. 76-77. この交渉が行われていたのがワルシャワ戦前夜であったために、反ボルシェヴィキ政策を検討していたフランスは、チェコスロヴァキアを犠牲にして、ハンガリーを再武装させるという極端な方策を採ったとする考え方がある。Piotr S. Wandycz, France and her Eastern Allies, *op. cit.*, p. 192. それに対してバリエティは、フランスは講和条約の構造を傷つける意図をまったく持っていなかったし、反ボルシェヴィキ要因もなかったことを強調している。Jacques Bariéty, *op. cit.*, pp. 80-81.

(39) Aviel Roshwald, *op. cit.*, p. 162.

(40) アルフレッド・コバン、前掲書、四三頁。

(41) William R. Keylor, *op. cit.*, pp. 39-40.
(42) ウォルタ・リップマン、前掲書、四〇—四一頁。
(43) オスマン・トルコ帝国の「住民の九〇%を構成する農民の民族感情が……果たして激しかったかは疑問である」し、その「明らかな衰退につけ込んだ外国の介入なしに、集合心性《マンタリテ・コレクチヴ》が南東ヨーロッパの国際関係を形成する原動力の役割をはたしてもちえたか、相当に疑わしい」と、ルネ・ジローは指摘する。ルネ・ジロー、前掲書、九九頁。
(44) Aviel Roshwald, *op. cit.*, p. 159.
(45) Jean-René Suratteau, *op. cit.*, p. 167.
(46) Zbynek A. B. Zeman, *op. cit.*, p. 360. 英米仏といった諸大国についても、オーキーが指摘するように、民族集団の「亡命者たちが、それまでの政策の代替物として自決のアプローチに非常に大きな重要性を与え、議論を西側の民主主義的な価値とうまく適合させていたので、列強も一九一八年夏に行ったその地域についての決定的な戦略変化について、予期されたほどには良心の呵責にさいなまれずにすんだのである」。Robin Okey, *op. cit.*, p. 392.
(47) René Albrecht-Carrié, *op. cit.*, pp. 338-339. これは、周知の問題である、シリアにおけるアラブ人とフランス人の主張、およびパレスチナについてアラブ人とユダヤ人への約束についてのコメントであるが、オーストリア＝ハンガリー帝国と独立を目指す民族集団とへの対応についても当てはまるであろう。
(48) ウォルタ・リップマン、『世論(上)』、一九六頁。
(49) 一八九四年に出版されたアンソニー・ホープの『ゼンダ城の虜』の舞台であるルリタニア王国を、とある中欧の王国の例として、コバン、ゲルナー、ホブズボームらがこぞって用いているが、おそらくリップマンが言及した(前掲書、一七七頁)のが発端であろう。小説の筋は民族問題とは何の関係もないが、小説自体は非常に有名で、"Ruritania"という単語が辞書にも収録されているほどである。今日まで何度も映画化されているが、リップマンの『世論』が出版された一九二二年には最初の映画が封切られているので、おそらくこの例を使ったのであろう。
(50) Aviel Roshwald, *op. cit.*, p. 161. 他にも多くの論者が、この側面を指摘する。たとえば、Jules Laroche, *op. cit.*, p. 82. さらに、東欧秩序の崩壊を理由とするもの(Alan Sharp, *op. cit.*, p. 131)や、王朝的帝国の消滅とともに、戦争末

期に帝国内の少数派の野心を鼓舞する「ナショナリティのゲーム」を採用したことを理由とするもの（Raymond Pearson, *op. cit.*, p. 135）がある。

（51） Eric J. Hobsbawm, *op. cit.*, p. 136.

（52） アルフレッド・コバン、前掲書、八一頁。

（53） Raymond Pearson, *op. cit.*, p. 147。

（54） この前提を認めない限り、住民投票による「民族自決権」の行使を根拠付けることができなくなるのであり、この点こそが住民投票の明白な弱点であった。James Mayall, *Nationalism and International Society*, Cambridge University Press, 1992, p. 52.

（55） エリック・J・ホブズボーム、前掲書、二〇四頁。

（56） Vitor S. Mamatey, *op. cit.*, pp. 107, 213.

（57） 例外的に、双方がほぼ納得する国境画定を達成できたのは、シュレスヴィッヒにおける住民投票のケースである。これは、一九一八年一〇月三日のデンマーク議会決議と、一一月一七日のシュレスヴィッヒ選挙人団の決定が、非常に自制心に満ちたものであったことが重要であった。なぜならそれらの決定は、デーン語を話し、自らデーン人であると感じる人びとの居住する地域のみを要求しており、そうするとユトランド半島のこの地域では、北部と南部でかなりきれいな境界線を引くことができ、飛び地の心配がほとんどなかったからである。その決議によると、北部シュレスヴィッヒはひとつの単位として住民投票が行われること、中部に関しては自治体ごとに投票を行うこと、南部に関しては住民の希望に基づき別の投票を行うかどうかを決定することが要求されていた。Sarah Wambaugh, *op. cit.*, pp. 147-149. 講和会議の委員会も、基本的にこれらの決議に基づいた提案をまとめた。ただし、他の住民投票の場合と同じように投票結果が飛び地を生み出す可能性と、特にフレンスブルクについて一八六三年以降のドイツ化の影響という問題が、外相会議では議論されている。最も南部の第三ゾーンでの投票を同時に行わないのは、それより北側での結果がデンマーク領を選択することにより、住民を鼓舞してデンマーク寄りの結果を期待すること、いずれにせよ最終決定は、投票結果そのままではなく国際委員会が諸般の事情を考慮して決める権限を持つことが確認されて、政治的な考慮と無縁であったわけではない。*FRUS, PPC, vol. IV*, pp. 529-53. ロイド・ジョージが以上の経緯を報告したときウイルソンは、一八六四年に苦しんだのはデンマークであるから彼らが決めた通りでよいと返答し、首脳会議でも上記のやり方で投票を行うことが認められた。Paul Mantoux, *vol. I*, pp. 255-256. この苦しみとは、プロイセンに併合され、後に統一ドイツ帝国領の一部となったとき、多数のデーン人が追放されたことを指す。Carlile A. Macartney, *op. cit.*, p. 128. ただし住民投票の結果により自動的に国境が画定するのではなく、投票結果を踏まえて国際委員会が「当該地域の特殊な地理的、経済的諸条件を考慮にいれたうえで」決定を下すことになっていた。アルフレッド・コバン、前掲書、七〇頁。これは、半世紀前から提案されていた投票がようやく実現したのであり、その間に両国とも民主主義が進展していたこと、さらに、どちらも新興国ではなく既存国家の境界線の見直しであった点も、東欧での住民投票とは異なる点として強調しておかねばならない。

(58) René Albrecht-Carrié, *op. cit.*, p. 365.

(59) ジェイムズ・ジョル、池田清訳『ヨーロッパ一〇〇年史　2』みすず書房、一九八三年、七六―七八頁。

(60) Lloyd E. Ambrosius, *op. cit.*, p. 35.

(61) Eric J. Hobsbawm, *op. cit.*, p. 133.

(62) *FRUS, PPC, vol. VI*, pp. 801-803.

(63) Pierre *Renouvin, op. cit.*, pp. 22-23. 五月二九日付けで講和会議に提出されたドイツ代表団の諸見解は、オイペンとマルメディ、マリエンヴェルダーとアレンシュタイン、上部シレジアとシュレスヴィッヒなど、ヨーロッパ内の領土問題に関しては住民投票を要求し、その要求の基礎にこの原則を援用していた。*FRUS, op. cit.*, pp. 824-841.

(64) *FRUS, PPC, vol. IX*, pp. 875-877.

(65) István Deák, *op. cit.*, p. 205.

(66) Pierre Renouvin, *op. cit.*, pp. 25-26. ルヌーヴァンは、当時の戦勝諸国の精神状況について「神経衰弱」という表現を使って説明している。

(67) ジェイムズ・ジョル、『ヨーロッパ一〇〇年史　1』前掲書、二七八頁。

(68) シュテファン・ツヴァイク、前掲書、四一六頁。

(69) Stuart Woolf, *op. cit.*, p. 3.

(70) Charles Seymour, "The End of an Empire : Remnants of Austria-Hungary", *op. cit.*, p. 106.

(71) Edward Mandell House, "The Versailles Peace", in Edward Mandell House and Charles Seymour ed., *op. cit.*, p. 432.

(72) ジュリアン・バンダ、前掲書、一一三頁。こうした状況について、シャボは次のように指摘する。「戦勝諸国が、特にフランスがその勝利に与えた民主主義的解釈の中にこそ、幻想は潜んでいる。それはつまり、第三共和制の建国の父たちにとって重要なフランス革命の神話が、ついに国際的現実となり、議会主義を国家間の関係にまで拡大させようとするアングロ＝サクソン的理念が実現したという解釈である」。Jean-Luc Chabot, *op. cit.*, p. 85.

(73) アントニオ・ネグリ／マイケル・ハート、水島一憲、酒井隆史、浜邦彦、吉田俊実訳『帝国』以文社、二〇〇三年、一四七頁。

(74) Georges Suarez, *Briand V, 1918-1923*, Plon, 1941, p. 129.

(75) Ian F. W. Beckett, *The Great War 1914-1918*, Longman, 2001, p. 405.

(76) Eugen Weber, *op. cit.*, p. 100.

(77) Robert Lansing, *op. cit.*, p. 97.

(78) Harold Nicolson, *op. cit.*, p. 193.

(79) Alan Sharp, *op. cit.*, p. 131.

(80) コナーは、第一次大戦の戦後処理と第二次大戦後の脱植民地化の展開とを、よりはっきりと跡づけて、次のように指摘する。第一次大戦の講和会議において、「民族自決権」という教義は「もはや無視したり拒否したりすることが困難であるような妥当性が承認され」、その後「その教義は、世界中で独立運動を媒介すると同時に防御するようになり、第二次大戦後にヨーロッパ諸国がアフリカやアジアから撤退する際の道具となったのである」。Walker Connor, *op. cit.*, p. 5.

あとがき

本書の第一章は、「国民国家概念に関する一考察」『法学論叢』一五二巻五・六号(二〇〇三年)に、若干の加筆修正をほどこしたものである。また、「チェコスロヴァキアの誕生をめぐるフランス外交」『法学論叢』一四〇巻三・四号(一九九七年)、および「第一次大戦における民族問題とフランス」『京都大学法学部百周年記念論文集』第一巻、有斐閣(一九九九年)所収の二論文をもとにしている部分があるが、それらは原型をとどめないくらいに手を加えており、第一章を除いては、ほぼ書き下ろしに近い。

帰国後ほぼ一〇年という長い時間を費やしてしまったが、講和会議におけるほかの議題や、各国の国内問題など、多くの問題点を検討できておらず、史料の点からもはなはだ不十分である。それでも、はしがきに記した問題意識を出発点として、これまでの研究に基づいて私なりの考えをまとめて、自身のエニグマを解く努力を試みたのが本書である。果たしてそれが成功しているかどうかは、読者の批判に待つしかない。

これまでには数多くの方々にお世話になり、ご指導をいただいた。非常につたないものであっても、こうして本書をまとめることができたのは、これらの方々のおかげである。ここで、そのすべての方のお名前を挙げることはできないが、心からお礼を申し上げたい。

なかでも、故・野口名隆先生（二〇〇二年六月八日没）から受けた学恩ははかりしれない。とくに学生時代から助手の時代を通してご指導たまわったが、研究者の姿勢として、先生からは特に二つの点を教えていただいた。ひとつは、複眼的思考の大切さである。視点を、固定された唯一のものとしてしまうと距離感がわからなくなるように、物事もさまざまな視点から検討してみることが不可欠だということである。先生は、イデオロギー的な歴史研究が全盛であった時代を通じて研究を続けてこられたために、この点を強調されたのであろうが、いつの時代にも重要なことであろう。果たして、この教えを本書において十分活かすことができたかどうか、覚束ないかぎりである。もうひとつは、「史料をして語らしめる」ということばが示すように、実証研究の大切さである。丹念に史料を紐解く作業をせずして、いきなり歴史解釈めいた理論構築に走るのを厳に戒めておられた。かくいう私も、本書において生半可な解釈めいたことを試みており、先生が生きておられたら、どのような感想をお持ちになるかと想像するに、身のすくむ思いがする。この重要性は、実証主義が厳しく批判される昨今、特に強調しておかねばならない側面であろう。これは何も、史料を一字一句そのまま受け取らねばならない、ということを意味するのではない。もとより、言説であれ行為であれ、それぞれの文脈における意味作用を探ることが必要であることはいうまでもない。しかしそれは歴史上の出来事が実在するという前提、そして、史料によってそれに到達しうる可能性を否定するものではない。したがって、いわゆるポストモダンの歴史家たちが言うように、客観的な事実は実在せず、それを探求する試みには意味がないという考え方を、私は受け入れることができない。ホブズボーム『歴史論』（原剛訳、ミネルヴァ書房、二〇〇一年）の序論でも述べられているように、「約言すると、実在するものとそうでないものとを区別しないならば、歴史はありえない。ローマはポエニ戦争でカルタゴを敗り破壊したのであって、その逆ではない」からである。

私の遅筆ゆえに、先生のご存命中に本書をお目にかけることができなかったのが、非常に心残りである。本書を野口名隆先生の思い出に捧げたい。

最後になったが、本書の出版に際して、木鐸社の坂口節子さんには、さまざまな局面でご尽力いただいた。なにぶん初めてのことばかりで、ご迷惑をかけるばかりであった。記して、厚くお礼を申し上げたい。

二〇〇三年七月

唐渡晃弘

索 引

ア行

カ行

サ行

タ行

ナ行

ハ行

マ行

モムゼン　Mommsen, Theodor　179
モラヴィア　87, 236, 239, 243, 253
モルダヴィア　260, 283
モンテネグロ　260
モンロー・ドクトリン　121

ヤ行

ヤーゴ　Jagow, Gottlieb von　72, 109
ユゴー　Hugo, Victor　38
ユダヤ人　27, 81, 241, 251, 253, 260-275, 280-281, 283-285, 287, 318
ヨッフェ　Ioffe, Adolf Abramovich　121

ラ行

ラインラント　75, 191, 193, 198-199, 216, 219, 253, 293-294, 296, 315
ラマッシュ　Lammasch, Heinrich　75
ラマルティーヌ　Lamartine, Alphonse　67-69
ラロッシュ　Laroche, Jules　78, 93, 112, 168, 240-241
ランケン　Lancken, Baron von der　107-108
ランシング　Lansing, Robert　111, 129-130, 135, 137, 146, 162-163, 169, 171, 240, 249, 313, 316
リップマン　Lippmann, Walter　132, 139, 182, 301, 303, 318-319
リトワニア　81, 139, 143-144, 157, 164, 257, 303
リヴォフ　Lvov, Georgii Evgenievich　88
リボ　Ribot, Alexandre-Félix-Joseph　86, 90-91, 94, 97, 107-108, 186, 189, 196
ルイ一四世　18, 28, 179
ルイ一五世　178
ルヴフ（レンベルク）　223, 225-228, 248
ルクセンブルク（大公国）　108, 186-187, 189, 197
ルクセンブルク・ローザ　Luxemburg, Rosa　144
ルテニア　78, 81, 83, 222-224, 229, 231, 245-248, 250, 253, 257
ルナン　Renan, Ernest　50-51, 61, 179
ルーマニア　59, 92-93, 95, 145, 226, 231, 243-247, 249-251, 260, 262, 264-267, 272, 277, 281, 284, 300
レーニン　Lenin, Vladimir Iliich　121-122, 125
レヴェルテラ　Revertera, Nikolaus　96, 110, 146, 220
ロイド・ジョージ　Lloyd George, David　95, 118, 122, 129, 135-138, 151, 159, 161, 163, 166, 171, 176, 182, 190-193, 196, 198, 200, 202-207, 210-214, 219, 224-227, 229, 231, 241-242, 257, 264-268, 270, 272, 274, 276-277, 287-289, 291, 294-295, 315, 320
ロカルノ会議　298, 317
ロシア　67, 69-76, 78, 81, 83-85, 88-92, 96-97, 99-107, 110-112, 116, 118, 121-125, 134-135, 139-142, 147, 149, 151, 164, 172, 189-190, 210, 222-227, 231-233, 245, 250, 253, 256-257, 262, 290, 292, 296-299, 301-303, 309
ローズヴェルト，セオドア　Roosevelt, Theodore　170

ワ行

ワラキア　260, 283

著者略歴

唐渡　晃弘（からと　てるひろ）

1962年　大阪市に生まれる
1986年　京都大学法学部卒業
　　　　京都大学法学部助手を経て
現職　　京都大学大学院法学研究科助教授

国民主権と民族自決——第一次大戦中の言説の変化とフランス

2003年10月30日第一版第一刷印刷発行　©

著者との了解により検印省略

著　者　唐　渡　晃　弘
発行者　坂　口　節　子
発行所　㈲　木《ぼく》　鐸《たく》　社《しゃ》

印刷　㈱アテネ社　製本　関山製本社

〒112-0002　東京都文京区小石川5-11-15-302
電話（03）3814-4195　　ファクス（03）3814-4196
郵便振替　00100-5-126746　　http://www.bokutakusha.com

乱丁・落丁本はお取替致します

ISBN4-8332-2340-6　C3022

統一ドイツの外国人問題

近藤潤三著（愛知教育大学）

A5判・500頁・7000円（2002年）ISBN4-8332-2317-7

■外来民問題の文脈で

戦後西ドイツは敗戦で喪失した領土からの外来民の流入，外国人労働者の導入，難民受入等多くの課題を抱えた。このような錯綜した人の移動の総体という「外来民問題」から，ドイツの外国人問題を捉えようとする。その特有の社会構造と政策転換の変動のなかに百五十年に及ぶ統一ドイツ国家形成の真の姿を見る。

統一ドイツの変容

近藤潤三著

A5判・396頁・4000円（1998年）ISBN4-8332-2258-2

■心の壁・政治倦厭・治安

統一後のドイツでは東西分裂の克服がもたらした束の間の歓喜と陶酔の後に，心に重くのしかかる難問が次々に現れてきた。旧東ドイツ地域の経済再建とその負担，失業者の増大，難民の大波，排外暴力事件の激発等。本書は統一後のドイツの現実を徹底的に一次資料に基づいて追跡し，ボン・デモクラシーの苦悩を解明。

フランス近代社会　■秩序と統治

小田中直樹著（東北大学経済学部）

A5判・480頁・6000円（1995年）ISBN4-8332-2214-0

本書は，フランス「近代社会」の社会構造を，「秩序原理」と「統治」政策という相互に関連する二側面に注目して，王政復古から第二帝政成立に至るまでの展開を跡づける。そこでは，主に支配層の社会構造観に基づいて選択された秩序原理が，具体的に展開される政策に「体化」され，被支配層による同意を得て初めて「現実化」するという分析視角からフランス史像の再構成を行う。

ミシェル・シュヴァリエ研究

上野喬著（東洋大学経営学部）

A5判・390頁・4500円（1995年）ISBN4-8332-2206-X

■自由と規制の歴史的解明

ミシェル・シュヴァリエは，政治革命と産業革命の席巻する19世紀のフランス社会で活躍した技術官僚の第一人者であった。彼は目覚ましい経済発展を遂げたフランス第二帝政のイデオローグでもあった。本書はそのシュヴァリエの主張と彼を批判する人々との論争を分析し，「自由と規制」の歴史的解明に道を開く。